페미니즘
영화이론

페미니즘
영화이론

페미니즘
영화이론

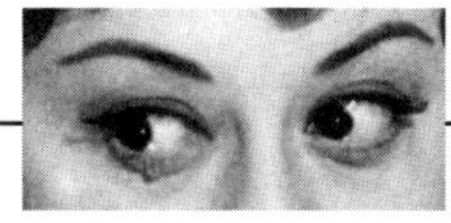

쇼히니 초두리 지음 | 노지승 옮김

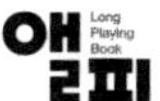

일러두기

원어 표기 인명이나 지명은 외래어 표기용례를 따랐다. 단, 널리 알려진 이름이나 표기가 굳어진 명칭은 그대로 사용했다. 본문에서 주요 인물(생몰연대)이나 도서, 영화 등의 원어명은 맨 처음, 주요하게 언급될 때 병기했다.

출처 표시 주요 인용구 뒤에는 괄호를 두어 간략한 출처를 표시했다. 상세한 서지 사항은 책 뒤 〈참고문헌〉 참조.

도서 제목 본문에 나오는 도서 제목은 원 제목을 번역 표기하는 것을 원칙으로 하되, 국내에 번역 출간된 도서는 그 제목을 따랐다.

옮긴이 주 옮긴이 주는 (―옮긴이)로 표기했다.

페미니즘 영화이론을 꽃피운 뜨거운 자각

서구의 페미니즘 영화이론은 페미니즘과 정신분석학, 영화이론이라는 세 개의 줄기가 만나 생산된 것이다. 비유적으로 말하자면, 영화이론과 정신분석학이 이 이론을 생산케 한 두 명의 아버지라면, 운동으로서의 페미니즘은 자궁 속에서 이론을 키운 어머니라고 할 수 있다. 특히 페미니즘이 정치적 세력으로 급부상한 시기의 시대적 분위기를 아는 것은 페미니즘 영화이론을 이해하는 데 무엇보다 중요하다. 로라 멀비, 카자 실버만, 테레사 드 로레티스, 바버라 크리드의 이름은 이 이론에 관심 있는 독자에게는 이미 친숙한 이름이지만, 정작 이들에게 접근하는 것은 영화이론과 정신분석학과 페미니즘이라는 부모 격인 이론과 배경에 대한 지적 섭렵을 요하는 것이어서 만만치가 않다.

이 책은 한국의 지적인 독자들이 처한 이러한 어려움을 잘 해결해 줄 수 있는 책이다. 특히 대학의 교양 수업, 대중화된 인문학 강좌, 여러 서적 등을 통해 페미니즘은 우리에게 이미 익숙한 개넘이 되었고 한국에서도 이미 운동으로서 자리 잡고 있지만, 서구에서 페미니즘 운동이 갖고 있는 시대적 분위기와 그 계보를 실감으로서 파악한다는 것은 여전히 어려운 일이다. 서구 페미니즘은 때로는 목숨을 걸어야 할 정도로 금기에 도전하는 인간 해방의 정신에서 비롯되었다. 금기에 투쟁적으로 도전하며 삶과 이론을 등치시키는 페미니즘 정신이 바로 페미니즘 영화이론의 모태이다.

페미니즘 영화이론의 지적 계보

이 책은 1960년대 이후 서구 사회에서 페미니즘 영화이론이 페미니즘 운동 속에서 어떻게 배태되고 어떠한 지적 계보로 이어져 왔는지를 설명하여, 독자들이 자연스럽게 페미니즘 이론의 시대적 맥락을 충분히 감지하도록 돕는다. 특히 페미니즘 운동이 중요 정치 세력으로 등장한 1970년대에 '볼거리spectacle'로서의 여성과 이를 지배하는 '남성적 시선'이라는 멀비의 아이디어가 미스 월드 대회에서 멀비와 페미니스트들이 벌인 소동을 배경으로 태어났듯이, 이 시대 페미니스트들에게 이론은 곧 삶 그 자체였다. 이 책에서 다루는 이론가들이 모두 1930년대 후반에서 40년대에 태어나 60,70년대에 일어난 두 번째 페미니즘 물결 속에서 젊은 시절을 보냈음은 주목해야 할 대목이다.

클레어 존스톤을 포함한 영국의 페미니스트 영화이론가들이 토대를 만들고 로라 멀비가 결정적인 문제의식을 안겨 준 1970년대 이후의 페미니즘 영화이론은, 이 책에서 언급한 실버만, 드 로레티스, 크리드로 대표되는 이후의 영화 이론가들의 손을 거쳐 정교하게 발전한다. 이 네 사람은 페미니즘 영화이론의 대표적인 인물이지만 유일한 이론가들은 아니다. 하지만 페미니즘 영화이론의 큰 줄기를 파악하기에는 부족함이 없다.

이 책에서 멀비, 실버만, 드 로레티스, 크리드 그리고 다시 실버만과 멀비순으로 배치한 것은 시간적 흐름을 고려한 것과 동시에 페미니즘 영화이론의 진화 형태를 보여 주는 것과도 관련 있다. 멀비도 초기 이론을 수정해 가는 시기를 거쳤고, 이론가들이 치열한 논의를 통해 이론을 발전시키는 과정을 보는 것도 이 책이 제공하는 재미 중 하나이다. 기념비적인 에세이를 쓴 멀비는 물론이고, 시각적 영역에서뿐 아니라 목소리의 재현에서도 젠더적 불평등이 있음을 지적하며 여성의 목소리를 발견해야 한다고 주장하는 실버만, 표상으로서의 여성이 아니라 역사적 주체로서의 여성을 구별해 낸 드 로레티스, 공포영화 속 여성의 재현 양상을 탐구한 크리드의 작업은 영화와 젠더를 다루는 정교하고 깊이 있는 이론적 훈련으로 독자를 이끈다.

어떻게 받아들이고 발전시킬 것인가

이 책은 한편 우회적으로 한국의 독자로 하여금 '현재' '한국'에서 페미니즘을 통해 영화를 본다는 것 혹은 이론을 탐구한다는 것이 무엇인가 하는 질문을 던지게 한다. 저자가 말하듯이 이미 페미니즘 영화이론은 그 복잡하고 추상적인 개념들로 인해 적지 않은 반작용을 불러일으켰다. 이미 서구 사회가 현란하게 보여 준 페미니즘 영화이론 자체를 뛰어넘으려는 시도는 현 시점에서 그다지 의미 있을 것 같지 않다. 이 책의 말미에서 잠깐 암시하고 있듯이, 현재 서구의 페미니즘 영화이론은 할리우드 영화 혹은 서구 영화를 초월하여 다양한 사회의 영화를 다루면서 이미 새로운 모색을 꾀하고 있기 때문이다. 즉, 각 영화들이 가진 특수한 생산과 유통 및 수용 배경을 고려하여 새로운 분석의 틀을 만드는 것이 각 사회의 연구자들이 처한 현재적 상황인 것이다.

따라서 현재 한국에서 페미니즘 영화이론을 적극 원용하는 영화 연구가 있다면 한계와 동시에 그 한계를 돌파할 수 있는 가능성을 모두 갖고 있다 하겠다. 한계라는 것은 멀비, 실버만, 드 로레티스, 크리드 등의 이론을 완전히 내면화하기 어렵다는 점, 그리고 이 이론 자체가 가진 한계를 한국의 연구자들이 그대로 답습할 필요가 없다는 점이다. 이 한계를 돌파하려면 서구 이론가들이 다져 놓은 이론적 틀을 수용해 '한국'이라는 구체적 장소성을 바탕으로 민족, 계급 등의 다른 도구로 이를 더욱 풍부하고 정밀하게 만들어야 한다. 이는 몇몇 연구자들이 이미 시도하고 있는 바이기도 하다.

젠더와 영화, 그 풀기 힘든 문제

어느 사회에서나 '타자'로 사는 것은 어렵고 힘든 일이다. 그러나 타자는 주류가 볼 수 없는 것을 볼 수 있다. 즉, 비가시적인 것을 가시적으로 만드는 힘을 갖고 있다는 점에서 타자인 것이 결코 불행인 것만은 아니다. 페미니즘 영화이론은 한동안 영화 속에서 '젠더'가 얼마나 중요한 심급인지를 깨우쳐 주었고, 여성이라는 타자를 또 다른 의미의 새로운 주체로 소환해 냈다. 영화 연구뿐만 아니라 여성을 키워드로 한 연구는 아직 채워지지 않은 빈자리들이 많다. 그 빈자리는 쉽게 보이지 않으며, 적극적으로 노력해야만 가시적인 것이 될 수 있음은 물론이다. 이제는 한국의 연구자들과 독자들이 중요한 키워드로서 젠더와 영화 그리고 한국 영화를 새로운 맥락에서 '다시 한 번' 일깨울 때가 된 것 같다.

이 책이 바로 그러한 중요한 모멘텀이 되었으면 하는 바람이 오역의 부담을 견디며 번역을 마친 힘이다. 이 책을 번역하게 된 또 다른 이유는, 서구의 영화이론을 접할 때마다 느낀 열등감을 조금이라도 극복하고 싶은 개인적 욕망에 있다. 페미니즘 영화이론은 항상 정답을 뒤에 꼭꼭 숨긴 어려운 시험문제 같았다. 열등감은 쉽사리 없어지지도 않을뿐더러 없애고 '싶지도 않지만', 이 번역은 개인적으로도 의미 있는 작업이 될 것 같다. 이 책을 알고 읽기 시작한 이후 이 책은 줄곧 내 머릿속을 떠나지 않았다. 개인적으로 소중한 책이었지만 혹여 어설픈 번역으로 책의 본의가 훼손된 것은 아닌지 마음에 걸린다.

아직도 많은 단어들이 더 적확한 한국어의 옷을 입혀 달라고 외치고 있는 듯하다. 그렇다면 이 책은 또 다른 종류의 열등감을 심어 준 것일 수도 있겠다. 그 덕분에 외국어를 공들여 공부하는 분들의 대단함을 알 것 같고 그동안 외국 서적들을 한국어로 읽게 해 준 역자들의 헌신에 진정으로 감사함을 느끼게 되었다. 또한 이 책을 번역하는 과정에서 매우 유익한 도움을 제공한 캘리포니아 대학교 샌디에이고 캠퍼스(UCSD)의 로라Laura Reizman에게도 고마움을 전하고 싶다. 언제나 그러하듯 활자는 생산의 기쁨을 주지만 동시에 무한한 책임을 부여한다는 점을 새삼 깨닫게 되었다.

2012년 10월

노지승

서론 – 페미니즘 영화이론계를 대표하는 네 명의 여성

1. 페미니즘 영화의 주요 이론과 개념

2. 로라 멀비–남성적 응시

3. 카자 실버만–여성적 목소리

페미니즘 영화이론계를 대표하는 네 명의 여성

페미니즘 운동이 발흥한 1970년대에 본격적으로 전개되기 시작한 페미니스트 영화이론은, 영화 연구 발전의 가장 흥미진진한 자극제가 되어 왔다. 페미니스트 영화이론은 이 분야에 '미치는 영향력 면에서 거의 영화이론의 정통이 되었다. 이 영화이론이 몰고 온 충격은 이론을 실제 현실에 접목하려는 아방가르드와 독립영화는 물론이고, 일부 주류 영화 제작 시스템 내부에서도 감지될 정도였다. 그리고 오늘날 많은 사람들이 페미니즘 작품은 끝났다고 말한다. 1980년대 이래로 페미니즘에 대한 일반적인 문화적 반동이 한창 일어날 때, 영화이론 내부에서도 페미니스트 영화이론, 즉 복잡한 언어와 추상적인 개념으로 비롯된 모든 영화이론에 대한 반작용이 일고 있었다. 이처럼 적지 않은 복잡한 점이 있지만, 현 시점에서 페미니스트 영화이론을 재고함으로써 더 많은 것을 얻을 수 있다는 확신에서 이 책을 쓰게 되었다.

페미니스트 이론들은 여전히 우리에게 유용한 분석 도구들을 제공하면서 우리의 영화 경험을 풍부하게 만들기 때문이다. 1970년 이 이론들이 첫선을 보였을 때, 그것은 영화와 관객을 이해할 수 있는 방법을 보여준 중요한 도약으로 평가받았다. 그 후로 이 이론들은 그 자리에 머물지 않고 영화제작 발전에 부응하는 것은 물론이고, 끊임없이 새로운 비평적 논쟁을 흡수해 왔다. 이 책은 네 명의 중요한 이론가가 보여 준 혁신적인 아이디어에 초점을 맞추었다. 로라 멀비Laura Mulvey(1941년생), 카자 실버만Kaja Silverman(1947년생), 테레사 드 로레티스Teresa de Lauretis(1938년생), 바버라 크리드Barbara Creed(1943년생)가 그들이다. 이들의 저작은 그들이 영화와 페미니즘에 대해 열정적으로 헌신한 결과물이다. 이 책은 왜 영화가 페미니스트들의 쟁점이며 거꾸로 페미니스트들의 쟁점이 왜 여전히 영화에 중요한지 보여 주면서, 페미니스트 영화이론 발전에 혁혁한 공을 세운 이 이론가들의 중요성을 이해하는 데 도움을 줄 것이다.

Laura Mulvey

로라 멀비의 선구적인 에세이 〈시각적 쾌락과 서사 영화Visual Pleasure and Narrative Cinema〉(1975)가 나온 지 30년이 넘었지만, 그 통찰력은 여전히 오늘날 영화 생산에 적용되고 있다. 보이는 볼거리로서의 '여성' 표상은 여전히 시각적 문화에 배어 있다. 그러한 표상에서 여성은 욕망의 대상으로, '섹슈얼리티'에 관련하여 '남성'과 관련하여 혹은 남성을 돋보이게 하는 포장지로서 정의되고 있다.

멀비가 1975년에 발표한 이 에세이는 주류가 되고 있는 서사 영화를 분석 대상으로 삼았다. 이 에세이에 이론의 여지가 없는 건 아니지만, 그렇다고 이 글의 영향력을 떨어뜨릴 정도는 아니다. 멀비는 주류 영화가 남성의 판타지와 쾌락을 제공하며 남성의 응시gaze를 위해 구성된다고 주장했는데, 이는 여성 이미지에 대한 남성 관객의 관음증적이고 페티시즘적인 반응을 규명하며 페미니즘 용어를 사용해 관객과 스크린 사이의 상호작용을 다룬 최초의 시도였다.

논쟁적인 태도로 섬세하게 쓰인 멀비의 이 에세이는, 다른 한편으로 영국 내 여성해방운동의 영향을 담고 있었다. 이런 이유로 이 글은 영화-이론적 논쟁의 중심에서 그녀의 이론에 대한 비평가들의 반박을 지속적으로 자극하면서 페미니스트적 의제를 제기했고, 그런 과정을 통해 그때까지 나온 학문적 에세이 가운데서 가장 큰 반향을 불러일으켰다. 당시 영국 내 페미니스트 영화이론의 선구자들은 대륙에서부터 정신분석학과 기호학을 흡수하면서 미국 이론가들을 빠르게 따라잡고 있었다. 〈시각적 쾌락과 서사 영화〉는 영국의 《스크린Screen》에 게재되었는데, 이 잡지는 영국과 프랑스 영화이론이 지적으로 교류하는 중요한 장이 되었다. 이 에세이의 성공은 종종 이것이 멀비가 쓴, 유일한 의미 있는 글이라는 오해를 불러일으키기도 했다. 그러나 멀비는 다른 이론가들의 비평적 반응에 대응하여 초기 논쟁을 논평하면서 《시각적 쾌락과 그 외의 쾌락Visual and Other Pleasure》(1989)과 《페티시즘과 호기심Fetishism and Curiosity》(1996)에 수록된 여러 에세이 및 여타 중요한 에세이들을 많이 발표했다.

실버만, 드 로레티스, 크리드는 멀비에서 시작된 논쟁에 중요한 기여를 한 이론가들이다. 또 다른 이론가들로는 메리 앤 도앤Mary Ann Doan, 아네트 쿤Annette Kuhn, 벨 훅스Bell hooks, 린다 윌리엄스Linda Wiliams를 들 수 있는데 이들 역시 중요한 영향력을 갖고 있다. 그러나 이 중에서도 실버만과 드 로레티스, 크리드는 1980,90년대 페미니즘 영화이론에서 의미 있는 가닥을 보여 주었을 뿐만 아니라, 서구 영화이론을 넘어서는 대안적인 접근법을 제시했다.

Kaja Silverman

미국 이론가인 **카자 실버만**의 저작은 영국 이론가들이 대륙에서 받은 영향을 공유하면서도, 여기에 프랑스 정신분석가인 자크 라캉Jacques Lacan(1901~81)의 사고를 발전시킨 그녀만의 페미니스트적 전망을 담고 있다. 그녀의 책《음향적 거울The Acoustic Mirror》(1988)은 '응시gaze'의 문제와 그 응시가 남성적인가 하는 페미니스트 논쟁에서 출발하여 서사 영화에 대한 페미니스트 비평을, 시선을 넘어 목소리의 영역으로까지 확장시켰다. 이어서 다른 영향력 있는 저서인《주변부의 남성 주체Male Subjectivity at the Margins》(1992)에서는, 고전적으로 '여성적' 특성이라고 여겨진 남성의 마조히즘과 남성 주체성의 또 다른 형식을 다루었다. 이를 통해 실버만은 남성성 자체가 재현적 범주가 되는 양상을 보여 주면서, 소위 남성적 '표준'이 가진 이데올로기적 취약성을 폭로했다.

Teresa de Lauretis

테레사 드 로레티스는 이태리에서 태어나 교육을 받은 뒤 미국으로 이민 왔다. 그녀의 저작은 페미니스트 영화이론 논쟁을 지배하는 정신분석적 패러다임을 다룬 중요한 비평으로 주목된다. 반反 정신분석학자는 아니지만 드 로레티스는 정신분석학이 인종·섹슈얼리티·계급과 관련한 여성의 다른 체험들을 다룰 수 없다고 보고, 이러한 정신분석학으로 채워진 페미니스트 이론 및 젠더 테크놀로지(젠더의 구성에 관련된 각종 사회적 테크놀로지. 이 책 4장에서 상세히 다룬다.─옮긴이)의 이론적 기반을 마련한 문화역사학자 미셸 푸코Michel Foucault(1926~1984)를 넘어서는 대안적인 젠더 테크놀로지 이론을 모색한다. 그 예로 레즈비언 욕망을 다룬 드 로레티스의 저작은, 페미니스트와 퀴어 이론 사이의 소통을 예시하면서, 멀비가 끼친 영향 중에서 일부 정립된 페미니스트적 쟁점인 젠더와 섹슈얼리티, 응시와 시각적 쾌락에 관한 논쟁을 발전시켰다.

Barbara Creed

오스트레일리아 이론가인 바버라 크리드는 오스트레일리아 여성운동과 관련을 맺으면서, 지그문트 프로이트Sigmund Freud(1856~1939)와 기호학 이론가 줄리아 크리스테바Julia Kristeva(1941년생)의 정신분석적인 틀 위에서 작업한다. 크리드는 페미니스트의 통찰력을 포스트모던 문화 양상으로 확장시키는데, 특히 '괴물스러운 여성성'

이 넘쳐나는 호러 장르를 끌어들여 가부장제 이데올로기에 대한 매우 영향력 있는 분석을 보여 주었다.

페미니즘 '1차 물결'/'2차 물결'

운동으로서의 페미니즘은 다양한 가치와 접근이 존재하지만, 일반적으로 말해서 가부장제 사회, 즉 남성이 지배하고 남성의 가치가 특권화되는 그런 사회구조의 권력을 분석하고 그것을 바꾸려고 노력하는 것이다. 페미니스트들은 여성의 지위를 기본적인 관심사로 삼지만, 그들의 역학 관계 분석 안에는 억압받고 착취당하는 다른 피지배 집단들도 포함된다. 이는 일반적인 인식과 달리, 페미니즘이 단지 여성에 대한 것만도 아니고 단순히 남성에 '대항하는' 것도 아님을 의미한다. '페미니스트'적 사고의 예들은 이전에도 찾아볼 수 있지만(예컨대 메리 울스턴크래프트Mary Wollstonecraft의 《여성의 권리옹호Vindication of Rights of Woman》(1792)), 일반적으로는 19세기 말에서 20세기 초에 전개된 여성참정권운동이 페미니즘의 '1차 물결'로 알려져 있다.

페미니즘 영화이론은 1960년대에 시작된 페미니즘이라는 '2차 물결'의 생산물이다. '개인적인 것은 정치적인 것이다'라는 구호를 내건 2차 물결은 그때까지 비정치적 영역에 머물던 여성 체험의 영역에 관심을 두고 숨겨진 권력 구조들이 가정과 가족, 출산, 언어 사용, 패션과 외양 등에 작동하고 있음을 밝혀냈다. 여성참정권운동이 여성의 투표권 획득을 위한 캠페인에 배타적으로 초점을 맞추고 다른 삶의 영역은 그대로 남겨 둔 초기 페미니즘 운동이었다면, 2차 물결의 목표는 여성들이 처한 삶의 조건 전체를 변형시키는 것이었다.

이 2차 물결을 배태한 페미니스트 사상의 출발점은 2차 물결이 일어난 시점보다 시기상 조금 앞선, 프랑스 소설가이자 철학자인 시몬 드 보부아르Simone de Beauvoir(1908~86)가 발표한 《제2의 성The Second Sex》(1949)이었다. 《제2의 성》을 썼을 때 보부아르는 사회주의가 여성의 억압을 끝장낼 수 있을 것이라 믿었기 때문에 자신을 페미니스트가 아닌 사회주의자로 인식했다. 그녀의 이러한 신념은 1972년, 프랑스의 마르크스주의 페미니스트 그룹인 여성해방운동(MLF : Mouvement de libération des femmes)에 합류하면서 변화했다. 이때 보부아르는 처음으로 자신을 '페미니스트feminist'로 불렀다.

한편 1963년, 미국의 저널리스트인 베티 프리단은 《여성의 신비The Feminine Mystique》를 출간했다. 이 책은 보부아르의 통찰을 전후戰後 백인 앵글로색슨 여성의 의식에 적용한 것으로, 그 결과 2차 페미니즘 물결의 첫 번째 목소리가 되었다. 프리단의 책은 미국에서 간행된 초기 페미니스트 영화비평에 커다란 영향을 주었다. 페미니스트 영화이론과 비평에 보부아르와 프리단이 미친 영향은 1장에서 더 상세히 논의할 것이다.

미국에서 일어난 2차 페미니즘 물결은, 마틴 루터 킹이 이끈 흑인시민권운동, 반反베트남전운동, 학생운동과 정치적 좌파 등 미국이 외국은 물론이고 국내의 반대 세력에 폭력적·억압적이 되어 가는 시기에 전 세대를 급진화한 운동들에 뿌리를 두고 있다. 이러한 운동들은 1960년대 고도 자본주의국가들을 휩쓴 급진주의 사조와 관련 있다. 1969년 스톤월 항쟁(뉴욕 그리니치빌리지에 있는 '스톤월'이라는 게이바에 대한 경찰의 과잉 단속에 항의하여 동성애자들이 격렬한 시위를 벌이고, 이를 계기로 게이해방운동이 조직되었다. ─옮긴이)의 여파로 만들어지고, 그 10년간의 급진주의에 고무된 게이해방운동 역시 이후 페미니즘 사상에 충격을 주었다. 페미니즘 활동가가 된 여성들 중 많은 수가 처음에는 다른 이념적 운동에 참여한 이들이었다. 그들은 어쩔 수 없는 상황이 되기 전까지는 '여성의 억압'을 따로 떼어 독립된 의제로 만드는 것을 꺼려했다.

시민권운동과 반전운동은 남성 지배적(중심적)이었다. 1960년대에 여성들은 이 운동들 속에서 자신들이 '운동 바깥에서와 같은 역할을 운동 내부에서도 하고 있었다'는 사실을 깨달았다. 예컨대 '커피는 끓이지만 정책은 만들지 못하는'(Morgan 1970) 상황을 깨닫게 된 것이다. 학생비폭력조직위원회(SNCC)의 의장인 스토클리 카마이클Stokely Carmichael은 1966년, "SNCC에서 유일한 여성의 자리는 엎드려 있는 것"이라는 악명 높은 말을 하기도 했다. 남성 운동가들은 분명하게 여성들을 그들의 평등주의적 이상에 포함시키지 않았다. 1960년 말경, 마침내 미국의 여성 활동가들이 대안적인 혹은 부가적인 해방운동을 독자적으로 조직하기 시작했다. 1970년대에는 이성애 페미니스트들에게조차 인간적인 혐오를 받고, 게이해방운동 안에서도 성차별에 직면해야 했던 미국의 레즈비언 페미니스트들이 그들만의 조직을 꾸리기 시작했다.

미국 밖에서는 이 2차 물결이 어떻게 흘러갔을까. 1960년대의 급진주의는 대학과 노동자들의 파업과 공장 점거, 사회주의자들의 '신좌파'운동(스탈린주의의 '구좌파' 및 사회민주주의와는 다르게 정의되는)으로 이어졌다. 60년대 신좌파운동을 대표하는 사건은, 학생들의 데모 및 경찰과 학생들 간의 충돌이 프랑스 전역의 노동자 파업으로 이어진 1968년 5월 파리봉기였다. 영국의 여성해방운동 역시 영국의 신좌파를 토대로 자라났다. 영국도 미국의 경우와 유사하게 남성 운동가들이 여성의 억압 문제에까지 프로젝트를 확대하는 것을 원치 않았다. 이에 좌절한 여성들은 신좌파 내부에서 자신들이 설 자리를 발견했다. 영국 좌파 내에 강력하게 작용했던 마르크스주의의 영향력은 영국 신좌파운동에서 여성해방운동의 위치를 격상시켰고, 영국 페미니스트들에게 사회주의자로서의 책무를 부여했다. 이러한 특성은 영국의 페미니스트 영화이론에서도 발견된다. 줄리엣 미첼Juliet Mitchell(1940년생)은 전통적인 마르크스주의에 도전장을 던전 영국의 대표적인 페미니스트 신좌파 활동가이다. 이 점은 1장에서 서술될 예정이다.

영국을 포함하여 영미권의 2차 페미니즘 물결은 여성을 위한 새로운 출산과 법률상의 권리, 특히 고용과 교육 그리고 다른 영역에서의 성차별을 금지하는 1975년의 성차별 금지 조항(1975년 영국과 미국에서 성차별금지법이 시행되었다. ─옮긴이) 등을 매우 효과적으로 획득했다. 그러나 공적 삶의 여러 영역에서 남성과 동등한 수준의 기회 보장은 아직까지도 이뤄지지 않은 상태이다. 2차 페미니즘 운동의 결실로서 여성이 새로운 영역과 직업에 진입했으나, 대부분의 직군에서 여성들은 여전히 임금 격차 등 불이익을 당하고 있다. 영국의 사례만 보더라도, 대학 졸업 후 5년이 지난 시점의 임금을 비교해 봤을 때 여성이 남성보다 15퍼센트나 적게 버는 것으로 나타났다. 또한, 전문직 여성은 어느 단계에 이르면 승진을 가로막는 '유리천장'에 마주치게 된다.

최근 마사 로젠Martha Lauzen은 유리천장과 유사한 '셀룰로이드 천장celluloid ceiling'이 할리우드 영화산업 안에도 존재한다는 연구 결과를 내놓았다. 로젠이 조사한 통계 수치는 여성들이 감독, 촬영, 편집자, 제작자로서 영화산업 내부에서 미약하게 취급될 뿐만 아니라, 영화산업에 진출할 기회 자체가 남성에 비해 매우 적다는 것을 밝히고 있다.(Lauzen 2005) 1985년에 결성된 '게릴라 걸스 Guerrilla Girls'라는 페미니스트 그룹은, 1990년 결성된 '앨리스 로카스 Alice Locas'라는 익명의 여성 감독 단체와 함께 미국 영화산업의 보수성에 항의하는 공연을 벌였다.(Guerrilla Girls 2003) 이들이 내세운 근거는 2002년 영화계가 벌어들인 총수입 중 여성 감독의 영화가 차지하는 비율이 4퍼센트에 불과하다는 것이었고, 이는 여성 비율이 14퍼센트인 미국 상원의회보다도 뒤떨어지는 수치라는 주장이었다. 비단 할리우드뿐만 아니라 다른 영화계에서도 여성 감독들은 다수를 차지하는 남성 감독들과 달리 영화 내부자의 이름을 얻기가 쉽지 않다. 페미니즘의 목표가 광범위하게 성취되었다는 주장과 달리, 이러한 예는 예술 분야에서 여성의 영향력이 커지기까지는 아직도 갈 길이 멀다는 것을 보여 준다. 여성 감독의 수는 자체적으로 증가하고 있지만 그것이 필연적으로 지배적인 영화적 표상 방법을 변형시키는 것은 아니며, 이것이 변화하지 않고서는 여성 감독의 수에도 큰 변화가 오기 어렵다.

일부 페미니스트들은 '평등'이라는 목표를 거부하기도 하는데, 평등이라는 것이 단지 현존하는 제도 안에서 남성과 같은 조건의 성취를 바란다는 이유에서다. 그들이 내세우는 목표는, 권력 지배층이 더 이상 존재하지 않는 근본적인 변화를 가져오는 것이다. 그들은 차이의 정치학을 옹호한다. 비록 지적인 능력 면에서 여성과 남성은 동등하지만, 여성을 '여성으로서' 폄하하면서 여성의 위치를 남성적 상징 논리로 붕괴시키려는 가부장제 문화에 맞서 싸우려면 남녀의 차이를 주장하는 것이 정치적으로 필요하다는 주장이다.(Moi 1991 : 13) 차이는 페미니즘 운동에서 매우 중요한 전략이다. 평등의 정치와 입법만으로는 여성을 가부장제의 압제에서 해방시킬 수 없기 때문이다.

다른 한편으로, '개인적인 것은 정치적인 것'이라는 슬로건에 충실하게 2차 페미니즘 물결은 여성의 육체와 여성적 외모라는 쟁점에 집중했다. 출산과 모성을 통제할 수 있는 여성의 권리를 의제로 올리는 것은 물론이고, 상업광고나 미인대회에서 여성을 이용하는 관행을 폭로했다. 페미니즘의 이러한 모습은 성난 표정으로 브래지어를 태우는 저 유명한 캐리커처(어떤 측면에서는 신화가 된)와 함께 희화화되곤 한다. (60년대 미국에서는 여성운동의 일환으로 브래지어를 태우는 퍼포먼스를 시위에서 벌였다. ─옮긴이) 이러한 희화화는 페미니즘의 문제 제기가 사소한 것이며, 여성들은 외양을 가

꾸는 걸 즐기며 그것은 그들의 자유로운 선택이라고 주장하는 여성들의 믿음 속에서 만들어진다. 여성지들과 상업광고들은 너무나 자주 (당신은 진정 그럴 가치가 있기에 진정 원하는 사람이 되라는) 자기해방이나 자기 규율의 언어를 말하지만, 그들이 권하는 '여성적인 모습의 규준'이란 대부분의 여성들이 얻을 수 없는 것이다.(Saul 2003 : 144) 값비싼 미용 제품들에 의존해 온 이러한 불가능한 이상理想이 겨냥하는 대상은 비단 부유한 서구 여성들만이 아니다. 오늘날 전 세계적 소비 시장에서 여성은 여러 분야에서 서구 여성과 똑같은 이상을 충족시키도록 조건화되고 있다. 여기에 미용산업이 점차 남성까지 타깃으로 삼는 추세라 관련 문제가 해소되기는커녕 오히려 2차 페미니즘 물결이 절정에 다다른 1960,70년대 이래로 더 악화되고 있다.

2차 물결의 정치적 운동 속에서 여성의 몸에 대한 법적이고 의학적인 쟁점들은 필연적으로 표상의 영역으로 쪼개져 들어갔다. 멀비에 따르면, '몸에 대한 자신의 권리를 얻으려는 여성들의 투쟁은 이미지 문제로부터 분리될 수 없다'.(Murlvey 1989a : vii) 케이트 Kate Millett의 《성의 정치학Sexual Politics》(1969)과 슐라미스 파이어스톤Shlamith Firestone의 《성의 변증법The Dialectic of Sex》(1970), 로빈 모건 Robin Morgan의 선집 《자매애는 강하다Sisterhood is Powerful》(1970)는 그 시절에 출간된 중요한 페미니스트 저작들이다. 이 책들에는 여성문제에 대한 혹은 여성문제를 만드는 사회에 대한 통찰을 제공할 영화들, 즉 페미니스트 논쟁과 관련한 중요한 토론의 장을 제공한 영화들이 포함되었다. 여기에는 프랑스의 영화감독 장 뤽 고

다르Jean-Luc Godard의 〈남성, 여성Masculin féminin〉(1966), 이탈리아 영화감독 미켈란젤로 안토니오니Michelangelo Antonioni의 〈붉은 사막Red Dessert〉(1964), 그리고 로잘린드 러셀·캐서린 햅번·도리스 데이가 출연하는 할리우드 영화들이 포함되어 있다.(Morgan1970 : 582)

영국에서는 로라 멀비와 클레어 존스톤Claire Jonston(1940~1987)이 여성 인력의 영화 제작 및 상영을 위해 노력하던 '런던여성영화그룹London Women's Film Group'(1971년 결성)에 가담했다. 그들은 1972년 8월 영국 에든버러에서 열린 최초의 여성영화제와 두 달 후 뉴욕에서 열린 제1회 국제여성영화제의 조직을 도왔다. 이 영화제들은 캘리포니아의 공동사업체가 창간한 최초의 여성영화 저널《여성과 영화Women and Film》의 간행과 비슷한 시기에 조직되었다. 그리고 2차 페미니즘 물결의 성과를 담아낸 최초의 책들인 마조리 로젠Majorie Rosen의 《팝콘 비너스Popcorn Venus》(1973), 조앤 멜런Joan Mellen의 《새로운 영화 속의 여성들과 그들의 성Women and their Sexuality in the New Film》(1974), 몰리 하스켈Molly Haskell의 《숭배에서 강간까지From Reverence to Rape》(1974)가 재빨리 그 뒤를 이었다. 이들은 모두 미국 출신으로, 특히 로젠과 멜런, 하스켈은 '여성의 이미지'로 잘 알려진 페미니스트 비평의 한 줄기를 이루고 있다. '여성의 이미지'를 다루는 페미니스트 비평은 텍스트에 사회학적으로 접근하면서 여성 인물들이 역사적 현실과 관련해서 어떻게 고정관념을 형성시키며, 또 어떻게 여성 관객에게 긍정적인 혹은 부정적인 역할 모델을 제공하는지를 설명한다.

한편, 1973년에는 존스톤을 포함한 영국의 페미니스트 영화이론가들이 첫 번째 공동 저작인 《여성영화에 대한 메모Notes on Women's Cinema》를 발간했다. 그들은 영화에 대한 미국 비평가들의 사회학적 접근에 반대했다. 그들은 미국 비평가들이 스토리와 인물이라는 표면적인 요소만을 들여다보는 바람에 영화 미디어의 특성, 예를 들어 어떻게 조명을 사용하고 편집을 하며 카메라의 움직임이 어떻게 스토리와 인물들을 분리시키거나 연결시켜서 숨겨진 구조나 의미라는 하위 텍스트를 만들어 내는지 등을 보지 못한다고 비판했다. 영국의 페미니스트 영화이론가들은 사회학적 접근으로는 이데올로기적 일면을 분쇄하고 그 밑에 놓인 '진정한' 여성들을 밝혀내기 어렵다고 보았다.

앞으로 이 책의 1장과 2장에서 보겠지만, 존스톤과 쿤, 팜 쿡Pam Cook 등 영국 이론가들과 함께 멀비는 정신분석학과 프랑스 구조주의 그리고 기호학을 원용함으로써 미국적 경향에서 방향을 틀었다. 그들은 프로이트 이외에 라캉이나 프랑스 철학자인 루이 알튀세르, 인류학자 클로드 레비 스트로스, 영화이론가 크리스티앙 메츠, 기호학자 줄리아 크리스테바와 롤랑 바르트 등의 사상에 주목했다. 그리하여 이러한 이론적 담론들을 사용하여 어떻게 영화가 의미를 만들어 내고 관객을 호명하는지를 밝히고자 했다. 그들은 할리우드 영화를 대중적 신화, 즉 여성의 어떠한 '현실reality' 도 반영하지 못하고 여성의 이미지를 기호로만 기능하게 하는 무의식적이며 집단적인 가부장적 판타지로 제시했다.

한편, 미국에서는 1976년 미국 페미니스트 저널의 효시인 《여성과 영화》로부터 독립한 일군의 무리가 '카메라 옵스큐라Camera

Obscura'라는 잡지를 창간했다. 이들은 파리의 시네마테크(1936년 랑글루아 등이 설립한 세계 최대의 영화 자료실 겸 실험영화 극장 '시네마테크 프랑세즈'−옮긴이)와 북미 대학들과 연계하여 라캉과 바르트, 영화이론가 레이몽 벨루Raymond Bellour와 장 루이 보드리Jean-Louis Baudry 등의 강의에 참석했다.(Kaplan 2000 : 6) 영국의 페미니스트들이 프랑스 이론에 경도된 것처럼, 미국 페미니스트 영화이론가들도 똑같은 영향을 받기 시작한 것이다. 미국 페미니스트 영화이론가들의 글은 다른 미국 저널들, 예를 들어 1974년에 창간되어 페미니스트 비평을 게재한 《점프 컷Jump Cut》 등 같은 다른 미국 저널에도 등장하기 시작했다.

한편 영국에서는 영화 저널인 《엠/에프m/f》가 페미니스트 영화이론 연구를 촉진하는 새로운 토론의 장으로 등장했다. 이 저널들에 주요한 영향과 자극을 준 것은 물론 프랑스 사상가들이지만, 다른 한편으로 이데올로기로서 문화를 분석하는 영국 이론가들의 해석에는 테오도어 아도르노Theodor Adorno(1903~1969)와 같은 프랑크푸르트학파 내 마르크스주의 철학자들의 영향이 반영되었다.

《게이와 영화Gays and Film》(1977)는 리처드 다이어Richard Dyer가 편찬하고, 영국영화연구소에서 발간한 선구적인 에세이집으로 이 시대 영화이론 연구의 시금석이 되었다. 다이어와 로빈 우드Robin Wood와 같은 게이 남성 영화비평가들은 점차 페미니스트들의 이론적 시각을 그들의 저작에 통합시켰다. 《게이와 영화》는 1990년대에 나타나 레즈비언과 게이 비평가 및 이론가들이 재언명한 퀴어이론의 시초 격인 텍스트이기도 하다. 미국에 기반을 둔 사상가

테레사 드 로레티스는 '퀴어이론queer theory'이라는 용어를 만들어 주디스 메인Judith Mayne과 같은 다른 이론가들과 함께 1980,90년대 영화들에 등장한 레즈비언 표상과 레즈비언 관객성에 대한 비평적 논쟁을 형성하는 데 일조했다.(5장 참조)

프랑스에서는 《카이에 뒤 시네마Cahiers du Cinéma》가 1950년대에 창간되었다. 이 잡지는 페미니스트적 분석을 직접 게재하지는 않았지만, 다른 곳에서 발전하고 있던 페미니스트 이론을 형성시켜 나갔다. 이 잡지는 프랑스의 누벨바그 영화운동과 밀접하게 관련되어 있는데, 장 뤽 고다르와 프랑수아 트뤼포 등 많은 누벨바그 감독들이 초기에 이 잡지에서 비평가로 일했다. 《카이에 뒤 시네마》 그룹(이하 카이에 그룹)에서 가장 잘 알려진 비평이론은 미국의 영화비평가인 앤드류 새리스Andrew Sarris가 만든 구절, 즉 1960년대 미국과 영국에서 '작가이론'으로 번역된 바 있는 '작가의 정치politique des auteurs'다. 이 이론은 기본적으로 작가정신 개념을 형식의 차이는 있지만 문학에서 영화로 확장시킨 것으로, 영화를 감독의 독창적인 스타일의 표현으로 보았다. 아이러니한 것은 후기구조주의자들의 비평이론은 롤랑 바르트가 〈저자의 죽음〉(1968)에서 밝힌 것처럼, 텍스트의 원천 혹은 중심으로서의 작가 개념에 이의를 제기했다는 점이다. 그 후 《카이에 뒤 시네마》 내부에서 작가이론이 안정적으로 존재하지 않는다는 쪽으로 강조점을 바꾸었고, 1968년 5월 학생시위 이후 기호학과 구조주의, 마르크스주의의 이데올로기적 비평에 완전히 굴복한다. 그렇지만 《카이에 뒤 시네마》가 단순히 내용이 아닌 영화의 스타일이나 형식에 새롭게 주목하면서 영화비평이 혁신되었고, 할리우드 영화가 그 예술적 가치를 비평적으로 승인받는 길이 열렸다.

그 결과, 할리우드는 챔피언 자리를 차지하는 유일한 영화는 아니지만 주목받는 단 하나의 영화가 되었다. 카이에 그룹과 훗날의 페미니스트 영화이론가들에게 1930,40년대 스튜디오에서 제작된 고전적인 할리우드 영화들은 상업영화의 전형적인 예가 되었다. 카이에 그룹은 앨프리드 히치콕, 하워드 혹스, 존 포드, 더글러스 서크, 니콜러스 레이 등의 할리우드 감독들을 최고 '작가'의 자리에 올려놓았다. 주제와 대본, 편집 스타일 등 거의 모든 제작 영역이 스튜디오에 의해 통제되는 관료적인 환경에서 할리우드 감독들이 어떻게 영화에 자신의 스타일을 새겼는지 보여 주고자, 《카이에 뒤 시네마》 비평가들은 적어도 개성이 드러나는 미장센만큼은 감독이 직접 결정한다고 주장했다. '미장센mise-en-scène'은 통상 조명, 세트, 연기 등 카메라 앞에 놓이는 모든 것을 가리키지만, 카이에 뒤 시네마 비평가들은 이를 카메라 위치와 움직임을 포함한 스타일의 모든 양상을 포함하는 더 광범위한 개념으로 사용했다.

페미니스트 영화이론가들은 할리우드 영화와 그 감독, 장르에 대한 《카이에 뒤 시네마》 비평가들의 사랑을 공유했다. 그러나 얼마 지나지 않아 그들이 개선하고자 하는 영화 속 여성의 이미지나 지위와 이 작가론은 아무런 관련이 없으며, 오히려 '위대한 남자' 혹은 '남성 천재'의 전통 속에서 영화이론을 널리 알리는 남성적 편견이 그 속에 도사리고 있음을 간파했다.

페미니스트 영화이론가들은 과거 여성 감독의 작품을 발굴했다. 여성의 이미지와 지위라는 두 가지 목표는 '페미니스트 영화제작'이라는 실천적 사고의 출발점이 되었다. 주류 영화 내부에서의 변화를 기대한 이들과 달리, 많은 페미니스트 이론가들은 샹탈 애커만Chantal Akerman과 이본 레이너Yvonne Rainer의 작품처럼 여성을 '재고안'하는 아방가르드와 독립영화에서 그 가능성을 찾았다. 그런데 1980년대 들어 페미니스트 영화이론이 점차 학계로 통합되면서 이를 폄하하는 사람들이 생겨나고, 페미니스트 영화이론은 실천의 장에서 더 멀어져 갔다. 그러나 이때부터 사고와 경험의 새로운 영역들이 영화이론에 수용되면서 여성의 권리대행agency과 여성 욕망에 더욱 관심을 쏟게 되었다.

이 책은 페미니스트 영화이론의 첫 번째 중요한 발전이 일어난 영국과 미국에 집중한다. 영국과 미국의 이론은 이미 각종 단행본과 저널, 영화제와 대학 강좌 등으로 널리 알려져 각지의 영화제작에 영향을 미치고 있는 이론이기도 하다.

책의 구성

이미 몇 권의 페미니스트 영화이론서가 있지만, 대부분 일반적인 설명에 머물고 있다. 이 책은 영미의 페미니스트 영화이론을 대표하는 네 명의 인물과 그들의 아이디어에 집중한다는 점에서 그 개론서들과 많이 다르다. 구체적으로는 지난 30년 동안 페미니스트 영화이론을 사로잡았던 남성적 응시, 여성의 목소리, 젠더 테크놀로지, 동성애적 욕망queering desire, 괴물스러운 여성성, 위기의 남성성이라는 여섯 가지 중심 개념을 설명한다. 이로써 이론가들이 영화 읽기와 다른 예들을 동원해 어떻게 자신의 이론을 입증하고 구성하는지를 보여 줄 것이다.

1장 〈페미니즘 영화의 주요 이론과 개념〉에서는 초기 페미니스트 영화이론에 흡수된 이론들이 어떻게 전개되고, 2차 페미니즘 운동이 일어나며 어떤 개념들이 중요하게 취급되었는지를 살핀다. 2장에서는 '남성적 응시'라는 개념으로 훗날 페미니스트 영화 논쟁에 초석을 마련하는 멀비의 저작이 어떻게 여성해방운동에서 도출되는지를 살핀다. 특히, 멀비가 '여성 이미지' 비평을 넘어서 도전적이고 도발적인 페미니스트 영화 분석을 제공하는 데 정신분석학과 기호학을 어떻게 원용하는지를 탐구한다. 그 다음 장들에서는 여성의 목소리, 젠더 테크놀로지, 동성애적 욕망, 괴물스러운 여성성, 위기의 남성성 등의 서로 다른 개념들이 전개되는 과정이 다소 거칠게 나열하게 될 것이다. 우리는 그 과정에서 카자 실버만이 1990년대 들어 유명해진 '위기의 남성성' 개념을 이미 1980년대 초에 탐구하는 모습을 목격할 수 있다.

각각의 장은 해당 개념과 가장 관련이 깊은 텍스트와 이론가들에 초점을 맞춘다. 실버만의 《음향적 거울》(1988)은 3장의 '여성의 목소리'에서, 드 로레티스의 《앨리스는 하지 않는다》(1984)는 4장 '젠더 테크놀로지'에서, 드 로레티스의 이후 저작인 《사랑의 실천》(1994)은 5장 '동성애적 욕망'에서, 크리드의 글은 6장 '괴물스

러운 여성성'에서, 실버만의 남성 주체성에 대한 책은 7장 '위기의
남성성'에서 다룰 것이다. 그리고 맨 마지막 장에서 멀비, 실버만,
드 로레티스, 크리드의 이론이 오늘날 갖는 영향력을 점검한다.

이 책은 페미니스트 영화이론과 다양한 영화 및 미디어가 갖는
관련성을 설명하고자 한다. 또한 각 장에서 이론가들이 직접 제시
한 예뿐만 아니라 잘 알려진 영화들을 이용한 사례 연구를 보여 줄
것이다. 이 책은 이론가들의 저작을 대신하려는 것이 아니라, 그들
의 아이디어를 소개하고 독자들을 그들의 텍스트로 안내하는 데 그
목적이 있다. 그래서 책 맨 뒤에 주요 이론가들의 저작 목록을 정리
해 놓았다.

1

페미니즘 영화의 주요 이론과 개념

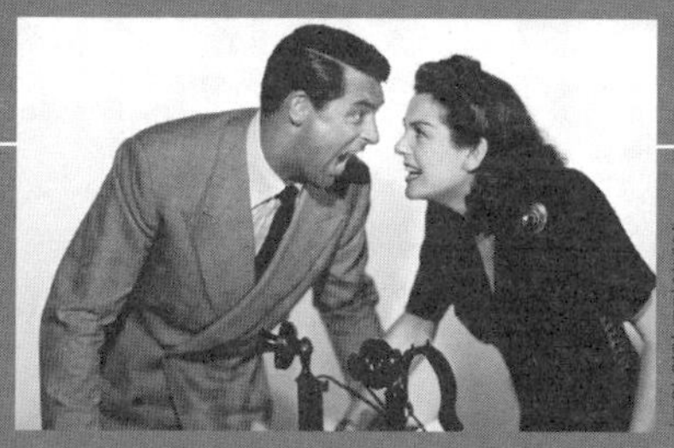

《그의 연인 프라이데이》

페미니즘이 이미 그 목적을 달성했으며, 이제는 더 이상 할 일이 남아 있지 않다는 주장은 역사적으로 이와 비슷한 상황을 상기시킨다. 1949년에 발간된 시몬 드 보부아르의 《제2의 성》 서장에서 "페미니즘 논쟁에 대해서는 이미 쓸 만큼 썼고, 이제는 사실상 끝났으며 더 이상 거기에 대해 할 말이 없다"(de Beauvoir, 1993 : xxxvi)라고 했던 것을 상기해 보자. 역설적으로 《제2의 성》은 주지하듯이 페미니스트 운동이 거대한 진전을 보인 제2의 페미니즘 물결을 예고한 것이었다. 당시 보부아르는 반反페미니즘이라는 반동의 흐름 속에서 글을 썼기 때문에 그렇게 진술했다. 그러나 《제2의 성》은 제2의 페미니즘 물결이 일어나는 데 지적인 초석을 놓아 그러한 반동적 기운에 대항할 수 있게 했다.

이 장에서는 초기 페미니스트 영화이론에 영향을 준 다양한 개념들, 즉 정신분석학으로 제기된 문제들과 페미니스트 영화이론에 결집된 이론적 경향들을 살핀다. 그럼으로써 페미니스트 영화이론과 비평이 어떻게 제2 페미니즘 물결의 통찰력을 발전시켰는지, 특히 영국의 페미니스트 영화이론가들이 어떻게 급진적으로 1970년대 초 미국에 널리 퍼진 '여성의 이미지' 비평을 다시 만들었는지를 보게 될 것이다. 이론적 담론을 원용함으로써 페미니스트 영화이론은 지적 엄밀함을 증명하고 학계에서 지위를 얻었고, 페미니스트 영화 분석이 의미 있는 진전을 이루는 계기를 만들었다.

영원히 여성적인 것

《제2의 성》에서 보부아르는 "인간은 여성으로 태어나는 것이 아니라 여성으로 만들어지는 것이다"라는 유명한 말을 했다. 이 말은 젠더는 '자연적이거나' 혹은 생득적인 것이 아니라 문화의 문제이며 사회적 조건으로 얻어지는 것이라는 관점을 제2의 페미니즘 물결에 제공했고, 이로써 페미니스트들은 생물학적인 성을 의미하는 '여성'과 사회적 젠더 역할을 의미하는 '여성적인 것'이라는 단어를 구별할 수 있게 되었다. 보부아르는 인간 문명이 만든 '영원히 여성적인 것'이라는 신화를 분쇄하기로 굳게 결심했다. 여성들이 '영원히 여성적인 것'을 체현한다는 의미에서, 본질은 종종 생물학적 본질이나 다른 한편으로는 정신적인 본질을 가리킨다. 이러한 관점은 열등함, 부드러움, 정서 등 통상 여성들에게 있을 것으로 상정되는 자질들이 생득적이고 고정되어 있다고 가정한다. 그러나 보부아르는 여성을 만드는 데 결정적인 본질적 특성 따위는 없다고 보았다.

보부아르의 사상은 그녀와 장 폴 사르트르Jean-Paul Sartre(1905~1980)가 함께 형성해 나간 실존주의 철학에 뿌리를 두고 있다. 사르트르는 대상은 오로지 즉자적으로 존재하는 반면에, 인류는 즉

자적이면서 대자적으로 존재한다고 했다. 《제2의 성》에서 보부아르는 남성들이 자신들에게 주어지는 주체됨의 지위를 당연한 것으로 여기고, 이 주체됨의 지위를 승인받고자 대자적인 여성 존재를 부인하면서 여성을 대상화된 '타자'의 위치로 격하시킨다고 말한다. '여성'은 남성에게 자율적인 독립체가 아닌 '성적 존재'로밖에는 보이지 않는다고 보부아르는 말한다. "여성은 남성과 관련한, 차이로서만 정의될 뿐, 그녀와 관계된 그란 없다. 즉, 그녀는 본질적인 것과 대조되는 비본질적인 것이며 우연적인 것일 뿐이다. 그는 주체이며 절대자이지만, 그녀는 타자이다."(Beauvoir 1993 : xxx ix-x1)

보부아르에 의하면, 남성은 보편적이고자 한다. 남성은 육체의 초월 및 합리성과 동일시된다. 여성은 남성의 반대항, 즉 비이성적이며 육체에 얽매여 있는 것 그리고 모든 면에서 남성과 관련되어 정의된다. 보부아르가 보기에, 이러한 젠더 위계와 성적 불평등의 원천은 '종교, 전통, 언어, 이야기, 노래, 영화' 등으로 조달되는 가부장적 문화이며, 이는 사람들이 세계를 이해하고 경험하는 방식을 구성한다.(Beauvoir 1993 : 275) 남성과 그들의 시각에서 구성되고 만들어진 신화의 매개들은 '절대적 진리'로 오인된다. 오랜 기간에 걸쳐 남성 사상가들은 여성의 열등성 관념에 의문을 표하기는커녕 신학, 종교, 생물학을 비롯한 '과학적' 담론에 의지하여 이를 설명하려고 노력해 왔다. 그들은 '영원히 여성적인 것'이라는 가부장제 신화를 여성에 대한 억압을 정당화하는 데 이용했다.

1963년 베티 프리단Betty Friedan은 '영원히 여성적인 것'이란 관넘을 '여성의 신비'로 개명하여 보부아르의 사상을 미국의 문화적 환경 속으로 변형하여 가져왔다. 그녀의 책《여성의 신비》는 남성이 전쟁에 나간 사이 남성의 역할을 수행하며 전쟁에 동원되었다가, 제2차 세계대전이 끝나자 다시 어머니와 주부의 역할로 돌아갈 것을 강요당했던 중산층 여성 세대에 큰 반향을 불러일으켰다. 전쟁이 끝나고 소비 붐이 일어나면서 전쟁 기간에 남성 역할을 떠맡았던 여성들은 이제 도시 가정의 살림이나 성적 수동성, 남성의 지배, 아이들에 대한 헌신 등에서 '여성적인 성취'를 이루라는 사회적 압력을 받고 있었다. 이러한 여성들에게 프리단은 '이름 붙여지지 않는 문제', 즉 주부 역할로 한정되는 것은 '특별한 무언가'를 갈구하는 대부분의 여성에게 불만족스러운 처사라는 점을 정확히 표현해 주었다. 프리단의 시각에서 보면, 이러한 불만족을 해소할 방법은 교육과 전문직이었다.

프리단의 책은 여성들이 '아내, 성적 대상, 어머니, 주부' 등 남성과의 성적 관련 속에서만 정의되고 여성 자신의 행위로서는 결코 정의되지 않는다는 사실을 반복해서 언급했다.(Friedan 2001 : xv) 특히 프리단은 대중문화의 예를 들어 잡지, 상업 텔레비전, 대중매체, 심리학 교재 등을 통해 '여성의 신비'라는 이미지가 우리에게 쏟아지고 있다고 말한다. 여성의 신비는 여성들이 사회적으로 어머니와 주부로서의 역할에 자발적으로 동의하도록 조장하고, '영구적이며 소중한 미국문화의 핵심'이 되어 여성이 집 밖에서 일을 갖는 것, 남편의 남성성과 그들의 여성성을 훼손시키거나 아이들을 돌보는 데 태만한 것에 죄의식을 갖게 만들었다.(Friedan 2001 : 18) 이러한 방식으로 《여성의 신비》는 가부장적 표상에서 숫처녀 대 창녀라는 이분법을 주부 대 직업여성이라는 현대적 대립쌍으로 바꾸어 제시한다.

여기서 프리단은 이미지의 힘과 여성의 실존이 연결되어 있음을 암시하고는 있지만, 정작 그 분석은 다른 이들의 몫으로 남겨두었다. 그 다른 이들 속에, 바로 나중에 '여성 이미지' 비평으로 알려진 미국의 페미니스트 영화비평가들이 포함되어 있었다. 이에 대해 알아보기 전에, 영국의 영화이론가들이 이어서 여성 이미지 비평을 어떻게 다시 재구성했는지를 살펴보기 전에, 이 논의에 영향을 미친 페미니스트에 대해 먼저 언급하고 넘어가자. 바로 영국 신좌파의 일원이자 영국 여성운동의 개척자로, 프로이트와 정신분석학을 페미니스트의 정치적 의제로 가져온 줄리엣 미첼Juliet Mitchell이다.

정신분석학과 페미니즘

1960년대 많은 페미니스트들은 정신분석을 페미니즘의 제1 공적公敵으로 여겼다. 프리단 역시 여성의 신비가 "프로이트적인 사고에서 그 힘이 유래했다"고 생각했다.(Friedan 2001 : 103) 다른 이들도 프로이트가 단독으로 페미니즘에 대항한 반反혁명에 책임이 있다고 믿었다.(Millett 1977 : 178) 그러나 미첼은 프로이트에 대한 페미니스트의 공격이 대체로 사이비 프로이트주의자가 계승한 프로이트에 대한

오해에 근거하고 있으며, 주로 미국에서 두드러진 현상이라고 주
장했다. 미국은 문화적 주류, 즉 정신분석에 대한 대중적 버전이
열심히 받아들여졌고, 따라서 페미니스트들 사이에서 반프로이트
주의가 최고조에 이른 상황이었다는 것이다. 즉, 미첼은 정신분석
의 대중화는 프로이트의 광범위한 영향을 입증하는 것이기도 하
지만, 다른 한편으로 프로이트의 가장 훌륭한 통찰력을 삭제하는
것이기도 하다고 보았다.

저서 《정신분석학과 페미니즘Psychoanalysis and Feminism》에서 미
첼은 프랑스 정신분석학자인 라캉을 통한 프로이트 다시 읽기로
자크 라캉을 영어권 독자들에게 소개했다. 미첼은 1982년에 재클
린 로즈Jaqueline Rose와 함께 여성 섹슈얼리티와 관련된 라캉 선집을
엮기도 했다. 미첼에 의하면, 라캉과 프로이트는 페미니즘과 정신
분석학의 교류에 핵심적인 인물들이다.(라캉의 생각에 대한 최초의 언
급은 2장 참조) 일군의 페미니스트들도 말했듯이, 미첼은 프로이트
가 무의식 개념으로 인해 속 좁은 "빅토리아 시대의" 가부장 문화
에만 묶여 있는 것이 아니라 오늘날의 우리와도 관련을 맺고 있다
고 말한다.(Mitchell 1990 : xx) 프로이트에게 무의식은 항상 존재하는 영
원한 것이지만, 역사를 초월하는 것은 아니다. 무의식은 우리가
사회의 법과 신념을 내면화하는 데 결정적인 역할을 하고 이러한
법과 신념들은 그 자체로 문화적 변동에 지배되지만, 역사적으로
가부장제의 기초를 놓아 왔다. 미첼은 따라서 정신분석학은 가부
장제 사회를 권장하는 것이 아니라 그것을 분석하는 것이라고 말
한다.(Mitchell 1990 : xx) 이러한 점에서 정신분석학은 페미니즘에 필수

적 이론이 될 수 있다.

　페미니스트 논쟁에 대해 미첼이 최초로 기여한 것은, 1966년 《신좌파 리뷰New Left Review》에 게재된 에세이 〈여성, 가장 긴 혁명 Women : the Longest Revolution〉으로, 이 글은 여성해방운동 초기에 해적판으로 광범위하게 유통되기도 했다. 이후에 저서 《여성의 사유지Woman's Estate》(1971)로 확장된 이 에세이는 여성의 상황에 주의를 기울이지 않는 전통적 마르크시즘과 현대 사회주의를 동시에 비판한다. 고전적 마르크스주의자들의 저작은 일반적으로 여성의 상황과 사회 상황을 동일하게 취급하지만, 미첼의 에세이는 역사적으로 노예제가 있기 전부터 여성은 이미 노예였다고 말한다. 미첼은 이러한 마르크스주의자들은 여성이 처한 상황이 다른 사회 집단과는 다르다는 점을 인식하지 못한다고 주장한다. 여성이 당하는 착취와 굴종은 그 역사적 시기가 각각 달라서 다른 방식으로 연결된 요인들을 통합시키면서 '특별한 구조'의 형태를 취하고 있다.(Mitchell 1966 : 16) 이 요인들이란 생산, 생식, 섹스, 자녀의 사회화이다. 진정한 여성해방은 이 4가지를 모두 변형시키는 것이다.

　마르크스와 달리 프로이트는 핵가족을, 인간 개인이 사회적 젠더 규준과 기대치를 갖게 되는 사회화의 핵심적인 도구라고 본다. 이는 오이디푸스가 부지불식중에 자신의 아버지를 살해하고 어머니와 결혼하는 소포클레스의 비극 《오이디푸스 대왕》에서 유래한 '오이디푸스 콤플렉스' 이론을 보면 알 수 있다. 프로이트는 어떤 아이가 부모에게 품는 애증의 원망願望을 가리켜 오이디푸스 콤플렉스라고 말한다. 그리고 아이가 세 살에서 다섯 살 사이에 발생하는 오이디푸스 콤플렉스를 섹슈얼리티와 젠더가 심리적으로 구조화되는 핵심적인 순간으로 가공한다. 이 콤플렉스의 '긍정적인' 버전에서, 아이는 자신과 다른 성의 부모를 욕망하고, 경쟁자가 되는 같은 성의 부모와 자신을 동일시한다. 처음에는 남자아

정신문석학의 창시자인 지그문트 프로이트는 우리 행위의 동기가 대부분 무의식이라고 강조한다. 프로이트는 마음을 서로 다른 층위들로 나눈다. 의식은 우리의 현재 자각을 담고 있는 곳이고, 전前의식은 의식하지 않고 있지만 소환될 수 있는 재료들을 담는 곳, 무의식은 활동이 억제되어 있는 생각들과 표상들로 이루어져 있다. 무의식은 꿈이나 말실수(저 악명 높은 '프로이트의 말실수')처럼 변장된 형태가 아니면 의식에 다다를 수 없다. 또, 프로이트는 마음을 지배하는 세 가지 힘을 주장한다. 이드id는 본능적인 충동에 지배되는 무의식적이며 비이성적인 것이다. 에고ego는 대체로 자각적이며 마음의 합리적인 부분으로 이드를 통제한다. 슈퍼에고superego는 에고의 일부로서 심판자나 검열자로서 행동하며, 부모나 학교 혹은 종교적 권위로 학습된 금지의 결과로서 나타난다. 에고나 슈퍼에코가 행위나 생각을 금하더라도 그것은 억눌러져서 무의식이 된다.

예를 들어 《꿈의 해석The interpretation of Dreams》에서 프로이트는 꿈은 억압된 소망을 성취하지만 이러한 소망들은 에고의 검열을 피하고자 깨어 있는 정신에 도달할 때 변장하게 된다고 말한다. 잠재적인 꿈의 재료들은 '압축condensation'(하나의 사고를 다른 하나의 이미지로 축소하는 것)과 '치환displacement'(생각에 부착되었던 정서나 감정적인 책임이 떨어져 나가 덜 해로운 생각으로 바뀌는 것)을 거친다. 그리고 꿈을 꾼 사람이 깨어나 자신의 꿈을 회상하려 할 때 그것은 다시 '2차 수정'을 거치게 된다. 즉, 꿈을 꾼 사람은 그 꿈을 서사로 바꿔서 이해할 수 있는 것으로 만든다. 서사는 꿈의 '명확한' 내용, 즉 잠재적 내용이 의미심장하게 변장한 버전이지만, 프로이트는 이를 정신분석학으로 밝힐 수 있다고 말한다.

이 여자아이 모두 어머니에게 근친상간적인 애착을 형성한다. 그러나 이 애착은 어머니가 남근을 소유하지 않았다는 사실을 발견하는 순간, 그리고 이 발견이 아이로 하여금 어머니가 이전에 거세되었다고 오인하게 하는 순간에 끝이 난다. 질투하는 아버지에게 똑같은 형벌을 받을 것을 두려워하는 어린 소년은 언젠가 자신이 아버지의 권력을 이어받고 자신의 여자를 소유할 수 있으리란 것을 알게 되면서, 어머니에 대한 욕망을 포기하고 아버지의 권위를 받아들인다.

프로이트는 오이디푸스와 거세 콤플렉스에 대한 소녀들의 다른 경험을 남성들이 누리는 문화적 혜택에 소녀들이 접근하기가 어렵다는 점을 언급하며 설명한다. 어머니가 자신과 마찬가지로 거세되었다는 것을 아는 순간, 어린 소녀는 남근에 대한 소망을 그 아버지(나중에는 연인)에게 남자아이를 낳아주는 소망으로 바꾼다. 여기서 소녀의 애착 대상이 어머니에서 아버지로 바뀌리라는 예상을 할 수 있다. 이러한 변화와 성공적으로 타협하면서 소녀는 여성이 된다. 즉, 문화적으로 여성성이 승인된 역할로 진입하게 되는 것이다. 그러나 프로이트는 소녀들은 결코 온전히 오이디푸스적인 궤도를 완성시킬 수 없다는 점, 그리고 '여성 되기'라는 사회적으로 강제된 방식에는 어려움과 저항에 따른다는 점을 분명히 말하고 있다.

페미니스트들은 성적 차이를 남근의 유무로 환원하는 프로이트의 설명 방식을 비난해 왔다. '팔루스phallus'에 중심성의 대상들을 부여함으로써 프로이트는 '남근 중심적'이라는 수식어를 얻게 되었다. 영국의 정신분석학자인 어니스트 존스Ernest Jones가 만든 이 말은 본래 프로이트의 '남근 선망' 개념을 비난하는 용어였다. 이력의 대부분에서 프로이트는 여성성을 이해하고자 고투했다. 그러나 페미니스트들은 정신분석에서 말한 여성성의 '문제'가, 여성성이 남성적 기준으로 측정되거나 가부장제적 담론 속에서 남성성의 부재로서 나타나는 여성성의 '문제'임을 인식하였다. 그런데 미첼과 같은 페미니스트는 프로이트를 폄하하는 사람들이 상상하는 것보다 그가 훨씬 더 섬세한 사상가라고 지적한다. 프로이트는 쉼 없이 자신의 이론을 다듬고 다시 만들었고, 그 이론에 조건부적인 속성이 있다는 점을 스스로 알고 있었다. 따라서 페미니즘에 프로

▌거세 CASTRATION ▌

정신분석학의 핵심 개념이다. 다른 정신분석학 개념들과 마찬가지로 사회구조와 믿음이 생산되는 방식을 이해하는 일종의 신화 혹은 은유라고 할 수 있다. '거세'는 아이들이 남성과 여성의 성적 차이에 대한 기원을 이해하는 방식을 설명하는 '신화'이다. 이러한 관점에서 보면, 이는 아이들 혹은 그 보호자들이 사물의 기원을 설명하고자 만들어 내는 판타지, 예를 들어 아기들이 어디에서 오는지에 관한 수수께끼 같은 것과 비슷하다. 프로이트는 '남자 아이는 자신과 같은 생식기가 누구에게나 있을 것으로 생각하며, 자신이 아는 이들에 대한 상상에 남근의 부재를 새겨 넣을 수 없다'.(Freud 1991b : 113) 소년들은 이러한 신념을 확고하게 유지하다가 매우 힘겹게 이 신념을 포기한다. 여성에게서 사라졌다고 생각하는 남근의 대체물들은, 이 책 2장에서 보게 될 페티시즘과 같은 수많은 '도착'에서 결정적인 역할을 하게 된다. 반면 소녀들은 이러한 종류의 부인否認은 겪지 않으나, 프로이트의 시각에서는 소녀들은 소년들의 생식기를 볼 때 자신의 것과 다름을 알게 되고 남근 선망과 소년이 되고 싶다는 소망에 압도된다.(Freud 1991b : 114)

이트의 아이디어를 적용하려면, 담론으로서의 정신분석학에 의문을 표하는 한편으로 연구 목적에 따라 그 이론을 바꾸어야 한다.

영화이론의 도구들

이제부터는 영국의 페미니스트 영화이론이 어떻게 프로이트적 정신분석학의 언어를 전개시켰고, 기호학과 알튀세르의 마르크스주의 그리고 1969년 이후《카이에 뒤 시네마》비평가들 같은 프랑스의 새로운 이론 사조들과 연결되었는지를 살펴보자. 영국의 페미니스트 영화이론가 중 선구자 격인 인물은, 페미니스트적 접근 방법을 정신분석학에 최초로 연결한 클레어 존스톤이다. 존스톤은 1972년 에든버러에서 여성영화제를 조직했고, 1973년에 간행한 소책자《여성영화에 대한 메모》에 '대항영화로서의 여성영화'라는 에세이를 쓰기도 했다.

앞서 언급했듯이, 이러한 이론적인 전회는 1970년대 미국에서 떠오른 사회학적인 '여성 이미지' 영화비평에 대한 반향의 일부였다. 여성 이미지 비평에는 몰리 하스켈, 마조리 로젠, 조앤 멜런의 글은 물론이고,《여성과 영화》초기에 실린 기사들이 포함된다. 여성 이미지 비평은 강력한 정치적 의무로 추동된 비평이었다.《여성과 영화》제2호에서 편집자 시우 화 베Siew-hwa Beh와 서니 샐리어Saunie Salyer는 "우리는 학술적인 영화비평에 한 장章을 덧붙이려는 것이 아니라 우리의 상황을 변화시키려는 것"이라고   선언한 바 있다.(Beh & Salyer 1972b : 3) 그러나 이들과 초기 미국의 페미니스트 영화 비평가들은 영화에 대한 '반영론적reflectionist' 접근으로 비판받았다.

예컨대《여성과 영화》에 게재된 글들은 '항상 제한적으로 반영하고 있어서 왜곡할 가능성도 있지만' '변화하는 사회를 반영하는 거울'로 영화를 간주하고 있다.(Mohanna 1972 : 7) 이러한 왜곡은 예외 없이 '남성적인 관점'에 따른 것이다. 여성 이미지 비평은 매춘부, 주부, 어머니, 요부 혹은 팜므 파탈과 같은 부정적인 여성 스테레오타입에 초점을 맞추면서 할리우드 영화의 '시스템'을 획일적으로 공격한다. 할리우드 영화들은 잘못된 인식을 불러일으키고 그들이 강화하고 영구화하는 잘못된 이미지들을 여성들이 받아들이고 그것과 자신을 동일시하고 채택하게 만든다는 것이다.《여성과 영화》의 저자들은 '그러한 스테레오타입들이 사라질 때' 혹은 더 많은 영화제작자들이 생겨날 때, '스크린 속의 반영들이 진정 바뀌게 될 것'이고 믿는다.(Mohanna 1972 : 7) 그럴 때 여성은 '복종하는 모습'이 아니라 있는 그대로의 모습으로 그려질 것이라.(Beh & Salyer 1972a : 6)

'대항영화로서의 여성영화'라는 글에서 존스톤은 직접적으로 《여성과 영화》에 나타난 초기 문제들과 '여성 이미지' 분석에 즉각 반응하면서 이 접근법이 가진 문제점을 강조했다. 그 문제점 중 첫째는, 여성 이미지 비평은 영화가 현실을 있는 그대로 묘사한다고 주장하면서 영화가 소통에 투명한 미디어라는 점을 가정한다는 것이다. 존스톤은 영화 속 여성 이미지들을 '실제' 여성들과 연결하여 평가하는 사회학적 접근을 거부한다. 영화는 그 자체의 의미적 실천을 통해 현실을 매개하는 인위적인 구성물이기 때문이다. 정신분석학에서 밝혀진 바와 비슷하게, 이미지들은 화면에서 변장과 치환의 과정을 거치며 변형된다. 즉, 이미지들이 해독되려면 정신분석학이나 다른 이론의 도움이 필요하도록 암호화된 것처럼 보인다. 존스톤은, 영화는 세상을 바라보는 투명한 창이 아니라 영화 자체에 의해 그리고 그 내부에 의미가 형성되는 소통 수단이라는 점을 강조한다. 이는《여성과 영화》가 내포하고 있는 아이디어, 즉 여성적 스테레오타입이 남성 지배적인 영화산업의 의식적인 전략이라는 점에 의문을 표하는 것이기도 하다.

존스톤은 더 나아가 '긍정적인' 혹은 '진정한' 여성 이미지에 대한 사회학적 영화비평가들의 요구를 의문시한다. 즉, 그들이 '진정으로' 존재하는 바로서의 여성 이미지를 요구하는 것인지 아니면 우리가 여성들에게 바라는 이미지를 요구하는 것인지에 대한 의문이다. 그들의 요구는 가부장제적 이데올로기 때문에 스크린에 그러한 이미지를 만들지 못하고 있다는 점, 그리고 여성들이 자신들을 사실적으로 표상한다면 바뀔 수 있다는 점을 전제로 한다. 그러나 보부아르와 프리단의 경우에서 보았듯이 가부장제 그 자체는 오랫동안 '여성적 본질'이라는 사고방식을 전개시켜 왔고, 이러한 사고는 여성에 대한 억압을 합리화시키고 여성들로 하여금 상황을 변화시키지 못하게 했다.

존스톤은 또 리얼리즘이라는 사회학적 비평가들이 설정한 과대포장에 문제를 제기한다. 리얼리즘 역시 '구성물'이며 그 코드와 규약은 그 '구성됨'을 감추기 위해 사용될 수 있다. 리얼리즘 영화는 관객으로 하여금 그 의미가 투명하며 어떠한 해석도 요구되지 않는다고 믿게끔 만들지만, 매 순간 관객들은 그들이 내면화하도록 배운 코드들을 통해 그 의미를 구성하는 데 참여한다. 예를 들어 고전 할리우드 영화는 투명한 '창'을 통해 허구적인 세계를 제공하기 때문에 영화를 보는 데 별다른 노력이 필요하지는 않지만, 그 '리얼리즘'은 콘티뉴이티continuity 편집(편집 시 숏(컷)과 숏이 이어질 때 시간이나 동작의 자연스러운 연결 혹은 내용상의 연결이 자연스러워 보이게 하는 것―옮긴이)이나 행동축axis of action 규칙(180도 규칙), 시선 일치, 30도 규칙 등 '보이지 않는' 스타일이라는 특별한 코드로 창출된다. 이러한 모든 것이 숏과 숏으로의 봉제선 없는 시공간적 흐름이라는 환상을 유지시키고 영화라는 인공물의 짜맞춤을 숨긴다. 예술영화 역시 할리우드 리얼리즘과는 다르다 할지라도 롱테이크나 카메라에 직접 말 걸기 등의 리얼리즘 코드를 사용한다. 이 역시 리얼리즘의 이데올로기적 레퍼토리에 속한 코드들이며,

행동축 규칙(180도 규칙) · 시선 일치 · 30도 규칙

모두 연속 편집에 관한 것으로, 숏과 숏 사이의 자연스러운 시공간적 흐름을 만들어 내는 기술이다. '행동축'은 행위를 가로지르는 가상의 선이다. 어떤 장면에서 모든 카메라의 위치는 스크린의 방향과 배경의 일관성을 유지하기 위해 이 선의 한쪽 면에만 놓여야 한다. '시선 일치'는 숏 A가 화면 밖을 바라보고 있는 사람을 보여 준다면, 뒤따르는 숏 B는 그가 보고 있는 것을 우리에게 보여 주어야 하는 편집 기술이다. 이는 관객이 숏과 숏 사이의 공간적 관련을 이해하도록 인물들의 시선의 위치와 궤도를 나타낸다. '30도 규칙'은 카메라가 새로 자리 잡을 때 요구되는 최소한의 카메라 앵글이다. 하나의 숏에서 다른 숏으로 이동할 때 카메라 앵글 변화가 30도보다 적게 되면 관객들을 혼란스럽게 하는 점프 숏이 될 수 있다.

엄밀히 말하자면 할리우드 코드들이 자연적인 것이 아니듯 '자연적인' 것이 아니다.

이러한 아이디어들은 1970년대 초에 《스크린》에 게재된 이론적 글쓰기들을 통해서 어떻게 영화 작업이 유럽에서 영국으로 건너왔는지를 보여 준다. 존스톤과 그 밖의 페미니스트 영화이론가들에게 기호학이나 알튀세르적 마르크스주의, 정신분석학과 같은 이론은 영화가 무엇을 어떻게 그리고 왜 의미하는지를 질문하게 만드는 분석 도구가 되었다. 그들은 영화에 의해 남녀 관객들이 구성되는 과정에서 영화의 의미 생산에 참여한다는 아이디어를 마르크스주의자 철학자 루이 알튀세르Louis Althusser(1918~1990)에게서 이끌어 내었다. 알튀세르는 이데올로기가 진실 혹은 거짓 인식의 문제가 아니라고 주장한다. 그것은 사물이 '진정 존재하는 바'를 인식하고자 리얼리티라는 잘못된 왜곡을 단지 '꿰뚫어' 보는 차원의 문제가 아니다. 왜냐하면 리얼리티와 우리가 관계 맺는 것 자체가 상상적imaginary이기 때문이다. 알튀세르에 의하면, 이데올로기는 '개인의 실재 존재 조건과 개인들 간의 상상적 관계 맺음에 대한 "표상representation"'으로 정의된다. 이 표상은 우리가 이데올로기 안에서 보게 되는 왜곡의 밑바닥을 이루는 상상적인 관계 맺음이다.

페미니스트 영화이론에 동원되는 또 다른 도구는 기호학, 즉 기호에 대한 연구로서 흔히 '기호학semiology'으로 알려진 이 이론은 영화의 텍스트적 코드를 분석해 영화 속에서 이데올로기가 작동하는 방식을 보여 준다. 영화에 대한 기호학적 독법은 조명, 편집,

숏의 비율, 카메라 앵글, 대화와 서사 등 코드들의 상호 작용을 통해 더 깊은 차원에서 의미가 어떻게 구성되는지를 분석한다.

이 분야에 대한 핵심적인 이론서는 롤랑 바르트Roland Barthes(1915~1980)의 《신화론Mythologies》(1957)으로, 이 책은 스테이크와 감자칩에서부터 영화에 이르기까지 삶의 모든 것들이 기호 체계로서 이해될 수 있음을 보여 준다. 바르트는 이러한 일상의 것들이 어떻게 이데올로기적 믿음 속에 깊게 침윤되어 있는지를 보여 준다. 바르트에 의하면, 신화는 이데올로기의 시니피앙signifiant이다. 신화 분석에서 바르트는 지시denotation(분명하거나 문자 그대로의 의미,

▌알튀세르와 이데올로기　　　　　　　　　　　　　　　　▐

이데올로기 개념은 마르크스주의 이론에 핵심적이다. 광범위하게 정의하자면, 이데올로기는 개인이나 집단이 갖는 신념이나 사고의 집합이다. 이데올로기는 종종 지배적인 사회집단의 권력을 정당화하는 사고가 되기도 한다. 《독일 이데올로기Die Deutsche Ideologie》(1845~46)에서 마르크스와 엥겔스는 이데올로기를 카메라 옵스큐라camera obscura, 즉 리얼리티라는 환상을 포착하지만 그 안에서 사회적 관계들은 '도착倒錯된' 형태, 특히 왜곡된 형태로 드러난다고 말한 바 있다. 카메라 옵스큐라는 영화의 원형이기 때문에 이데올로기를 표현한 마르크스주의자의 모델은 영화이론에서 매우 의미가 있다. 그래서 유명한 페미니스트 영화 저널인 《여성과 영화》를 대체할 이름으로서 '카메라 옵스큐라Camera Obscura'가 채택되기도 했다.

20세기 마르크스주의자 철학자인 루이 알튀세르는 에세이 〈이데올로기와 이데올로기적 국가 기구Ideology and Ideological State Apparatuses〉(1970)에서 매우 영향력 있는 이데올로기 개념을 만들었다. 마르크스주의와 정신분석학, 특히 자크 라캉을 강렬하게 연결한 이 에세이는 1960년대 이래로 지적 담론에 강력한 충격을 주었다. 이 에세이에서 알튀세르는 국가가 억압적인 국가기구(정부, 군대,

사실을 전달함)와 함축connotation(함축된 혹은 연상된 의미들)을 구별한다.

이러한 구별은 꿈의 명백한 내용과 잠재적 내용을 구별한 프로이트의 꿈 연구와 관련되어 있다. 텍스트와 기호들은 모두 잠재적 내용을 갖고 있다. 꿈에서의 잠재적 내용이라고 할 수 있는 함축적인 의미는 따라서 텍스트의 무의식으로 보일 수 있다. 프로이트 이론의 무의식에 따르면, 무의식은 문화적으로 역사적으로 결정된다. 바르트가 든 유명한 예는 《파리 마치Paris Match》지의 표지에 실린, 프랑스 국기에 경례하는 흑인 병사의 사진이다. 겉으로 드러난 '지시적' 의미는 단순하다. 흑인 병사가 프랑스 국기에 경

경찰, 법정, 감옥)와 같은 물리적 힘을 통해 작용하는 것들과 '이데올로기적' 국가기구(예술, 미디어, 학교, 가족, 교회, 정당)처럼 국가의 제재를 받아 가치를 끌어올리고 국가의 권력을 공고하게 하는 것으로 힘을 유지시킨다고 주장한다. 우리가 거의 눈치 채지 못하게 일을 수행하는 이데올로기적 국가기구로 인해, 우리는 '위로부터' 이데올로기가 부과되었다고 생각하기보다는 우리 스스로 자유롭게 이데올로기에 동의했다고 생각하게 된다. 그리하여 우리는 이를 깨닫지 못한채, 현재 그대로의 가치들을 내면화하게 된다.

이데올로기는 개인을 주체로서 '구성한다'. 특히 이데올로기는 개인을 주체로서 만든다고 말하는데 이것을 가리켜 알튀세르는 '호명interpellation'이라고 부른다. 이데올로기는 개인들 중에서 주체를 징집한다. 이것은 경찰이 길거리에서 누군가를 불러서 돌아볼게 하는 틀에 박힌 고함 소리 "이봐 당신, 거기!"와도 같다. 180도로 돌아봄으로써 그 개인은 주체가 된다. 왜? 그것은 그가 큰 소리로 '진정' 불렸고, 이에 "부름을 받은 사람이 진정 자신이라는"(Althusser 1999 : 30) 사실을 인식했기 때문이다. 호명은 지배 이데올로기 속에서의 자기 자신의 존재를 인식하고, 그 속에 존재하는 데 대해 자발적으로 동의하는 주체를 생산한다. 알튀세르는 심지어 태어나기도 전부터 주체는 항상 이데올로기 속에서 존재한다고 말한다.

례를 한다. 그러나 여기에는 '프랑스', '제국', '인종' 등등에 관련한 수많은 두 번째 차원의 의미가 존재한다. 기호는 또 다른 함축적인 의미들이 그 위에 덧칠되고 대체됨으로써 본래의 지시적인 의미가 벗겨질 수 있다고 바르트는 주장한다. 이는 새로운 함축이 명백하고 자연스러운 지시적 의미로 오인될 수 있음을 의미한다. 따라서 기호는 이데올로기적 의미를 띠게 된다. 이것이 바로 흑인 병사의 잡지 표지 사진에서 일어난 일로, 이 사진에서 함축적인 의미란 프랑스라는 국가는 피부색에 관계없이 모두가 충성해야 하는 위대한 제국이라는 것이다.(Barthes 1993 : 116)

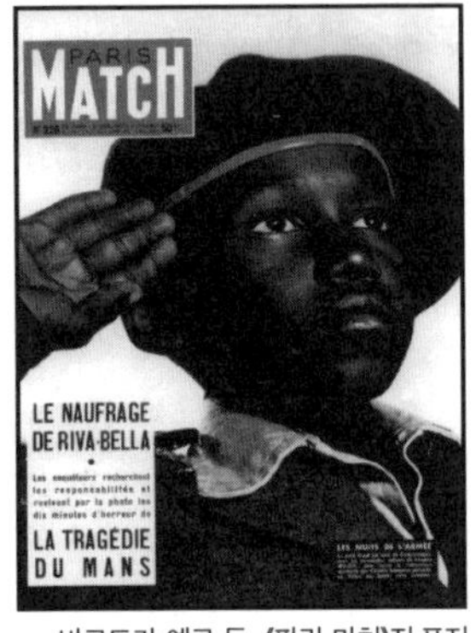

바르트가 예로 든 《파리 마치》지 표지

바르트는 신화의 특징이 사물들의 '속성'으로부터 진화한 것이 아니라 '역사적으로 선택된' 발화의 형태에 있다고 말한다.(Barthes 1993 : 110) 우리 사회에서 장미 다발은 정열을 의미하지만, 장미는 정열과 본질적인 관련이 없다. 신화는 이러한 기호인 '장미'에 이차적인 기호학적 차원을 만들어 주고, 그 결과 '장미'는 새로운 개념 혹은 시니피앙인 '정열'과 용접되어 새로운 기호로 창조된다. 기호학적 분석은 자연스러운 것으로 우리에게 놓인 기호들을 탈신비화한다.

페미니스트 영화이론가들이 '여성'을 기호로서 분석하고자 왜 기호학적 분석을 채택했는지 이해하기란 어렵지 않다. 신화는 지시적인 의미로서의 '여성'(아이를 가질 수 있는 잠재적 능력을 가진 인간 혹은 사람)이라는 기호의 옷을 벗기고 그 대신 '타자로서의 여성',

54

'영원히 여성적인 것' 혹은 '남성 욕망의 대상'과 같은 함축적인 의미로 대체시킨다. 그럼으로써 실은 그러한 함축적 의미들이 가부장제적 담론을 통해 구성되었음에도 불구하고 여성됨은 '자연적인' 특성으로 여겨진다.(Creed 1987 : 309) 존스톤은 이렇게 말한다. '신화는 성차별주의 이데올로기를 전달하고 변형하여 그것이 눈에 보이지 않게 만든다.'(Jonston 2000 : 24) 여성은 남성을 위해 표상되는 기호가 되어 버렸다. 즉, '영화는 볼거리로서의 여성에 막대한 강조점을 부여했지만, 여성으로서의 여성은 대부분 부재한다'.(Jonston 2000 : 25)

영화에 대한 이러한 이해를 토대로 존스톤은 성차별적 고정관념이 덜한 유럽의 예술영화보다 할리우드 영화가 이데올로기적으로 더 억압적이라는 시각에 의문을 품었다. 할리우드 영화는 장르적 규약에 기반하고 있는 기호 체계로 구성된 시각적이고 양식적 모티프인 도상을 사용하여 여성적 전형을 구축한다. 그러나 존스톤은 도상에 대한 할리우드의 의존은 오히려 영화의 신화적 특성을 해체하게 만들기 쉽다고 주장한다. 더 나아가 '여성적 전형들과 연결되는 신화론에 직면하여 그것에 반反하는' 도상들을 전개하는 것도 가능하다.(Jonston 2000 : 23) 이는 존스톤이 도로시 아즈너Dorothy Arzner, 로이스 웨버Lois Weber, 이다 루피노Ida Lupino와 같은 과거 할리우드 여성 감독의 작품을 바라보는 방식이기도 하다. 존스톤은 할리우드의 여성 감독들이 신화로부터 도상을 분리하고 영화의 구성을 혼란하게 하는 내부적 모순들을 일으킴으로써, 그리고 여성을 구성하는 성차별 이데올로기를 밖으로 내보임으로써 어떻게 여성의 대항영화 형식을 만들어 냈는지를 보여 주었다.

　존스톤의 '대항영화counter-cinema' 개념은 《카이에 뒤 시네마》에 1969년에 게재되어 후에 《스크린》에 짧게 번역된 장 뤽 코몰리Jean-Luc Comolli와 장 나르보니Jean Narboni의 사설 〈영화/이데올로기/비평Cinema/Ideology/Criticism〉에 빚지고 있다. 코몰리와 나르보니는 이미지, 서사 대화 등의 형식적 도구들과 공공연하게 드러나 있는 이데올로기 사이의 모순을 통해 텍스트가 텍스트 자체에 대한 비평을 제공할 수 있다고 주장했다. 그러한 텍스트들에서 '내재적 비평은 영화가 그 봉제선부터 뜯어지게 한다'.(Comolli and Narboni 1999 : 757) 이들의 주장에 따르면, 많은 할리우드 영화에서 이러한 경우가 발견되는데 그 영화들에서 '체계상으로는 완결되어 있지만 이데올로기는 내부로부터 그 체계를 부분적으로 해체하면서 끝난다'는 것이다. 이는 확실히 《여성과 영화》의 초기 쟁점에서 목격한 할리우드 '체계'에 대한 일방적인 공격과 사뭇 다르다.

　또, 《여성과 영화》의 편집자들은 '마치 영화제작이 한 사람의 원맨쇼인 양 감독을 슈퍼스타로 만드는' 성차별적인 작가 이론을 해체했다. 존스톤은 '예술가'의 창발적 표현으로서의 영화라는 사고방식은 여성의 영화제작에는 적용할 수 없는 제한적인 것이라는 점에서 이들의 작가이론 해체에 동의한다. 그러나 나중에 피터 울렌Peter Wollen이 《영화에서의 기호와 의미Signs and Meanings in the Cinema》(1972)에서 주장한 것처럼 창의성과 의도성이라는 낭만적 요소를 제거한 수정된 작가이론을 지지하게 된다. 울렌의 이 책에서 감독의 작품 목록은 감독의 집착으로 통합되지만 그럼으로써 그것은 '영화 속에서 해독되어야 할' '무의식적인, 비의도적인 의미들을'

폭로하여 종종 관객 개인의 놀라운 사건이 된다.(Jonston에서 재인용 200 : 26)

　존스톤은 작가이론을 더욱 정교하게 다듬은 이러한 모델이 어떻게 여성의 '긍정적인' 혹은 '부정적인' 이미지를 찾는 분석을 뛰어넘을 수 있는지를 보여 준다. 존스톤은 여성 이미지는 서로 다른 감독의 작품 맥락 속에서 다른 의미들을 가질 수 있다고 말한다. 예를 들어 하워드 혹스의 영화 〈그의 연인 프라이데이His Girl Friday〉(1940) 혹은 〈괴물The Thing〉(1951)에서 여성 주인공은 '긍적적으로' 묘사된다. 그들은 뻔뻔하고 공격적이고 독립적인 직업 여성

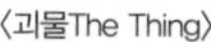

〈괴물The Thing〉

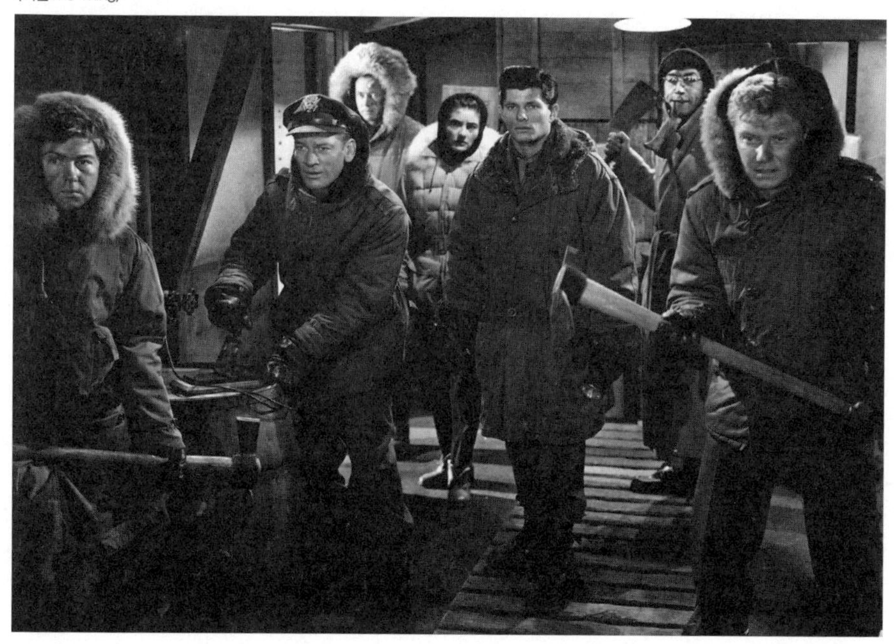

들이다. 그러나 영화 속에 그려진 남성적 환경 속에서 그들은 '부정되어야 하는 트라우마적인 존재'들로 나타난다.(Jonston 2000 : 27) 한편 존 포드의 서부영화 속 여성들은 개척지를 유랑하는 남성들을 집에서 기다리며 정착을 갈망하는 존재로 그려진다. 그들은 서부영화에서 더욱 보수적으로 보이지만, 문명으로서의 여성을 상징하는 것은 포드의 다른 영화 〈일곱 여인Seven Woman〉(1966)에서처럼 '진취적인 요소'를 겉으로 드러나게 한다.

마지막 이론적 영향을 들면, 존스톤과 다른 페미니스트 영화 이론가들은 인류학자 레비 스트로스Claude Lévi-Strauss(1908~2009)에게서 '상징 교환'이라는 아이디어를 빌려 온다. 레비 스트로스는《친족의 기본 구조The Elementary Structures of Kinship》(1949)에서 이 아이디어를 처음 고안했는데, 후에 이 이론은 구조주의의 기반을 마련했으며 특히 라캉에게 강한 영향을 주었다. 레비 스트로스는 '족외혼'으로 알려진 원시 부족의 교환 시스템을 증명해 내어 이를 인류 문화의 근간으로 주장했다. 이러한 교환 시스템에서, 근친상간의 금기는 여성들이 자신의 친족 구성원과 결혼하는 것을 금하게 했다. 결과적으로 여성은 친족 사이에서 교환되는 '선물'이 되었고, 이는 서로 다른 공동체들 간의 신뢰를 공고하게 하는 상징적 방법이 되었다. 사회-문화적인 질서 건설의 외부에 여성을 두는 이러한 교환에서 여성은 파트너라기보다는 대상으로 기능한다.

레비 스트로스는 친족을 의미화하는 체계라고 말한다. 여성은 그러한 체계 속 기호들에 대응되며, 말들이 언어 속에서 순환하듯이 여성은 남성들 사이에서 순환한다. 따라서 레비 스트로스에 따르면, 친족은 소통의 한 방식, 즉 남성이 '말하고' 여성은 '말해지는' 소통의 방식이다. 이러한 아이디어, 특히 여성이 남성에 의해 말해지는 기호와 동일하다는 생각은 페미니스트 이론에 매우 큰 영향을 주었다.

〈라울 월쉬 영화에서의 여성의 위치The Place of Woman in the Cinema of Raoul Walsh〉(1974)에서 존스톤과 팜 쿡Pam Cook은 월쉬의 영화에서 '여성'이 어떻게 '가부장적 인간 질서의 딜레마의 중심', 즉 '모순의 중심'에 놓이게 되었는지를 밝히면서 레비 스트로스의 이론을 원용했다.(Cook and Johnston 1990 : 26) 월쉬의 영화 〈맨파워Manpower〉(1941)에서 마를렌 디트리히가 연기한 여성 주인공은 표면적으로는 독립적인 행위자로 등장하지만, '매춘부의 이미지와 어머니의 모습 사이에서 동요하는 기호이며 남성들 사이의 관계를 표현하는 도구로 재현된다'.(Cook and Johnston 1990 : 20) 더 나아가, 구조적 차원에서 그녀

| 구조주의 STRUCTURALISM

스위스의 언어학자인 페르디낭 드 소쉬르Ferdinand de Saussure(1857~1913)에서 시작된 비평적 사고. 소쉬르는 기호와 지시 대상(기호가 지시하는 것) 사이의 관계는 본질적인 것이거나 '자연적인' 것이 아닌 자의적인 사회적 규약에 의한 체계 혹은 구조가 바로 언어라고 주장했다. 소쉬르는 이러한 원리가 모든 종류의 기호에 확장될 수 있다고 믿었다. 그는 이러한 기호의 학문을 가리켜 '기호학 semiology'(혹은 기호론semiotics)으로 불렀다. 그의 사상은 인류학자인 클로드 레비 스트로스에 의해 발전되었는데, 레비 스트로스는 친족 구조와 신화의 구조를 연구했다. 또한 이를 발전시킨 바르트는 기호의 학문을 패션이나 다른 일상적인 삶의 다른 측면에까지 적용시켰다.

는 남성들의 담론 사이에서 존재하면서 남성들 사이에서 교환되
는 대상으로 기능한다. 이러한 의미에서 '그녀는 "언급되기만 뿐"
이며 스스로 말하지는 않는다'.

영화(속 여성)를 어떻게 볼 것인가?

우리는 이 장에서 보부아르, 프리단, 미첼 등 미디어에 재현된 여
성에 대한 비판적 담론의 기초를 마련한 작가들을 통해 여성 억압
에 대한 정치적 통찰력을 살펴보았다. 페미니스트들은 처음에는
사회학적 시각에서 영화를 탐구하면서 여성 이미지와 사회 사이
의 직접적인 연결을 시도했다. 이것이 바로 미국에서 발생한 비평
적 경향이다.

그러나 의미화하는 실천으로서 영화를 이해하지 못하는 이러
한 접근에 불만을 느낀 영국의 이론가들은 프랑스에서 유입된 이
론적 담론들에 주목했다. 그들은 여성 표상을 지배하는 심층 구조
와 코드를 분석하려고 했다. 이러한 작업의 선구자는 클레어 존
스톤으로, 그녀의 작업은 영화 속에 숨겨진 의미의 범위를 밝히
는 데 정신분석, 기호학, 작가론, 알튀세르의 마르크스주의, 구조
주의 인류학 등이 유용함을 입증했다. 존스톤은 가부장적 담론의
신화를 의미화하는 기호로서의 여성을 분석하는 토대를 마련하면
서, 여성으로서의 여성은 가부장제 문화 속에서 언급되지 않은 부
재로 남겨져 있다고 진단한다.

2

로라 멀비 ─ 남성적 응시

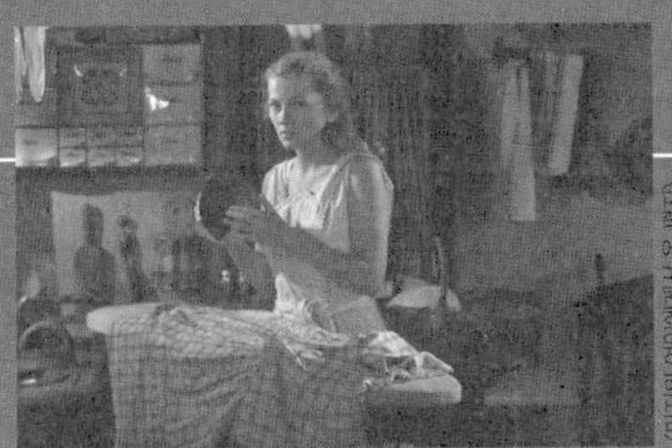

〈미지의 여인에게서 온 편지〉

1973년에 쓰고 1975년 《스크린》에 게재한 〈시각적 쾌락과 서사 영화Visual Pleasures and Narrative Cinema〉에서, 로라 멀비Laura Mulvey는 영화에서 통제하는 응시는 항상 남성적인 것이라고 주장한다. 관객들은 남성 주인공의 시선과 자신의 시선을 동일시하여 여성 주인공을 에로틱한 볼거리 대상으로 만들도록 유도된다. 멀비의 '남성적 시선' 개념은 페미니스트 영화 논쟁의 매우 중요한 쟁점이 되었다.

이 장에서는 여성운동 내부에서 형성된 멀비의 이론적 배경에서부터, 정치학에서 미학에 이르는 그녀의 지적 궤도를 기록한다. 그 과정에서 남성적 응시에 관한 멀비의 논의를 상세히 다루고, 관음증과 페티시즘의 남성적 판타지에 의거하여 영화가 어떻게 구성되는지를 살핀다. 이 장에서는 〈시각적 쾌락과 서사 영화〉에 초점을 맞추겠지만, 《시각적 쾌락과 그 외의 쾌락》(1989)이나 《페티시즘과 호기심》(1996)에 실린 다른 에세이들도 주목할 것이다. 그리고 마지막에는 그녀의 이론에 대한 다른 이들의 비판에 맞서 멀비가 여성 관객을 강조했던 논의, 즉 시각적 쾌락 논의 이후에 멀비가 가졌던 생각을 검토한다.

내가 홀 밖으로 내던져졌을 때, 세 명의 미스 월드는 반짝이는 옷에 향수 냄새를 풍기며 "괜찮아요?" "일으켜 주자"라면서 내게 달려왔다. 경찰이 우리가 WL(여성해방Women's Liberation)에서 온 사람들이며 그들에게 반대해 시위 중이었다고 설명해서, 나는 그 여자들에게 우리는 당신들에게 반대하는 것이 아니라 오히려 당신들 편에 서 있다고 어렵게 말했다.(Mulvey and Jimenez 1989 : 5)

1970년 런던의 앨버트 홀에서 미스 월드 대회가 열렸을 때 페미니스트들은 전단지, 물총, 악취탄, 밀가루 포대를 몸속에 숨기고 군중 속에 잠입했다. 대회가 시작되자 그들은 그 미사일을 무대를 향해 던졌다. 그들의 항의는 생방송으로 나갔고, 그 데모가 끝나기도 전에 그해 최고의 시청률을 기록했다. 데모대 중에는 멀비도 있었다. 멀비는 런던의 여성해방워크숍에서 발간하는 저널인 《말괄량이Shrew》에 공저자인 마르가리타 지멘츠Margarita Jimenz와 함께 '공격받기 쉬운 구경거리 : 1970년의 미스 월드The Spectacle is Vulnerable : Miss World, 1970'라는 글로 이 사건을 진술하기도 했다. 이 글에 따르면, 데모는 성공적이었는데 그것은 구경거리는 다름 아닌 미스 월드들이 아니라 '이 광경을 수동적으로 바라볼 수밖에 없는 관객들이었기' 때문이다.(Mulvey and Jimenez 1989 : 5)

이 글은 1970년대 여성해방운동에 대한 일반적 오해에 문제를 제기한 것은 물론이고, 멀비가 페미니즘 이론으로 발전하는 좋은 시작점이 되었다. '미스 월드 대회'를 가리켜 멀비와 지멘츠는 여성을 그 육체적 특징만으로 한정하면서 '성공으로 가는 여성의 전통적 통로를 공적으로 기념하는 행사'라고 규정했다. 멀비와 그 동료들은, 미스 월드 대회를 불참하는 것은 여성들의 '이러한 협소한 운명'과 결정적으로는 '무대 위에서 소녀들에게 강요되는 수동성뿐만 아니라 우리 모두가 우리 내부에서 느끼는 수동성에 대한 반발'이라고 말한다.(Mulvey and Jimenez 1989 : 3)

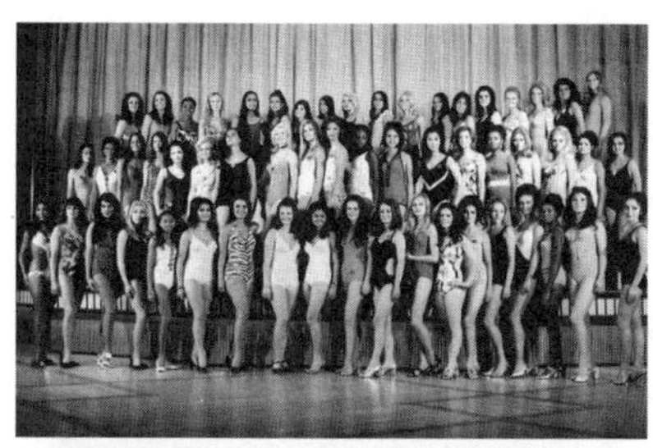

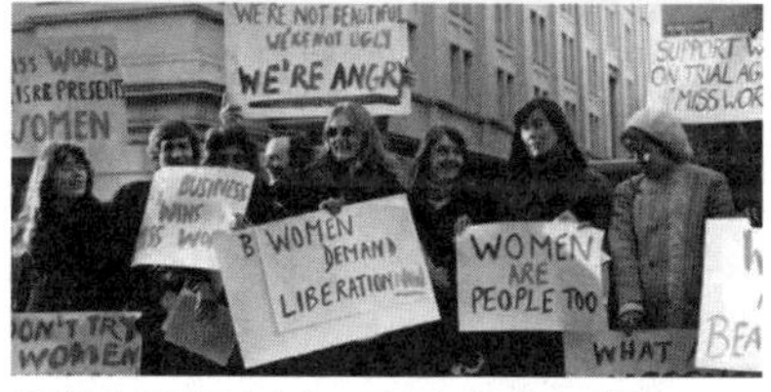

공격받기 쉬운 구경거리. 1970년의 미스 월드 대회

영화에 대한 열정은 멀비가 여성해방운동에 참여했을 때부터 예견된 것이었다. 여성해방운동은 그녀로 하여금 비판적인 눈을 가지고 특히 할리우드 영화에 대해 글을 쓰거나 성찰하게 하면서 영화이론이나 영화제작을 바라보는 시각에 균형점을 제공했다. 《말괄량이》지에 실린 몇 개의 글은 공동으로 쓰이고 엮어서 익명으로 발표되었는데, 그것은 '서명이 내포하는 소유와 권위에 대한 저항으로서의 정치적 제스처'이자 동시에 여성들에게 '집단의 강력함을 부여하고 새로운 표현 도구를 정립하는 방법'이었다.(Mulvey 1989a : viii) 〈공격받기 쉬운 구경거리 : 1970년의 미스 월드〉에서 지멘츠의 1인칭 진술은 멀비의 3인칭 논평에 통합된다. 이러한 이중적 목소리에도 불구하고 이 글에는 끝없는 논쟁 속에 멀비를 휩쓸어 넣을 만한 특별한 시각이 배태되어 있다. 그것은 여성이 자신의 신체를 통제할 권리를 획득하고, 여성이 표상되는 방식에 맞서는 투쟁에 여성들이 참여하는 정치적 운동이었다. 즉, 그것은 수동적인 구경 거리로서의 여성 개념과 관객들의 수동성에 대한 투쟁이었다.

그러나 이러한 초기의 글들과 멀비의 잘 알려진 저작들 사이에는 커다란 간극이 있다. 어떤 측면에서는 초기 글들은 숨겨진 여성의 '현실'을 가리는 가면과 여성을 볼거리로 소외시키는 관객을 계몽된 소수의 행위만으로 무너뜨릴 수 있다고 생각한다는 점에서 앞 장에서 살펴본 '여성 이미지' 비평과 유사했다. 멀비의 초기 논의는 관객이 무엇 때문에 좌석에 앉아 있는지 그리고 무엇이 여성을 강요된 수동성의 위치에 놓이게 하는지를 설명할 수 없으며, 더 나아가서 무엇이 남성과 여성이 그것을 자연스럽고 불가피한 것으로 수락하게 하는지를 설명하지 못했다. 즉, 이데올로기를 기술하기는 해도 그것이 어떻게 만들어지고 영속화되는지는 설명하지 못했던 것이다. 이후 멀비의 작업은 알튀세르적 마르크스주의와 기호학, 특히 정신분석학에 주목하면서 더욱 이론화되어 중요해진 다음 단계로 넘어간다.

기호학이 멀비에게 이미지들이 어떻게 기호로서 작용하는지를 알려 주었다면, 정신분석학은 '대중적인 신화론의 메커니즘과 그 원재료'(xiii)에 대한 해명을 제시해 주었다. 15년 후 자신의 작업을 회고하며 멀비는 다음과 같이 말한다.

정신분석학은 마치 지적인 엑스레이 눈처럼 문화적 현상의 표면을 투

66

시할 수 있는 능력을 제공했다. 전형적인 성차별주의라는 사고와 이미지들은 오인된 욕망과 치환된 욕구로 들끓는 지하 세계를 판독할 수 있게 하는 실마리들이다.(Mulvey 1989a : xiv)

〈시각적 쾌락과 서사 영화〉에서 멀비는 '남근 중심적인 질서'에서 여성이 체험하는 분노를 표현하는 정신분석학이 가진 '아름다움'에 대해 언급한다.(Mulvey 1989c : 15) '무의식은 언어처럼 구조화된다'는 유명한 말을 남긴 자크 라캉의 이론에서 깊은 영향을 받은 이 에세이에서, 멀비는 '가부장제 사회의 무의식이 영화라는 형식을 구성하는' 방식을 밝히기 시작했다.(1989c : 14) 정신분석학을 정치적으로 원용함으로써 멀비는 볼거리로서의 여성에 대한 단순한 묘사에서, 볼거리라는 서비스가 필요한 남성적 심리로 논의의 초점을 옮겨 간다.

눈의 욕망

멀비에 따르면, 할리우드의 '마술'은 '능숙하고 만족스러운 시각적 쾌락의 조작'에 있다.(Mulvey 1989c : 16) 이러한 주장은 프로이트가 〈성욕에 관한 세 개의 에세이Three Essays on the Theory of Sexuality〉서 말한 '훔쳐보는 즐거움' 혹은 '절시증窃視症 · scopophilia'(Freud 1991b : 70)과 깊게 관련되어 있다. 실제 (남의 나체나 성행위를 보고 쾌감을 느끼는—옮긴이) 절시증은 '상대를 통제하려는 호기심 어린 응시에 대상들을 종속시키면서, 눈에 보이는 광경을 통해'그 성적 자극의 대상들을 받아들이게 한다.(Mulvey 1989c;16) 그 단적인 예가 바로 훔쳐보는 자, 즉 '피핑 톰Peeping Tom'(엿보기 좋아하는 사람, 관음증 환자. 톰이라는 사내가 약속을 어기고 벌거벗은 영주의 부인을 몰래 훔쳐보다가 그 벌로 눈이 멀었다는 이야기에서 유래했다. ─ 옮긴이)이다. 그의 성적 만족은 이러한 행위에 완전히 의존해 있다. 멀비에 의하면, 주류 영화들은 공적으로 상영되도록 만들어졌지만 관객을 피핑 톰으로 만든다. 어두운 관객석은 관객들에게 특권화된 관음증자로서 다른 관객들과는 떨어진 위치에서 사적인 세계를 훔쳐보는 환상을 제공한다.

멀비에 따르면, 영화는 '자아도취적인 측면에서' 절시증을 발전시킨다. 영화는 보는 사람이 사람의 얼굴을 자신과 동일시하여 자신의 얼굴과 유사한 것으로서 인식하려는 욕망을 이용한다.(Mulvey 1989c : 17) 여기에서 멀비는 라캉을 언급한다. 라캉은 인간의 정체성 혹은 에고가 거울 단계에서 형성된다고 제안한 바 있다. 거울 단계는 어린아이가 전형적으로는 거울에 비친 자신의 모습을 봄으로써 최초로 분리된 존재로서 자기 자신과 마주치는 시기다. 어린아이는 즐겁게 거울에 비친 이미지와 자신을 동일시한다. 그러나 이러한 동일시는 상상적 오인에 기초하고 있는데, 거울은 완벽하고 완전한, 장악할 수 있는 이상적 자아ideal ego만을 비추기 때문이다. 이러한 이상적 자아는 육체에 대한 어린아이의 실제 체험과는 일치될 수 없다. 실제로 어린아이는 이 단계에서 균형 잡힌 행동을 할 수도 없고 언어가 없으며 무력하다.(Lacan 1993 : 2) 이후에 개인은 평생에 걸쳐 자신에 대한 이상화된 이미지에 사로잡히게 된다.

이를 영화와 연결시키기란 어렵지 않다. 관객석에 앉아서 스크린 위의 이미지에 매혹되는 관객들은 자신이 분리된 존재라는 인식을 잃어버린다. 자신이 누구인지 자신이 어떤 시공간을 살고 있는지를 잊고 에고의 경계가 아직 형성되지 않은 어린아이처럼 된다. 이와 동시에 카메라는 관객들에게 그들의 에고가 탄생하는 순간을 다시 환기시킨다. 관객은 스크린 위의 화려한 스타들과 자신을 동일시한다. 즉, 더 완벽하고 완결되어 있고 자신감 있는 스타들은, 자신을 거울 속의 타자로 오인하는 어린아이가 오인을 반복하는 과정에서 닮음과 차이의 복잡한 과정을 실연하는 자아 이상ego ideal들이다. (Mulvey 1989c : 18)

프랑스의 영화이론가인 크리스티앙 메츠Christian Metz(1915~1980)는 1975년 《스크린》지에 영화 스크린을 거울에 비유한 글 〈상상적 기표The Imaginary Signifier〉를 발표했다. 메츠 역시 거울 단계와 영화에 대한 지각을 연결하지만, 성적 차이를 조직하는 영화의 의미를 설명한 것은 멀비의 획기적인 분석이다. '성적인 불균형에 지배되는 세계에서, 본다는 쾌락은 능동적인/남성과 수동적인/여성으로 쪼개진다.'(Mulvey 1989c : 19) 멀비는 스크린과 관객과의 관계에 두 가지 형식의 바라봄이 있다고 주장한다. 하나는 능동적인 절시증으로 다른 사람을 에로틱한 대상으로 이용하는 것이다. 이때 주체의 정체성은 스크린 속 대상과는 다르며, 스크린 속 대상과 거리를 둔다. 또 다른 주체성은 나르시시즘과 에고의 형성에서부터 발생되는 것으로, 관객이 화면 속 유사한 대상과 자신을 동일시할 때 일어난다. (Mulvey 1989c : 18)

'서사 영화narrative cinema'에서 여성은 '전통적으로 노출증의 역할'을 맡는다. 여성의 육체는 남성 관객들의 응시를 받아 에로틱하며 수동적인 대상이 되며, 그럼으로써 남성 관객들은 그들의 판타지를 스크린 속 여성에게 투사하게 된다. 그녀는 '응시됨'을 의미한다. 이와 반대로 스크린 속 남성은 바라봄의 대리인으로서, 스크린 속 여성에 대한 소유와 통제를 간접적으로 즐기는 과정에서 관객이 자신과 동일시하게 되는 인물이다. 대부분의 할리우드 고전 영화들에서 여성 주인공은 바라봄의 대상이다. 그녀는 소프트 포커스soft focus(초점을 일부러 흐리게 하여 부드러운 느낌을 전달—옮긴이)로 촬영되며, '강력한 비주얼과 에로틱한 충격'으로 코드화된다.(Mulvey 1989c : 19)

서사 영화는, 벽에 붙여 놓는 사진이나 스트립쇼처럼 여성을 성적 대상으로 전시하는 다른 시각적 형식들과 다르지 않다. 다만 여성을 성적으로 전시하는 다른 형식들과 영화가 구별되는 점은, 여성이 어떻게 보일지를 미리 결정하는 여러 시선 조합들을 영화의 구조로 모두 통합함으로써 모든 관객을 여성을 응시하는 '남성화된' 위치에 위치시킨다는 점이다. 멀비는 영화를 보는 데에는 세 가지의 시선이 있다고 본다. (1)영화화되기 이전의 현실에 대한 카메라의 시선, (2)최종의 영화 생산물에 대한 관객의 응시, (3)인물들의 상호 시선이 그것이다. 서사 영화의 규약은 관객들로 하여금 카메라를 잊게 만들어 자신이 영화를 보고 있다는 사실을 잊게끔 만든다. 이 규약은 (3)을 위해 (1)과 (2)를 부정하게 하는 것, 즉 남성 주인공이 관객의 대리자로서 행위하고 있다는, 세계에 대한 환상을 '확신하게끔' 하는 데 모든 관심을 기울인다.(Mulvey 1989c : 26) 서사 구조 속에서도 남성은 이야기를 전개시키는 반면, 여성은 수동적인 역할을 담당하며 볼거리로서 기능한다. 관객들은 여성에 대한 남성 주인공의 응시가 갖는 능동적인 힘과 자신의 힘을 동일시하는 것은 물론, 그들 스스로 서사를 통제하고 구성하고 있다는 환상을 갖게 된다.(Mulvey 1989c : 20)

그러나 정신분석학적으로 말하자면, 여성은 자신을 바라보는 남성에게 어떤 문제를 제기한다. 여성은 '남근'이 없기 때문에 거세라는 불쾌한 위협을 남성에게 환기시킨다. 거세 공포는 어머니가 남근을 갖지 있지 않다는 것을 발견함으로써 갖게 되는 아이의 원초적인 트라우마와 관련되어 있다. 프로이트의 이론에 따르면, 아이는 어머니가 남근이 없는 것은 거세 때문이라고 추측한다. 영화는 이러한 거세 공포를 두 가지 방식으로 제어한다. 하나는 관음증을 통해 그 트라우마를 다시 연출하는 것인데, 여성을 조사하여 그녀의 죄(예를 들어, '거세')를 폭로하여 그녀를 단죄하든지 구해내든지 하는 것이다. 두 번째 방식은, 페티시즘을 통해 거세를 부인하는 것이다. 예를 들어, 여성의 육체에 극단적인 미적 완벽함을 부여하여 그녀가 페니스를 '상실'했다는 사실에 대한 집중을 다른 데로 돌리면서 그녀를 위험한 존재가 아니라 안심해도 되는 존재로 만드는 것이다.

관음증적인 전략은 느와르 영화에서 전형적으로 나타난다. 느와르 영화는 유혹적이지만 치명적인 팜므 파탈을 선보이는 것으로 유명한 장르이다. 음모나 살인을 수사하는 과정에서 흔히 탐정으로 설정되는 주인공은 '그녀'를 수사하게 된다. 주인공은 법을 표상하며 그녀의 죄를 밝혀내지만, 무의식적인 수준에서 그녀의 섹슈얼리티는 진정 풀리지 않는 문제이다. 그녀를 관음증적으로 그리고 가학적으로 통제함으로써, 주인공은 자신의 (남성 관객의 지배력을 대리하는) 지배력을 재확인하게 된다. 〈말타의 매The Maltese Falcon〉(1941)가 바로 그러한 예이다. 팜므 파탈이 체포되고 끝이 나는데, 그녀가 쇠창살로 된 승강기 속으로 들어가자 감옥의 창살 같은 그림자가 그녀 위로 드리워진다.

멀비는 이러한 전략을 히치콕의 영화와 관련시킨다. 기술적으로 히치콕의 영화는 느와르 영화는 아니지만, 남성을 법이라는 정당한 측면에 그리고 여성을 잘못된 측면에 놓으면서 관음증을 전경화시킨다. 〈이창Rear window〉(1954)을 예로 들자면, 사진기자인 제프리(제임스 스튜어트 분)는 일하던 중 다리가 부러져 아파트에 갇힌 채 유리창으로 이웃들을 주시한다. 영화는 그의 집 안에 놓인 사진 장비들을 통해 그가 위험한 직업을 가졌고 관음증적 활동을 하고 있음을 명확히 보여 준다. 이와 동시에, 사고로 다리를 다친 그는 의자에서 움직이지 못하는, 환상 속에서 오직 보는 활동만을 하는 영화 관객의 위치에 서게 된다. 영화의 많은 부분에서 관객의 시야는 제프리의 서사와 그의 시점으로 제한된다. 창문의 프레임은 관객이 바라보는 영화 스크린과 유사하다. 즉, 창문 프레임은 제프리의 억압된 욕망과 판타지들을 투사할 수 있는 캔버스인 것이다. 그는 창문 너머를 더 잘 보려고 쌍안경과 장거리 렌즈 카메라를 효과적으로 사용하고, 그의 간병인인 스텔라가 비난했던

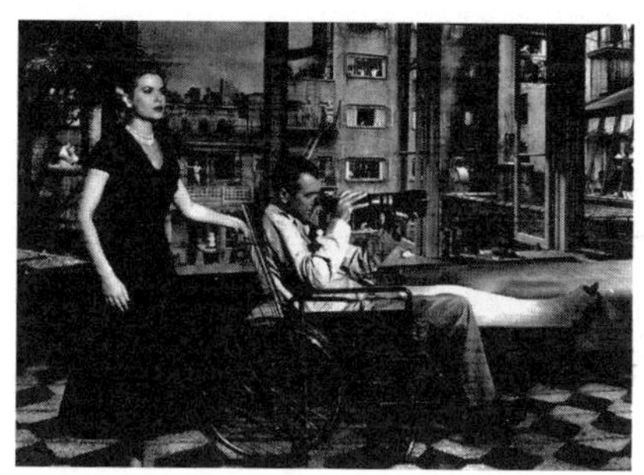

〈이창Rear window〉

것처럼 훔쳐보는 자, 즉 '피핑 톰'이 된다.

제프리의 여자 친구인 리사(그레이스 켈리 분)는 패션모델로 항상 새 옷을 과시하는데, 멀비는 그녀가 서사 영화에 전형적으로 등장하는 여성 노출증자라고 말한다. 제프리는 리사가 제프리가 있는 관객의 공간에서 그 반대편 건물, 즉 스크린의 공간으로 시선을 옮길 때만 그녀에게 매혹된다. 리사는 살해를 입증할 만한 증거를 찾으러 맞은편 이웃 아파트에 기어 올라가고, 때마침 살해 혐의를 받는 이웃 남자가 아파트로 돌아와 놀란다. 따라서 제프리는 그녀를 처벌할지도 모르는 위험한 남자에게 불법침입자로 몰린 리사를 바라보게 된다.(Mulvey 1989c : 23) 그리하여 제프리는 그녀를 구할 수 있는 기회를 갖게 된다.

멀비에게 요제프 폰 스턴버그의 영화, 특히 물신화된 여성의 형식으로 마를렌 디트리히가 주연한 영화는 페티시즘의 가장 좋은 예이다. 넓은 의미로, 페티시즘은 '믿음'의 편에 서서 지식을 부인하는 것으로 '원시적' 사회의 미신적인 믿음을 상기시킨다. 멀비에게 페티시즘은 매우 중요한 개념인데, 그것은 그녀가 이후의 저작인 《페티시즘과 호기심Fetishism and Curiosity》(1996)에서도 언급한 바 있듯이 페티시즘이 마르크스와 프로이트의 저작에서 모두 발견되기 때문이다. 이 사상가들은 미신적 믿음을 극복했다고 추정되는 서구적 사고의 합리성에 물음을 던지려고 페티시즘을 언급했다. 마르크스와 프로이트 모두에게 페티시즘은 가치화 혹은 특히, 지나친 가치화와 관련 있다. 마르크스는 상품의 페티시즘에 대해 논함으로써 어떻게 추상적인 가치들이 사물들 속에 부여되는지 그리고 노동의 생산물로서 혹은 사회적 관계로서 사물들의 기원이 어떻게 부정되는지를 설명하려고 했다. 프로이트는 1927년의 에세이에서 페티시즘이 어떻게 상식적으로 가치 없다고 여겨지는 대상들에게 과도한 가치를 부여하는지를 탐구한 바 있다.(Mulvey 1996 : 2)

페티시즘에 대한 프로이트적, 마르크스적인 개념은 영화라는 꿈 공장dream factory에 대한 멀비의 논의에서 합쳐진다. 영화의 스크

▌프로이트의 페티시즘

페티시즘은 대체로 성적인 대상의 일부로 전체를 대체하고 이를 과도하게 가치화하는 성적 의미로 이해된다. 프로이트에게는 특별히 성적 차이에서 비롯된 거세 공포를 부정하는 것이다. 프로이트에 따르면, 아이들이 최초로 갖게 되는 성적인 차이에 대한 지식은 남근의 있음 없음에 의존한다. 소년들은 어머니가 남근을 갖고 있지 않다는 것을 발견하기 전까지는 누구나 남근을 갖고 있다고 추측한다. 그런데 페티시즘을 가진 사람은 바로 여성들이 거세되었다고 믿으려 하지 않는 사람이다. 그런 사람은 여성의 '상처'를 부인하고, 이를 극복하고자 여성 육체에서 덜 해로운 부분을 과도하게 가치화하여 숭배 대상으로 삼는다. 이러한 부인否認은 이 사람으로 하여금 여성이 남근을 갖고 있다는 믿음을 유지하게 만드는 동시에, 여성이 남근을 소유하지 않는다는 사실을 인정하도록 만든다. 멀비는 '두려움, 판타지 그리고 남성 무의식 혹은 "당신은 무슨 일이 일어나고 있는지 몰라요. 존스 씨 그렇죠?"Fears, Fantasies and the Male Unconscious or

린 위에서, 에로틱한 볼거리로서의 여성은 완벽하게 물신적이다. 카메라는 집요하게 클로즈업으로 여성 육체의 부분(얼굴, 가슴, 다리)을 고립시킨다. 여성 주인공에 대한 그러한 클로즈업은 남성 주인공과 달리 무엇보다도 그녀의 외모가 의미하는 바, 즉 그녀의 아름다움과 성적인 바람직함으로 그녀가 가치화된다는 사실을 강조한다. 반면, 남성 주인공에게는 그와 유사한 종류의 숏들이 거의 사건과 관련되어 발견된다. 예를 들어, 〈이창〉에서 카메라가 사고로 부러진 제프리의 다리에 초점을 맞추는 식이다. 여성 육체의 일부분에 대한 클로즈업은 이와 달리 '오려 만든 종이 인형 혹은 아이콘'과 같은 자질을 갖게 되며, 그럴듯해 보이지 않고 오히려 내러티브의 흐름을 멈추게 하고 에로틱한 사색을 불러일으킨다.

영화에서 여성에 대한 페티시즘은 디트리히와 같은 여성 스타

"You Don't Know What is Happening, Do you, Mr Jones?'"(1973)라는 글에서 처음으로 페티시즘이라는 주제를 다룬 바 있다. 이 글에서 멀비는 페티시즘은 대부분의 사람들이 생각하듯이, '이상한 소수자의 사적 취향'이 아니라 무의식의 차원에서 대중매체를 관통하고 있다고 말한다.(Mulvey, 1989b : 13) 영국의 조각가 앨런 존스Allen Jones는 스탠리 큐브릭이 감독한 영화 〈시계태엽 오렌지A Clockwork Orange〉(1971)에 등장하는 우유 가게 아이디어를 제공하기도 했는데, 멀비는 존스의 조각 작품들이 페미니즘적 시각에서 매우 중요하다고 말한다. 남성의 거세 공포가 어떻게 여성적 형식에 투사되어 페티시즘으로 전유되는지, 즉 어떻게 여성이 남근적 형상으로 표상되고 장식되는지를 그의 조각이 보여 준다고 지적한다. 우리는 많은 미디어 속 여성 이미지들에서 이 점을 확인할 수 있다. 총, 담배, 하이힐 구두처럼 잘 알려진 확장된 남근의 사물들은 '눈을 즐겁게 해 준다'.(Mulvey 1989b : 8)

에 대한 숭배로까지 확장된다. 여기에서 과도한 가치화는 성적 차이의 인정을 거부하는 것이며, 여성적 형식을 남성의 응시가 즐길 수 있도록 안전하게 만드는 것이다. 스타의 아름다움이 강조되면서 그것은 그 자체로 즐길 만한 것, 즉 '여성성의 완벽한 유선형 이미지'가 된다.(Mulvey 1996 : 8) 멀비는 스턴버그의 영화가, 중간에 응시를 통제하는 남성 주인공을 건너뛰는 특별한 순간을 재현한다고 말한다. 그럼으로써 관객과 이미지들 사이의 직접적이고 친밀한 관계를 용이하게 한다는 것이다.(Mulvey 1989c : 22) 스턴버그의 영화에서 '여성은 완벽한 생산물이고 관객의 시선을 직접 받는 수령자이며, 클로즈업으로 스타일화되고 분절된 여성의 육체는 바로 영화의 내용이 된다'.

멀비는 여성들이 서사 영화의 가부장적 무의식 속에 놓인 관음증과 페티시즘의 메커니즘을 이해해야 한다고 강조한다. 〈시각적 쾌락과 서사 영화〉를 쓸 때 멀비의 목적은 관습을 타파하는 것, 즉 서사 영화를 무너뜨리고 그 코드들을 파괴하는 것이었다. 이 에세이의 말미에서 멀비는 영화제작자들에게 카메라의 응시를 자유롭게 하여 그것을 시공간을 가진 영화의 재료성을 향하게 하고, 관객의 시선을 해방시켜 변증법과 열정적인 초연함으로 들어가게 하라고 주문한다.(Mulvey 1989c : 26) 이 지점에서 멀비는 자기반영성, 혼란함, 낯설게 하기 등의 전략을 가진 영화들, 즉 베르톨트 브레히트Bertolt Brecht의 연극 혹은 장 뤽 고다르의 68혁명 이후의 영화 〈대영제국의 소리British Sounds〉(1970)와 같은 과격한 모더니스트적 실험을 수반한 영화를 페미니스트 영화로 상상했다. 그러면서

360도 팬360 degree pan(고정된 카메라 축을 중심으로 완전한 원을 그리며 행하는 수평이동 촬영으로 '서큘러 팬'이라고도 한다. ─옮긴이), 보이스오버 voiceover(인물이 화면에 등장하지 않은 채 목소리만으로 정보나 해설을 들려주는 것─옮긴이) 논평 등을 사용한 〈스핑크스의 수수께끼Riddles of the Sphnix〉(1977)(피터 울렌과 공동 작업)와 같은 영화를 직접 제작하여 이러한 아이디어를 직접 실천에 옮기기도 했다. 그러나 영화와 페미니스트 영화제작의 가능성에 대한 그녀의 입장은 최근 저서인 《1초에 24번의 죽음Death 24 × a Second》(Mulvey 2005 : 190)에서 매우 극적으로 변화했는데, 이 점은 이 책의 마지막 장에서 짧게 언급될 것이다.

여성 관객

〈시각적 쾌락과 서사 영화〉가 발표된 이후 이에 대한 반응들이 쏟아져 나왔다. 그 반응들은 관객들을 남성으로 설정하고 영화가 오직 남성의 판타지와 쾌락만을 공급한다는 멀비의 시각에 반대하거나 정면으로 맞서는 것이었다. 중요한 많은 연구들이 이 에세이에 대한 직접적인 반론이었을 만큼 멀비의 글은 페미니스트 영화이론의 방향에 강한 충격을 주었다. 특히 이 글은 여성 관객의 상황을 무시한 것처럼 느껴졌다는 데 반박의 중요한 이유가 있었다. 여성 관객은 '항상' 남성 관객들과 같은 방식으로 영화 텍스트에 의해 구성되는 존재인가? 여성 관객이 남성 주인공의 외모와 자신을 동일시한다면, 여성 관객도 여성 주인공을 성적 욕망의 대상으로 만들도록 강요하고 있는 것인가? 관객석에 앉은 '실제' 여성들은 과연 어떠한가?

이러한 쟁점들은 1980년대의 페미니스트 영화이론의 뜨거운 논쟁거리가 되었다. 비평가들은 여성 관객을 호명하려고 했던 영화들이 있었음을 증명하고자 '여성의 영화'가 가진 전통 그리고 또 다른 타입의 멜로드라마, 특히 1930년대에서 1940년대에 이르는 영화들을 언급했다. 〈스텔라 달라스Stella Dallas〉(1937), 〈밀드레드 피어스Mildred Pierce〉(1945), 〈미지의 여인에게서 온 편지Letter from an Unknown Woman〉(1948) 등의 영화들은 여성의 시선으로 영화를 이끌고, 여성적인 관심과 경험을 여성 주인공의 시선으로 다룬 영화들이다.(Gledhill 1987; Doane 1987; Kuhn 1944) 그러나 여성 관객을 위한 오락을 창출해야 한다는 요구는 이 영화들에 작용하는 가부장적 이데올로기와 그 내부에 표현되어 있는 여성적 욕망 사이에 타협할 수 없는 간극을 불러일으킨다. 영화의 결말은 전형적으로 이러한 모순을 해결하고자 애쓰게 된다. 예를 들어 〈스텔라 달라스〉의 결말에서, 여성 주인공은 '어머니가 아닌 다른 무언가'가 되고자 하는 자신의 욕망이 모성적 의무와 갈등한다는 사실을 깨닫는다. 이와 동시에 영화는 이러한 모순을 발가벗기고, 여성들의 생생한 좌절감이 자신의 목소리를 찾도록 허용한다.

멀비는 이미 독일 영화감독 더글러스 셔크의 멜로드라마를 분석한 1977년의 에세이에서 그레드 힐, 도앤, 쿡이 제시한 이러한 관심들을 예고한 바 있다. 이 에세이에서 멀비는 '서사를 지배하는 여성적 시각은 만족을 불가능하게 하는 과잉을 생산하고, 여성 관객을 염두에 둔 할리우드 영화들은 화해가 아닌 모순의 이야기를 말한다'고 지적한다.(Mulvey 1989e : 43) 영화 〈백주의 결투Duel in the Sun〉로 촉발된 글 〈시각적 쾌락과 서사 영화에 대한 이후의 생각 Afterthoughts on Visual Pleasure and Narrative Cinema〉(1981)에서, 멀비는 여성 관객의 역할을 다시 고찰하기도 했다. 이전에 멀비는 서사 영화는 여성 관객을 위한 자리를 제공하지 않는다고 주장했지만, 이 글에서는 여성 관객이 주인공과의 동일시를 통해 서사 세계에 대한 자유와 통제의 판타지를 즐길 수 있으며, 여성 관객의 젠더 자체가 나누어져 있기 때문에 남성 주인공과의 동일시도 가능하다고 주장한다.

이러한 점에서 멀비는 소녀들이 여성성을 발달시키면서 억압되는 전前 오이디푸스 '남근기'에 대한 프로이트의 언급을 가져온다. 많은 여성이 살아가는 동안 이러한 남근기로 잦은 퇴행을 겪으며, 이는 그들의 행동을 "'수동적인' 여성성과 퇴행적인 '남성성'" 사이를 오가도록 만든다. 서부 영화 〈백주의 결투〉(1946)에는 '정상적인' 여성성('여성'이 되기)과 말괄량이 되기 사이에서 찢겨지는 여성 주인공 펄이 등장한다. 〈백주의 결투〉에는 여성 관객의 내부에 휴면기 상태로 존재해 있지만 쾌락을 얻기를 기다리는 '내

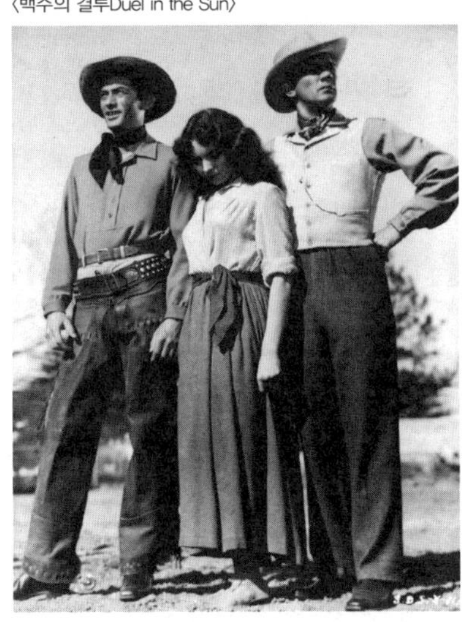

부의 오락가락하는 욕망'이 잘 드러나 있다. 이러한 찢겨진 욕망은 두 명의 남자, 제시와 레트 사이에서 펄이 붙잡혀 있는 방식으로 극화된다. 여성 관객과 펄을 비교하면서 멀비는 "그녀가 '능동적인' 시기를 회상하면서 때로 '남성화'를 받아들이지만", 영화는 성공적인 남성 정체성이 아니라 남성성의 비애를 극화한다고 말한다. 이러한 분석 끝에 멀비는 여성 관객이 능동적인, 남성적 위치와 동일시할 수는 있지만 그 '도착적인' 정체성이 여성 관객에게 안착되기는 쉽지 않다고 지적한다.(Mulvey 1989d : 33)

미국의 영화이론가인 메리 앤 도앤Mary Ann Doane은 중요한 몇 가지 방식으로 멀비의 패러다임을 확장하여 여성 관객을 내포하는 장르에 관한 논의를 이끌어 낸다. 멀비가 '남성적/능동적'과 '여성적/수동적', 그리고 여성 관객이 이러한 두 가지 자기 정체성 사이에서 경험하는 '도착적인' 오고감을 묘사한 것과 달리, 도앤은 〈영화와 가장무도회 : 여성 관객의 이론화Film and the Masquerade : Theorizing the Female Spectator〉(1982)에서 이미지에 대한 거리 두기와 근접함으로 응시의 구조를 정의했다. 도앤에 의하면 여성 관객에 의해 제기되는 특별한 문제는, 여성들이 이미지로 기능하기 때문에, 관객과 스크린 사이의 거리 두기가 잠재적으로 실패하는 데 그 이유에 있다. 여성 관객에게는 두 가지의 선택이 있다. 하나는 여성 주인공에 감정적으로 연루되면서 스크린 위의 여성과 과도하게 동일시하는 것이다. 다른 하나는, 페미니스트의 시각에서 보면 옹호될 수 없는 것인데, 여성 관객이 여성 주인공을 자기 욕망의 자아도취적 대상으로서 여기는 것이다.(Doane 1991 : 31) 두 가지 경우에서 다

관객은 이미지 속에서 자신을 잃어버린다.

도앤은 이러한 딜레마에서 벗어나는 길은 여성 관객이 자신과 닮은 스크린 속 이미지들을 '가장무도회'라는 시각에서 읽는 것이라고 제안한다. 정신분석학자인 조앤 리비에르Joan Rivière는 '가장무도회로서의 여성성Womanliness as a Masquerade'(1929)이라는 에세이에서 가장무도회라는 개념을 제안했다. 과장된 방법으로 여성성을 과시하는 여성들을 떠올리며, 리비에르는 그러한 행위가 "남성성의 소유를 숨기기 위한 것이며, 여성들이 남성성을 소유하고 있다는 사실이 발각될 경우 예상되는 비난을 피하기 위함이다. 독자들은 내가 여성성을 어떻게 정의하고 있는지 혹은 진정한 여성성과 '가장무도회' 사이의 어느 지점에서 선을 그을 수 있는지를 물을 수 있다. 내가 말하려는 것은 그 진정한 여성성과 가장무도회는 결국 같은 것이라는 점"이라고 말한다. (Rivière 1986 : 38)

여기에서 리비에르는 사회적으로 구성된 여성성의 특징을 추론하고 있는 셈이다. 도앤은 여성 관객과 이미지로서의 여성 사이의 거리를 만들 가능성을 이론화하고자, 이미지로서의 여성을 관람자가 비판할 수 있음을 보여 주면서 가장무도회 개념을 빌려 온다. 도앤에 따르면, 영화 내부에서 가면을 쓴 여성 인물들은 자주 처벌받는다. 예컨대 무언가를 바라보는 남성적 행위를 강탈하는 팜므 파탈, 공포에 질린 눈빛이 괴물의 응시에 지배되는 공포영화의 여주인공들이 그러하다.

마지막으로 도앤은 할리우드 영화가 남성적 응시를 서사로 통합하면서, 동시에 여성적 응시를 부정하는 방식을 밝히고자 로베르 두아노Robert Doisneau의 사진 〈곁눈질Un Regard Oblique〉(1948)을 분석한다. 이 사진은 가게 유리창을 보는 남자와 여자를 묘사하고 있다. 여성은 중앙에 서 있고, 사진은 그녀의 시선을 강조한다. 그러나 이 응시의 진정한 힘은 사진의 구석에 서 있는 남성에게 있다. 그의 응시는 여성의 응시를 효과적으로 자르면서 여성 누드화를 향하고 있다. 여성의 시선이 포착하고 있는 그림을 보여 주지는 않지만, 누드화는 눈에 띄게 사진 속에서 전시된다. 따라서 여성을 서사의 중심에 두었음에도 불구하고 사진 속에서 남성적 응시의 대상은 여성 주체를 능가한다. 사진은 시선을 가진 그녀를

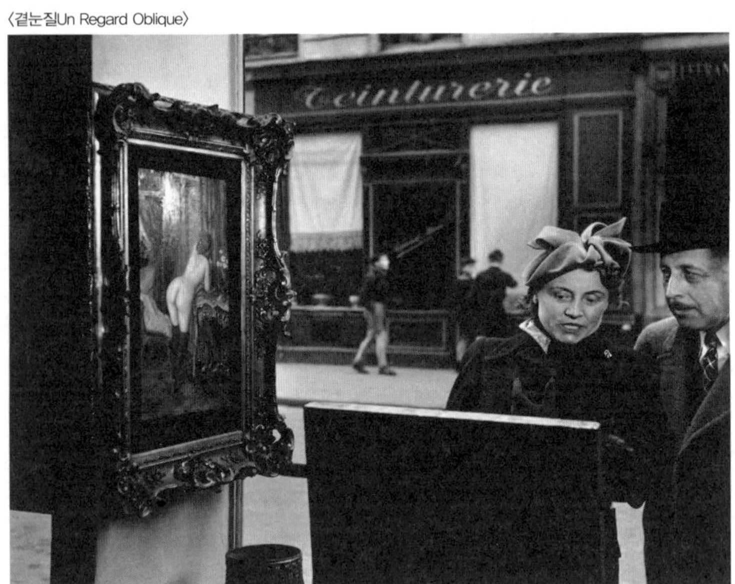

〈곁눈질Un Regard Oblique〉

희생하여 효과적으로 웃음거리로 만든다. 도앤이 보기에, 이 사진은 영화에 새겨진 성적으로 차별화된 시선의 구조를 예시하고 있다. "여성의 누드에 대한 페티시즘적 재현은 시선 속에 완전히 들어오며 관객적 위치의 남성화를 보장한다."(Doane 1991 : 29)

이와 다른 연구 경향에 서 있는 페미니스트 영화이론가들은 실제 관객을 발견하고 이들이 영화에 어떻게 반응하는지를 연구해 왔다. 영화에 어떠한 관객이 '내포되어' 있는지를 탐색하는 대신에, 이 이론가들은 전시 작용과 수용 형태 그리고 관객의 사회적 구성 등을 탐색함으로써 실제적, 역사적 혹은 현재 관객에 대한 '경험적인' 연구를 진행했다. 네덜란드의 학자 이엔 앙Ien Ang의 《댈러스 보기Watching Dallas》(1985)는 텔레비전 연구에서 이러한 접근 방법을 개척했다.

영화와 텔레비전 연구에 나타난 이러한 변화는, 미디어 텍스트를 통해 관람자들이 일방적으로 미리 주어진 의미를 수동적으로 흡수하는 것이 아니라 능동적으로 자신만의 의미를 창출한다는 인식에 의거한 것이다. 이러한 접근 방식을 취하는 페미니스트 비평가들은 이러한 연구를 정신분석학적 이론화와 연결하는 경향이 있다.(Hansen 2000) 경험적 연구가 반박의 여지가 없이 중요하기는 하지만, 이론 역시 간과할 수 없다. 그 이유는, 실재 관객들과의 인터뷰 형식을 취하는 경험적 관객 연구 그 자체로는 영화를 보도록 사람들을 동기화하는 무의식적인 욕망을 설명할 수 없다는 것이다. 또 다른 이유는, 경험적 관객 연구에서 상정하는 '실제 관객'이란 개념 역시 연구자가 정의내린 범위 속에 있기 때문에 이 역시 텍스트에

내포된 관객과 마찬가지로 구성된 것이라는 점이다.(Brunsdon 1992 : 125)

관객 개념에 역사적이고 민족지적인 특수성을 부여하려는 시도는 페미니스트 이론가들로 하여금 서로 다른 종족, 계급, 성 등 다른 경험들로 형성된 여성들 간의 차별성을 탐색하도록 이끌었다. 일례로, 이 연구들은 레즈비언 관객들이 주류 영화를 '보는 것'은 영화의 '결을 거슬러'(Ellsworth 1990) 읽으면서 그 영화가 구성한 남성적 시각을 중단시킬 수 있다고 주장한다. 〈백인의 특권과 바라보는 관계들, 페미니스트 영화이론에서 인종과 젠더White Privilege and Looking Relations : Race and Gender in Feminist Film Theory〉(1988)에서, 제인 게인즈Jane Gaines는 페미니스트 영화이론의 정신분석학적 원용을 비판하면서 인종에 대한 관심을 확장시킨다. 게인즈는 이러한 정신분석학적 분석이 영화를 남성과 여성의 대립에 기반한 '분석 틀로 가둘 수 있다'고 보았다. 그러한 남성과 여성의 대립 구도는 주로 백인 중간 계급의 가치를 지지하며, 우리로 하여금 다른 종류의 압제로 고통받는 여성적 지위를 이해하지 못하게 만든다.(Gaines 2000 : 340)

게인즈는 이러한 상황을 다이애나 로스가 출연한, 흑인 패션모델을 다룬 영화 〈마호가니Mahogany〉(1975) 분석에서 찾는다. 이 영화는 멀비의 독법으로는 사디즘, 관음증, 사진이라는 주제를 정신분

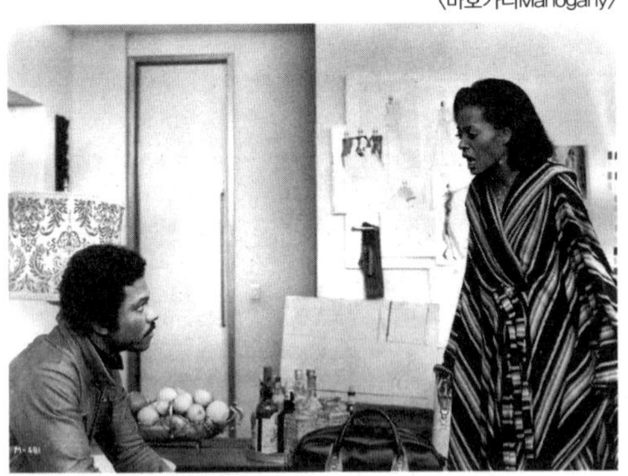

〈마호가니Mahogany〉

석학적으로 읽을 수 있지만, 게인즈는 이렇게 읽어 내는 것은 "영화를 인종적 갈등이라는 관점에서 볼 수 없게 하는 의미의 사슬로 장착된 이데올로기적 의미화라는 덫으로 들어가는 것"이라 말한다.(Gaines 2000 : 344) 또한 백인 남성과는 달리, 〈마호가니〉에서 흑인 남성 인물은 물론이고 미국 주류 영화에 등장하는 흑인 인물은 성적인 시선의 권력이나 특권이 없다고 지적한다. 남성적 응시에서 인종은 결정적인 변수가 될 수 있다. 특히 미국에서는 이러한 상황을 노예제 기간 동안의 흑인과 백인 간의 권력 관계까지 역사적으로 추적할 수 있다. 게인즈는 역사에 민감한 흑인 표상 이론에 대한 필요성을 강조한다. 벨 훅스도 이러한 주제를 저작《검은 얼굴들Black Looks》(1992)에서 탐구한 바 있다.

그동안 로도윅D. N. Rodowick과 같은 다른 비평가들은 멀비 논의의 이분법적인 논리가 가진 결점을 찾아냈다. 멀비가 지속적으로 사용한 남성적/여성적, 능동적/수동적, 시각애호증/나르시시즘과 같은 대립 개념들은 주로 정신분석학에 대한 의존에서 나왔는데, 로도윅은 프로이트가 "욕망과 정체성에 대한 질문 속에서 '남성성/여성성' 그리고 능동성/수동성 사이의 이원적인 엄격한 분류를 문제 삼았다"고 지적한다.(Rodowick 2000 : 192) 이러한 비평들은 같은 수위에서 논쟁에 참여하는 페미니스트 영화이론가들이 정신분석학을 더욱 정확하게 원용할 수 있도록 이끈다.

서사 영화는 여성을 배제하는가?

기념비적인 에세이 〈시각적 쾌락과 서사 영화〉에서, 멀비는 페티시즘과 관음증의 메커니즘으로 서사 영화가 시선의 대리자로서의 남성과 볼거리 대상으로서의 여성을 생산한다고 주장했다. 이러한 방식으로 서사 영화는 실제적인 성과는 관련 없이 그 관객들에게 '남성적인' 시선화의 전략을 부과한다는 것이다.

멀비의 논의는 수많은 논쟁을 일으켰는데, 주로 서사 영화가 과연 구조적으로 여성들과 여성적 시선을 배제하는가 하는 것이었다. 이 질문에 답하고자 페미니스트 이론가들은 실제 여성 관객의 영화 수용을 연구함은 물론, 여성 관람자를 대상으로 한 영화들을 진행시켰다.

멀비는 이후 〈시각적 쾌락과 서사 영화에 대한 이후의 생각〉에서 자기 에세이에 대한 논의를 수정했다. 이 글에서 멀비는 여성 관객의 역할을 고려하는데, 멀비에 의하면 서사 영화가 여성에게 제공한 '남성화된' 위치를 받아들일 때 여성 관객은 두 개의 젠더 사이에서 번갈아 나오는 '도착적인' 정체성의 형식으로 영화를 보게 된다.

멀비의 정신분석학적 틀이 가진 일반화 경향은 다른 한편으로 정밀화 작업을 거치는데, 특히 흑인 페미니스트 이론가들은 여성에 대한 억압이 오로지 젠더에 의한 것만은 아니라는 인식과 아울러 역사의 역할을 영화적 표상 분석에 통합시켜야 한다고 주장한다.

3

카자 실버만 — 여성적 목소리

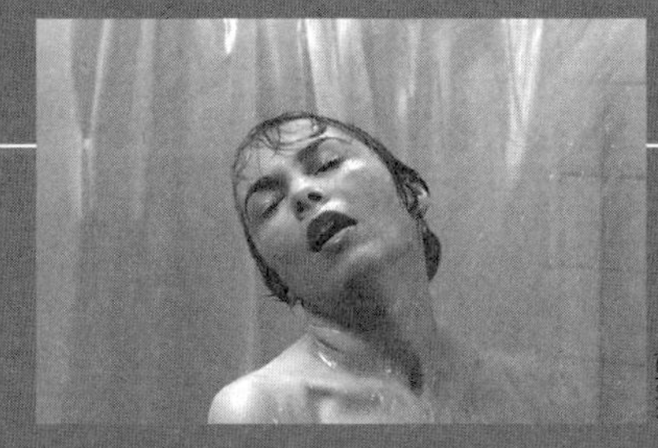

여성 예술가, 작가, 영화제작자들은 남성 예술가들과 다르게 자신을 표현하는가? 만약 '여성적 목소리the female voice'와 같은 것이 존재한다면, 그것을 정의해야 하는가?

이러한 질문들은 시각적 예술, 특히 영화와 밀접한 연관이 있다. 카자 실버만Kaja Silverman은 《음향적 거울The Acoustic Mirror》(1988)에서 여성적 목소리의 개념을 탐구한 바 있다. 이 책에서 실버만은 여성 영화비평이 대부분 이미지 추적, 특히 우리가 2장에서 살펴보았듯이 여성이 남성 시선의 대상으로서 구성되는 방식만을 다루고 비판한다. 실버만은 분석 대상을 사운드트랙으로까지 확장해 나가면서, '고전' 영화가 여성 목소리로 생산되는 소리들에 집착하고 있다고 지적한다. 여성의 목소리는 '육체에 밀착되어 있는' 육체적 볼거리에 매여 있다. 즉, 여성의 목소리는 울부짖고, 헐떡거리고, 비명을 지르는 소리로 제시되며, 이러한 목소리와 시각적 이미지가 동시에 일치되어야 한다는 동시성의 규칙에 매여 있는 것이다. 영화에서 여성들은 비명을 지르고, 울고, 재잘거리거나 달콤하게 속삭이지만, 서사의 권위를 지닌 여성의 목소리는 거의 없거나 아예 없다. 여성들의 발화는 '신뢰할 수 없고, 좌절되거나 순종적인' 특징이 있다.(Silverman 1990)

실버만은 여성의 목소리와 육체 간의 이러한 관계로부터 여성적 목소리를 자유롭게 하려는 실험적인 페미니스트 영화 작업을 대조시켜 설명한다. 그러나 실버만의 의도는 고전적 내러티브와 실험적 혹은 독립영화 사이의 단순한 대립을 세우는 데 있지 않다. 그녀는 고전적 내러티브 범주 속에 있는 영화라 할지라도 그러한 '고전적' 규약을 넘어설 수 있다고 강조한다.(Silverman 1988 : ix)

여기서 실버만의 목소리 개념은 사운드트랙에 녹음된 목소리를 의미하지만, 이 장과 특히 '모성적 목소리의 판타지' 절에서는 사운드트랙을 통해 성적 차이들이 사운드트랙이 어떻게 구성되는지를 다룬 실버만의 분석에 집중한다. 실버만은 정신분석학, 기호학, 영화이론과 페미니즘 이론을 두루 끌어들여 작업하지만, 동시에 뤼스 이리가레이Luce Irigaray와 크리스테바 등 일부 프랑스 페미니스트 이론가들이 본인들도 모르게 고전적 영화 속 여성적 목소리의 특성을 그대로 반복하고 있다는 것을 폭로하고자 자신의 이론적 원천들을 해체한다. '여성적 작품'이라는 절에서는 실버만이 목소리 개념을 어떻게 저자의 목소리 문제로까지 확장시키는지를 살펴볼 것이다. 실버만은 페미니스트적 목적을 위해 저자의 목소리가 중요하다고 주장하며 롤랑 바르트의 〈저자의 죽음〉을 반박하고, 고전 영화와 독립영화 모두에서 여성 목소리를 발견해야 한다고 제안한다.

목소리에 대한 이러한 유연한 개념은 실버만의 저작을 관통하는 핵심적인 사고이다. 실버만의 《음향적 거울》은 여성적 목소리에 관한 것이기도 하지만, 기호학과 정신분석학을 비평적으로 재평가함으로써 여성 주체성을 '고쳐 쓰는' 작업이기도 하다. 다른 한편으로 이러한 작업은 남성 주체성이 어떻게 그 자신의 결핍에 대항하여 스스로를 세우고 있는가 하는 주제로 이어진다. 실버만은 이 주제를 《주변부의 남성 주체》(1992)에서 탐구하는데, 이는 이 책 7장에서 설명할 예정이다.

실버만은 《음향적 거울》의 도입부에서 영화이론에서 잘 알려진 프로이트의 주장, 즉 오이디푸스 단계에서 아이가 성적 차이를 발견하는 순간 부재와 결핍을 위치시킨다는 정신분석학적인 가정에 의문을 표한다. 실버만은 프로이트가 아닌 라캉의 이론에 따라, 성적 차이를 인지하기 이전에 이미 모든 성性의 아이들은 부재와 결핍으로 낙인찍힌다고 주장한다. 즉, 결핍의 경험은 거울 단계에서 처음 일어나는데, 오이디푸스 콤플렉스 시기 이전, 통상 생후 6개월에서 18개월 사이에 유아가 말을 하지 못할 때 일어난다.

거울 단계보다 앞서서, 아이는 어머니와 미분화된 하나됨 속에서 존재한다. 이 상태는 차이나 결핍의 개념이 없는 '상상적 충족' 단계의 상태이다. 아이는 거울 단계에서 처음에 자신의 육체에 속해 있다고 믿었던 대상들, 즉 얼굴, 포근한 담요, 어머니의 목소리와 젖가슴 등이 실제로는 분리되어 있음을 깨닫는다. 라캉은 이것을 '부분 대상part objects', 즉 '작은 타자성의 대상objets petits autres' (Silverman의 책에서 재인용 1988 : 7)으로 부른다. 이러한 찢김을 통해, 유아는 대상들의 외부적 세계와 자신을 이해하기 시작한다. 아이가 오이디푸스 콤플렉스 단계에 들어서고 언어를 습득하는 시기에 이 체험은 소급적으로 거세의 의미를 띠게 된다. 오이디푸스 콤플렉스에 대한 라캉의 비유적 읽기에서, 근친상간의 금기는 언어의 기능으로 전화된다. 아버지는 어머니에 대한 아이의 근친상간적 욕망에 '안 돼'라고 말한다. 라캉은 이를 아버지와 법을 동일시하는 '아버지의 이름'으로 부른다. '아버지의 이름'은 유아를 상징적 질서, 언어와 사회적 코드의 영역에 주체로 위치시키며 이 주체는 부재와 상실로 욕망을 추동하는 특징을 갖게 된다. 이러한 과정을 통해 어머니와 아이의 상상적인 통일은 영원히 깨지고 만다.

라캉에 의하면, 상징적 질서에서 주체가 됨으로써 우리는 '모두' 결핍 혹은 '상징적 거세'로 구성된다. 사회적이며 언어적인 질서는 우리 이전에 이미 존재하고, 우리가 그것을 지배하는 것이 아니라 그것이 우리를 지배한다. 이러한 라캉의 시각에서, 실버만은 거세를 성적 차이의 '발견'에 매어 두는 프로이트의 이론이 상실과 결핍에 대한 아이의 이른 체험을 간과할 뿐만 아니라, 이것

상징적인 것, 상상적인 것, 실재적인 것

라캉에 의하면 이는 우리와 현실과의 관계를 구조화하는 세 가지 질서, 혹은 '등록 명부register'이다. 이 세 가지는 프로이트의 에고, 슈퍼에고, 이드의 모델과 같은 마음의 대리자가 아니라, 우리가 동시에 그 속에 존재하는 다중적인 세계와 같다. 이 세 가지 질서는 서로 매우 다르지만, 어떤 지점들에서는 겹치기도 한다. 상징적 질서는 사회적 법의 질서, 즉 언어에 의존해 있으면서 '아버지의 이름'으로 재생산된다. 상상적인 것은 이와 반대로, 자신과 타자가 서로 섞여 들어가는 유사성과 전체성의 환상을 만드는 이미지의 영역이다. 이는 어머니와 유아의 초기 관계를 포함하는 이중적 관계 맺음의 영역이다. 마지막으로 실재적인 것은 언어의 밖에 있으면서 상징화를 거부하는 것이며, 특히 질료적 양태 속에 있는 육체를 의미한다.

자체가 결핍의 사고로부터 남성 주체를 떼어 놓으려는 욕망에서 추동되었다고 주장한다. 프로이트는 여성의 육체라는 장소에 결핍을 두는 치환 행위를 수행하는데, 비슷한 치환이 영화에서도 일어난다. 여성을 결핍과 동일시하면서 여성을 길들이거나 처벌하면서 남성 관객의 쾌락이 그 주위를 회전한다는 것이 멀비의 주장이라면, 실버만은 여성 주체는 남성 주체와 여성 주체가 모두 적절히 갖고 있는 결핍의 짐을 견디도록 만들어졌다고 주장한다. 남성과 여성 주체 모두 결핍의 짐을 갖고 있지만, 남성은 참을 수 없는 본인의 결핍을 보상하고자 일반적으로 그것을 여성에게 투사한다. 그럼으로써 통일됨과 완전함의 판타지를 유지시킨다. 영화에서는 이러한 투사가 결핍으로서 구성된 여성의 육체뿐만 아니라 여성의 목소리에서도 일어난다.

미디어로서 영화는 지각적으로 매우 풍부하며, 실제 삶과 유사한 현전의 환상을 제공한다. 소리는 이 환상에 많이 기여한다. 거울 단계의 아이처럼 관객은 그들의 충일함 속에서 이미지와 소리들을 즐겁게 소유하며, 이미지와 소리의 실질적 부재를 부인한다. 그러나 영화이론가들은 프레임이 우리의 귀와 시선이 닿지 않도록 사물들을 감추고 있다는 사실을 자각하는 순간, 즉 누군가가 우리가 보고 듣는 것을 조절하고 있다는 사실을 알게 되는 순간, 결핍의 느낌과 권력을 박탈당했다는 느낌이 우리의 즐거움을 압도하게 된다고 암시한다. 이 누군가는 보이지 않는 영화의 언명자 혹은 '말하는 주체'이다. 영화이론가인 장 피에르 오다르Jean-Pierre Oudart는 이것을 '부재자Absent one'라고 부른다. (Silverman 1988 : 11)

오다르 같은 영화이론가들에 의하면, 이 언명자는 영화감독이나 시나리오 작가가 아니라 우리가 보고 듣는 것을 구조화하는 상징적인(예컨대 기술적이고 이데올로기적인) 기계이다. 여기에는 우리가 접근하지 못하도록 베일로 가려져 있는 영화적 생산 장소가 포함된다. 이론가들은 카메라와 테이프 레코더를 언명자라고 부른다. 그리고 언명자의 기능은 그것을 조작하는 특정인 혹은 특정 기계의 기능을 능가한다.

언명자는 지식, 초월적인 듣기와 보기, 자기 충족, 종잡을 수 없는 힘 등 강력하고 상징적인 아버지의 특성을 함의한다. 보는 주체, 즉 관객인 그 혹은 그녀는 자신이 이러한 특성들을 결여하고 있다는 사실을 안다.(상징적 거세의 형식) 실버만은 영화 텍스트는 우리가 보고 듣는 응시와 듣기가 카메라나 테이프 레코더에 의한 응시나 듣기가 아니라 허구적인 인물의 응시와 듣기인 것처럼 보이도록 통제하는 숙련된 손을 통해 이러한 결여를 보상한다고 말한다. 이러한 작용은 실버만이 초기 저작, 특히 《기호학의 주체 The Subject of Semiotics》(1983)에서 소개한 바 있는 '봉합suture'이라는 개념으로 알려져 있다.

모든 프레임 라인과 컷을 통해, 영화는 숨겨진 언명자가 더 큰 권위의 몸짓을 함으로써 관객들에게 구제할 수 없는 결핍을 알게 만드는 동시에 거세 위협을 가한다. 이와 동시에 이러한 상처는 의미와 서사를 제공하여 관객들의 주의를 딴 데로 돌리게 하는 의미화의 사슬로써 봉합된다. 실버만은 이러한 작용이 여성 관객보다 결핍을 부정하는 데 더 익숙한 남성 관객에게 더욱 영향을 준다고 말한다. 남성적 주체성은 팔루스와의 상상적이며 환각적인 동일시로 형성되는데, 라캉의 관점에 따르면, 팔루스는 남근과 동일한 것이 아니라 단지 상징 질서 속에서 긍정적인 가치들의 상징일 뿐이다. 가부장제 문화에서 팔루스의 가치는 남성의 힘과 동일시된다. 남성 주체가 담론의 기원 그리고/혹은 생산의 장소로부터

▮ 봉합 SUTURE ▮

문자 그대로의 의미는 '꿰매는 것'이다. 원래 라캉의 제자인 자크 알랭 밀러 Jacques-Alain Miller가 사용한 정신분석학적 용어로, 영화이론에서 관람자들이 서사에 빠져들고 등장인물과 자신을 동일시하도록 고무하는 방법으로 차용되었다. 실버만은 장 피에르 오다르, 다니엘 다이안Daniel Dayan, 스티븐 히스Stephen Heath 등과 함께 봉합 이론을 정교하게 만든 이론가로 꼽힌다. 숏shot/리버스 숏 reverse shot은 봉합에 핵심적인 기술이다. 이러한 숏은 관객의 시각을 등장인물의 시각에 일치시키며, 관객으로 하여금 다음 숏을 보고 싶게끔 만든다. 예컨대, 하나의 숏에서 우리가 바다를 보았다면 리버스 숏에서는 추정하건대 바로 전의 숏을 결정했던 시선의 소유자인 허구적 인물을 보게 된다. 숏1은 따라서 '부재자'의 영역을 허구적인 인물의 응시와 연결시키면서 숏 2의 기표가 된다. 이러한 작용으로, 관객석의 관객은 영화가 구성하는 주체의 위치로 '봉합된다'. 관객들은 허구적 인물의 시선과 자신의 시선을 동일시하게 되며, 자신들이 떨어진 공간에 자리하고 있다는 사실을 부정하게 된다. 즉, 상상적인 통일이 관객과 스크린 사이에서 만들어진다.

히스와 실버만은 봉합의 체계가 특정한 숏을 넘어서 편집, 조명, 카메라워크, 프레이밍framing, 사운드 등을 포함하여 고전 영화의 모든 작용을 에워싸고 있다고 말한다. 이러한 요소들이 서사를 향한 관객들의 욕망을 작동시키는 것을 물론, 언명의 차원에서 허구의 차원으로 관객의 주의를 돌려서 부재와 결핍을 통한 서사의 응집성을 창출해 낸다.

소외된 것을 포함하여 자신의 결함을 기억한다면 이러한 동일시는 곤란해질 것이다.

서사의 치유는 상처가 생긴 후에만 일어날 수 있다. 그리고 상처를 입을수록 우리는 의미와 서사에 더욱 절실해진다. 우리는 이러한 작용을 영화 〈사이코Psycho〉(1960)에서 볼 수 있다. 매리온 그레인이 영화의 중간쯤에서 모든 숏이 칼로 인한 자상의 통증 같은 그 유명한 샤워 장면에서 살해당하기 전까지 우리는 그녀의 뒤를 따라가고 그녀와 나 자신을 동일시한다. 그녀의 죽음으로 영화의 언명자를 제외하곤 아무도 없는 빈방은 이제 동일시할 대상을 잃어버린 관람자에게 트라우마 같은 상처를 남

긴다. 의미와 서사에 대한 우리의 요구는 너무 절박해서, 이제 관객들은 매리온의 시체와 소지품을 처리하려고 들어온 살인자 노먼 베이츠와 동일시하게 되어 베이츠가 증거를 없애려고 매리온의 차를 늪에 빠뜨릴

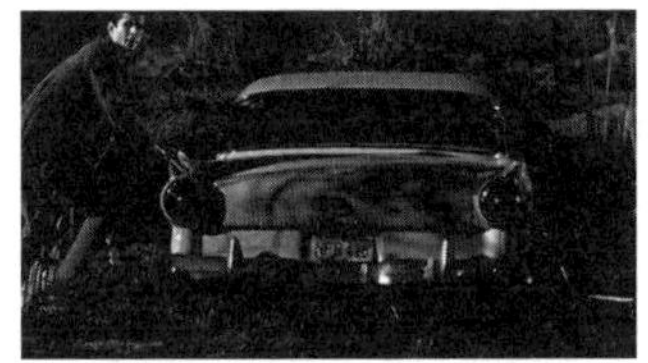

〈사이코Psycho〉

때 차가 좀처럼 가라앉지 않자 도리어 그를 걱정하는 지경에 이른다. 봉합은 영화 관객들을 덫에 걸릴 수 있게 하는 '낚시 바늘'이다.(Silverman 1983 : 212)

여성적 고백

이제까지 봉합 이론은 시각적 이미지만 논의했다. 그렇다면

96

그러한 동일시에서 목소리의 기능은 무엇인가? 실버만에게 숏/리버스 숏과 등치되는 사운드와 다른 봉합의 요소는, 바로 프레임마다 이미지와 사운드를 일치시키는 동시화의 규칙이다. 립싱크를 예로 들면, 립싱크는 육체와 목소리 사이의 매끄러운 맞춤을 설정한다. 그럼으로써 영화를 생산하고 있는 전체 시스템에 의해 매개되지 않고 이미지가 '직접' 말하고 있다는 환상을 제공하여, 이를 침해하며 들어오는 시스템을 '꿰매고' 관객들이 허구에 몰두하도록 돕는다. 대부분의 극장에서 스피커는 이미지들이 소리와 목소리의 진원지라는 환상을 더하고자 스크린의 옆에 위치해 있다. 그러나 실제로는 사운드와 이미지는 분리되어 만들어지며, 일반적 사운드는 이미지들이 생산되고 난 후 혹은 일부는 편집이 된 이후에 합쳐진다.

고전적 서사 영화에서 남성과 여성의 목소리는 모두 그들의 육체와 동시적이지만, 실버만은 동시화는 특히 여성의 목소리에 더욱 강압적으로 적용된다고 주장한다. 우리는 그 기능상의 불공평한 차이를 남성과 여성의 보이스오버가 할당되는 차이에서 볼 수 있다. 보이스오버는 동시화 규칙의 예외이다. 관객들은 육체와는 분리된 목소리로 보이스오버를 듣기 때문이다. 일반적으로, 보이스오버는 디제시스diegesis(영화의 이야기가 구성하는 허구의 시공간─옮긴이)의 시공간과는 조금 다른 시공간에 위치한다. 예컨대, 느와르 영화인 〈이중배상Double Indemnity〉(1944)에서는 주인공이 사무실의 테이프 레코더에 대고 이야기하면서 과거의 사건들이 플래시백으로 관객들에게 시각화된다.

　　〈이중배상〉의 보이스오버는, 사실 스크린에 등장하는 인물에 의한 보이스오버이다. 이 영화에서 화면에 포함된 보이스오버는 트라우마로 손상된 인물에 의한 것으로, 그는 극단적인 상황에서 진술한다. 〈이중배상〉과 〈선셋 대로Sunset Boulevard〉(1950)에서의 보이스오버를 하는 것은 각각 죽어 가는 남자와 이미 죽은 남자이다. 이러한 보이스오버는 자전적이며 고백적이며, 화자가 어떻게 지금 현재 상태에 처해 있는지를 폭로하는 플래시백을 동반한다. 다양한 남성 인물에 의한 보이스오버는 일반적으로 1940년대 느와르 영화와 그 당대의 재상영물에 제한적으로 드러나 있다.

　　여성의 보이스오버가 존재한다면, 그것은 느와르 영화에서 육체를 지닌 남성 보이스오버와 비슷한 특징을 가지고 있다. 예를 들어 〈밀드레드 피어스〉(1945)는 멜로드라마와 느와르 영화의 혼종이고, 〈미지의 여인에게서 온 편지〉(1948)에서는 여성 화자가 고백적인 편지 형식으로 자신의 이야기를 진술한다. 그러나 실버만은 고전적 서사 영화에는 오손 웰스의 〈위대한 앰버슨가The Magnificent Ambersons〉(1942)처럼, 영화의 디제시스 밖에서 우월한 시각으로 사건을 서술하는 육체를 지닌 남성 보이스오버에 비교될 만한 여성적 보이스오버는 없다고 주장한다. 실버만에 의하면, 〈세 부인에게 보낸 편지A Letter to Three Wives〉(1949)는 유일한 예외로서 육체화되지 않은 여성 보이스오버를 보여 주는 역사상 유일한 할리우드 영화이다. 그러나 이 예외는 오히려 여성 보이스오버의 규준을 증명할 뿐이다. 인물이 스크린에 전혀 등장하지는 않지만, 의문스럽게도 이 여성의 보이스오버는 육체를 갖게 된다.(Silverman 1988 : 49)

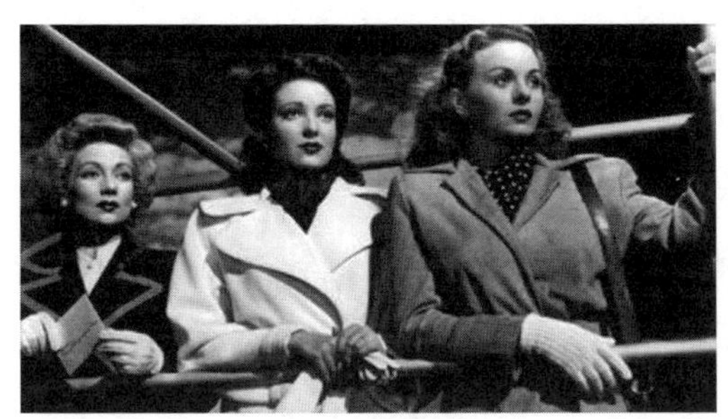

〈세 부인에게 보낸 편지A Letter to Three Wives〉

그녀의 외양이 종종 삐딱한 각도로 찍힌 사진이나 그 사진을 탐구하는 다른 인물에게 언급되어 관객이 그 모습을 보고 싶게 만들기 때문이다.

고전 영화에서 목소리는 이미지로 육체화된 보충물이 없는 한에서 힘과 특권을 갖게 된다. 〈오즈의 마법사The Wizard of Oz〉(1939)를 떠올려 보면, 오즈는 도로시의 개 토토에 의해 그가 커튼 뒤에 숨은 작은 노인일 뿐이라는 사실을 폭로하기 전까지 보이스오프로 말하는 '힘 있고 위대한 오즈'였다. 그런데 그 목소리가 화자의 움직이는 입술과 동시화되는 순간, 그 힘을 잃고 만다. 육체에서 분리된 보이스오버에 대해서는 실버만도 《음향적 거울》에서 언급하지 않았고 프랑스 누벨바그nouvelle vague 영화를 제외한 서사 영화에서 매우 드물게 나타나지만, 남성적 형식에서도 육체에서 분리된 보이스오버(화면 바깥에서 들리는 등장인물의 보이스오프와는 다른 경우)는 다큐멘터리에서 더욱 일반화된 현상이다.

실버만에 의하면, 이러한 현상은 사운드트랙에서 성별상의 차이가 구성되는 전반적인 패턴을 전형적으로 보여 준다. 다소 비약하자면, 고전 영화는 이미지와 동시에 나오는 여성 목소리를 육체에서 분리된 남성 목소리와 겨루게 만든다. 전지적인 시선과 청각으로 육체를 갖지 않는 보이스오버는 극도로 전능하게 말하게 되며, 그 목소리는 법의 목소리가 되고 언명자의 초월적인 특성을 갖게 된다. 의미심장하게도, 〈위대한 앰버슨가〉의 서술자는 결말에 이르러 자신을 영화의 감독인 오손 웰스와 동일시한다.

그러나 이보다 일반적인 경우에서 할리우드 영화는 육체를 갖지 않는 보이스오버와 유사한 속성을 가진 남성 인물의 목소리로 디제시스 속에 관객이 봉합되기를 바란다. 이 방식은 서사의 바깥 차원인 언명과 서사의 내적 차원을 재고안하는 것과 관련이 있다. 즉, 여성은 그녀를 엿보고 엿들을 수 있는 디제시스의 '내부'라는 안전한 장소에 위치시키고, 남성은 언명자 혹은 비육체화된 서술자와 연계된 초월적인 시각, 듣기, 말하기의 기능과 동일시될 수 있도록 프레이밍 공간의 '바깥'에 위치되는 것을 의미한다. 시각적 영역에서 남성이 보는 위치고 여성은 보이는 위치라면, 소리의 영역에서 남자는 듣고 여성은 엿들린다.

디제시스 DIEGESIS

허구적 서사 세계 내부에 속한 요소들을 가리키는 용어로 주로 영화 사운드와 연결되어 쓰인다. 영화 사운드는 그 원천이 이야기 세계 속에 있는 것으로 재현될 때 '디제틱diegetic'이라 할 수 있다. 예컨대 이야기 속 대상들이 만들어 내는 사운드인 인물들의 대화(보이스오프voice-off를 포함하여)나, 이야기 내부의 악기나 녹음 장치를 통해 흘러나오는 음악들은 디제틱이다. 스크린 밖에서 허구적 인물의 음성이 들리는 보이스오프(보이스오버와 혼동하지 말라) 역시 '디제틱'인데, 그 음성이 이미지와 동시에 들리지 않는다 하더라도 그것은 여전히 디제시스의 공간을 점유하고 있기 때문이다. '비非디제틱' 사운드는 스토리의 밖에 위치한 원천에서 나오는 것이다. 예를 들어, 덧붙여진 사운드트랙이나 보이스오버가 그것이다.

서사 영화가 이러한 목적을 달성하는 전략으로는 편지, 노래하며 춤추는 퍼포먼스, 영화 속의 영화 등에 여성 목소리를 삽입하는 방법이 있다. 〈미지의 여인에게서 온 편지〉에서 여성 목소리는 리사(조앤 폰테인 분)가 스테판(루이스 조단 분)에게 보내는 편지를 통해 서사의 내부에 포함된다. 스테판이 편지를 읽으면서 리사는 육체를 가진 보이스오버로서 스테판의 의식을 통해서만 존재하면서 생명을 얻게 된다. 또 다른 전략은, 여성 목소리가 비자발적 발화를 하는 것이다. 할리우드 영화가 여성에게서 가장 대표적으로 뽑아내는 비자발적 발화는 비명이다.

세 번째 전략은 여성에게 '언어적 불능'을 가하는 것이다. 여성의 목소리에 출신지나 계층을 알려 주는 말씨, 언어장애 혹은 특이한 속성을 부여해 목소리를 육체에 고착시키며 그 담론적 권위를 감소시킨다.(Silverman 1988 : 61) 〈사랑은 비를 타고Singin' in the Rain〉(1952)에서 무성영화 스타인 리나 라몬트(진 헤이건 분)은 이런 말을 듣는다. "당신은 아름다운 여자야. 청중들은 당신이 외모에 걸맞은 목소리를 갖고 있다고 생각하지." 그러나 이와 달리 리나는 강한 브롱크스(뉴욕의 한 구) 악센트에 날카로우면서도 어법에 맞지 않는 말을 한다.(Silverman, 1988 : 45) 리나의 목소리는 스튜디오가 유성영화를 제작하기로 결정하면서 확실히 문제가 될 만한 것이었는데, 그녀의 목소리는 발성 지도로 교정되기가 어려웠다.

처음에 녹음 작업을 할 때 리나의 목소리는 덤불 속에 숨어 마이크에 대지 않고 말하기 때문에 잘 들리지 않는다. 그러자 녹음 기사가 마이크를 그녀의 가슴에 쑤셔 넣는다. 이제 그녀가 움직일

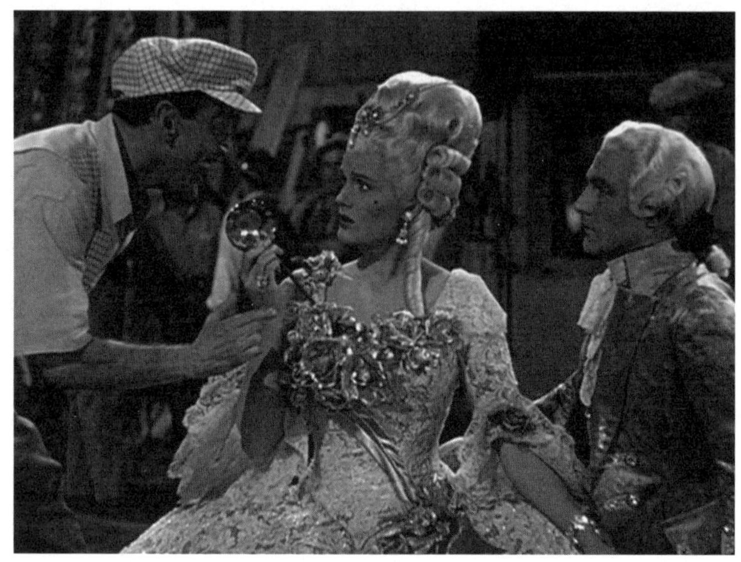

〈사랑은 비를 타고Singin' in the Rain〉

때마다 진주 목걸이가 달랑거리는 소리, 심장 뛰는 소리가 들리며 그녀의 육체가 그녀의 목소리를 삼켜 버린다! 시사회에서 청중은 리나의 연기를 야유하는데, 그것은 그녀가 내는 소리가 너무 육체화되고 때로는 과도하게 그 소리가 크고 마이크와 그녀 육체와의 거리에 따라 변동이 심했기 때문이다. 특히 중요한 대목에서 그녀가 악당의 목소리로 말하고 악당이 그녀의 목소리로 말하면서 사운드트랙이 영상과 일치하지 않는다. 동시화의 규칙이 주로 리나를 모욕하는 코믹한 효과를 낼 목적으로 침해되는 셈이다.

이 끔찍한 시사회 이후, 영화에서 리나와 공동으로 주연을 맡았던 돈(진 켈리 분)과 그의 친구 코스모는 돈의 여자 친구인 캐시

(데비 레이놀즈 분)에게 리나의 목소리를 더빙하게 하여 이 영화를 뮤지컬로 바꾸기로 결심한다. 결과적으로 두 여성의 목소리는 비정상적이고 기만적이어서 신뢰할 수 없는 것이 된다. 리나가 자신의 영화 이력을 위해 다른 사람의 목소리를 훔치는 사기꾼으로 제시되고, 캐시의 목소리는 다른 육체에 부착되면서 '자연스러운' 육체적 기원으로부터 일탈되기 때문이다.

모성적 목소리의 판타지

할리우드 영화의 시각적·청각적 영역은 남성 주체를 상징적 법 그리고 담론적 권위에 위치시킨다. 라캉 이론을 바라보는 많은 독법들도 그러하다. 유아는 아버지의 법을 받아들이고 어머니의 육체에 대한 욕망을 억압함으로써 상징적 질서에 자리를 잡는다. 멀비가 말하듯이, 이러한 과정은 어머니를 "말에 굴복하거나, 즉 아버지와 법의 이름에 굴복하거나 상상적인 것의 어슴푸레한 빛 속에 아이를 붙잡아 두려고 투쟁하는 상태로 만든다".(Mulvey 1989c : 15) 즉, 상징적 질서에 들어가는 것은 언어와 사회의 법과 여성들 사이의 관계 맺음이 중요하지 않게 되는, 남성적인 영역으로 들어가는 것이다.

바로 이 점으로 인해 많은 페미니스트들이 전前 오이디푸스적인 어머니 육체에, 억압된 여성적 언어 혹은 목소리의 원천을 두었다. 그들은 특히 어머니와 소녀가 맺는 전 오이디푸스적 관계를 여성적 목소리와 여성적 섹슈얼리티의 특수성을 정의하는 데 참조하였다. 크리스테바의 책에서 여성적인 것은 '기호학', 즉 상징적인 논리와 문법의 이면에 존재하는 언어적 자질과 연결되어 있다. 기호학은 '코라chora'에서 자양분을 얻는다. '코라'는 '그릇' 혹은 '울타리 쳐진 장소'를 의미하는 용어로, 크리스테바는 이를 플라톤에게서 빌려 와 자궁과 동일한 의미로 사용했다. 코라는 거울 단계와 상징적 질서에 앞선 어머니와 아이 사이의 통일성의 이미지를 환기시킨다. 원시적 충동들의 맥박처럼, 언어 이전의 요소와 함께 흐르며 담론이 붕괴되는 곳에서 소생하는 것, 즉 아버지의 이름에 맞서는 혁명적인 힘이다. 크리스테바는 어머니와 딸 연합의 에로틱한 측면은 부인하면서, 코라 속에 있는 어머니와 딸 사이의 동성애적인 연합을 찬양한다. 그러면서 크리스테바는 이때의 동성애적인 것이 진짜 동성애가 아니라고 부정한다.

《음향적 거울》에서 실버만은 크리스테바 이론을 비판한다. 실버만은 크리스테바가 지배적인 사회적·언어적 질서에 도전하는 자리를 정의하고자 지배적인 사회적·언어적 질서에서 어머니를 제거하고 있으며, 그럼으로써 무의식적으로 상징적인 것 내부에 여성의 목소리를 실행 가능한 자리로 위치시키기를 거부한다고 말한다. 실버만에 의하면, 기호학과 모성적인 것을 전前언어와 연결하는 것은 "현재 구성되어 있는 성적 차이들을 위협할 수 있는 방법이 되지 못한다".(Silverman 1988 : 102) 크리스테바는 기호학이 젠더와 관련 없는 자리에 위치할 수 있으며, 따라서 이를 통해 여성적 목소리를 생물학적인 본질로 축소시키는 것에 저항할 수 있음을 암시한다. 그러나 크리스테바가 인용하는 작가들은 제임스 조이스와 스테판 말라르메를 포함하여 모두 남성이다. 실버만은 이것이 크리스테바 이론이 가진 어쩔 수 없는 한계라고 말한다. "크리스테바에게 말한다는 것은 따라서 '남성적인' 위치를 차지하는 것이다. 모성적 목소리조차도 남성의 목소리를 통해서만 들을 수 있다." 따라서 예술가에 대한 그녀의 정의는 당연히 남성적이다.(Silverman 1988 : 113)

모성적 목소리에 대한 이러한 환상이 유아를 언어와 문화에 소개하는 데 어머니가 하는 역할을 중요하게 여기지 않는다는 것은 정신분석과 영화와 공유하는 지점이다. 어린아이는 보통 다른 이들의 목소리 속에서 어머니의 목소리를 구별해 낸다. 어린아이는 어머니를 볼 수 있기 전부터 어머니의 목소리를 들을 수 있다. 이론가 기 로졸라토Guy Rosolato는, 모성적 목소리가 아이 자신의 목소리와 정체성을 발견하는 '음향적 거울'처럼 기능하면서 '음향적 주머니' 혹은 아이 주위를 덮는 음성 담요를 만든다고 말한다. 이처럼 어머니는 최초의 교사, 이야기꾼 그리고 세계에 대한 해설자로서 아이의 유아기를 상징적으로 지배하고 있음에도 불구하고, 많은 문화적 판타지들은 어머니에게서 언어적 권위를 벗겨 냄으로써 어머니와 아이의 위치를 역전시켜서 제시한다. 크리스테바의 이론에서, 어머니는 코라의 내부에 위치되고 아이는 코라에서 내쫓긴다. 영화에서도 여성 주체는 소음, 옹알이, 울음과 동일시되면서 신생아의 위치를 차지한다. 특히 공포영화에서 여성은 음성적 · 청각적으로 무능하게 제시되고, 기껏해야 의존성과 무력함의 상황으로 축소된다.

　실버만에 의하면, 영화에서 모성적 목소리는 남성 주체가 '부인된 모든 유아기적 옹알이를 듣는 음향적 거울'이다.(1988 : 81) 모성적 목소리는 때로 행복함과 풍족함의 상징으로 긍정적으로 비춰지기도 하지만, 불능과 함정의 상징으로 불길하게 제시되기도 한다. 실버만에 의하면, 이러한 이중적 특성은 프랜시스 포드 코폴라 감독의 영화 〈도청The Conversation〉(1974)에 잘 드러나 있다. 도청 전문가 해리 콜(진 해크먼 분)은 도청만 생각하는 사람이지만, 본인의 사생활은 누구도 알 수 없도록 철저하게 행동한다. 그는 '문 밖에' 있는 것을 좋아한다. 그의 여자 친구가 묘사하는 것처럼 가공할 만한 감시 장비들과 함께, 그는 자신이 대화를 지배하며 무언가를 알고 권력을 갖고 있다는 환상이 가능한 외부에 있다. 이는 앞서 보았듯이 영화적 언명자에 귀속되는 남근적 특성이기도 하다.

　해리는 샌프란시스코의 유니언 스퀘어에서 젊은 여성 앤이 연인인 폴과 대화하는 것을 녹음하면서, 앤의 남편이 의뢰한 도청에 정신이 팔려 있는 듯하다. 해리는 "그(앤의 남편)는 기회만 있으면 우리를 죽일 거야"라는 폴의 말을 포함하여 모든 말을 청취 가능하게 만들기 위해 가장 좋은 트랙을 골라내고 녹음된 대화를 리믹스한다. 그런데 이때 해리는 분명히 그 대화의 다른 측면에 매혹되어 대화를 반복적으로 재생시킨다. 앤이 공원 벤치에서 아이들의 노래를 부르고 공원 벤치의 노숙자에 대해 말할 때, 해리는 앤의 모성적 목소리에 어찌할 줄 모르며 빠져 있다. "노숙자도 언젠가 누군가의 아기였다"는 앤의 말은 "어린 시절의 잃어버린 위안과 보호를 환기시켜 해리를 부드러운 모성적 목소리의 담요 속에 파묻히고 싶게 만든다".(Silverman 1988 : 90)

　해리는 살인을 막고자 이 커플이 만나기로 한 호텔로 가고, 773호 옆방 벽에 구멍을 내고 도청 장치를 설치한다. 이어 773호에서 비명 소리가 들리고, 해리는 그 비명이 앤이 지른 것이라고 생각한다. 그러나 이후에 밝혀진 바로는, 피살자로 계획된 사람은 앤이 아니라 그 남편이었고 이러한 사실은 "그는 기회만 있으면 우리를 죽일 거야"라는 폴의 말에 해리가 미처 몰랐던 의미를 부여한다.

　실버만은 인간의 목소리와 전기의 소리가 섞인 그 비명은 해리의 심리에서 나온 것이라 지적한다. 그리고 여성적 목소리는 해리가 자신의 무력함을 떨치게 하는 음향적 거울로 기능한다. 그러

〈도청The Conversation〉

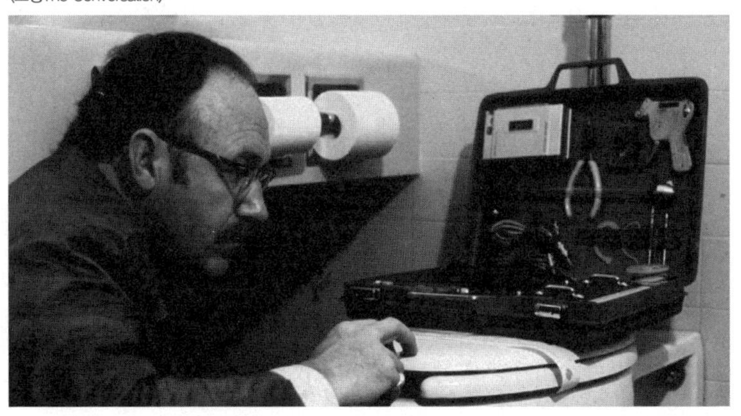

나 여성적 목소리는 또한 해리로 하여금 이불 속에서 태아처럼 몸을 둥글게 말게 만듦으로써 그의 무력함을 다시 한 번 환기시키게도 한다. 해리의 성姓인 '콜Caul'은 '출생 전에 태아를 가두는 양막'으로, 출생 후에는 태胎라는 의미를 갖는다. '콜'은 자궁으로의 회귀(낭랑한 여성적 목소리에 갇힘)를 통해 충족감과 일체감을 다시 얻게 된 해리의 판타지를 의미한다. 그러나 이러한 의존성을 감추려는 그의 욕망이 목소리를 통제하고 그를 모성적 울타리 밖에 있게 한다. 그리고 어느 순간, 여성적 목소리는 더럽고 방출되어야만 하는 어떤 것이 된다.

동성애적-모성적 환상

크리스테바나 이리가레이 같은 프랑스 페미니스트 이론가들은 지속적으로 여성적 발화와 글쓰기를 모성적 육체와 연결시켰다. 이로 인해 그들은 여성성을 육체로 축소시켰다는 비난을 받았다. 실버만은 《음향적 거울》의 결론에서, 이러한 '여성적 글쓰기' 개념은 할리우드 영화와 마찬가지로 여성적 목소리를 육체에 매어 두기 때문에 이중적으로 문제적이라고 지적한다. 실버만에 따르면, 이 개념은 다중적인 혹은 육체를 갖지 않는 보이스오버 전략을 사용하면서 여성적 목소리를 여성의 육체에서 떼어 놓으려는 페미니스트 영화의 실험적 실천과도 어울리지 않는다.

멀비의 영화 〈스핑크스의 수수께끼〉(1977), 샐리 포터Sally Potter의

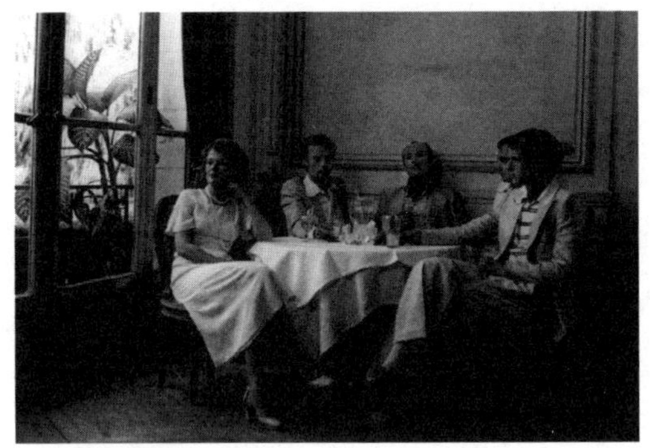

〈인디아 송India Song〉

〈스릴러Thriller〉(1979)와 〈황금 광들Gold Diggers〉(1983), 이본 레이너의 영화 〈어느 여성에 관한 영화Film About a woman who〉(1974), 마르그리트 뒤라스Marguerite Duras의 〈인디아 송India Song〉(1975) 등에서 목소리는 동시화의 안과 밖을 넘나들며 때로는 스크린 속의 시각적 원천에서 나오기도 하고 이미지들을 넘어서 말하기도 하면서, 특별한 육체 속에 그 목소리를 고정시키는 것을 어렵게 한다. 기본적으로 고전적 영화 서사에서 여성이 구성된다는 점, 즉 여성의 몸이 남성적 응시로 점검된다는 사실을 고려해 보면 이 영화들에서 육체를 이탈한 여성적 목소리는 자유로워 보인다.

실버만은 이리가레이에 이르러 여성적 목소리와 육체가 가장 공고하게 연결되었다고 보았다.《하나이지 않은 성This Sex Which is Not One : the feminine occurs only sithin models and laws devised by male subjects》(1977)에서 이리가레이는 여성적 형식의 관점에서 여성 욕망의 상이한 경제학을 설명한다. 남성 기관과 달리 음순이 항상 서로 부딪치는 것처럼, 여성의 성은 '하나'가 아니며 다수이다. 여성적 언어에 관한 이리가레이의 생각은, 촉각을 시각에 우선해 중시하면서 이러한 다중성·연속성·동시성의 모델에 고착되어 있다. 이리가레이는 여성은 여러 방향으로 헤매면서 주시하는 것보다 만짐으로써, 그리고 '이성의 관점에서 보자면' 미친 것처럼 혹은 비일관적인 모습으로써 말한다.(Silverman, 1988 : 144에서 재인용)

실버만은 이렇게 논평한다. "이리가레이가 말하는 '여성적인 것'은 여성에 대한 전통적인 폄하, 즉 여성이 비이성적이며, 일관성 없게 말하며, 한 가지에 집중하지 못하며, 시각적 권위가 없고 육체에 더 밀접해 있으며, 남성보다 더욱 쾌락 지향적이라는 주장들에 완벽히 일치한다."(Silverman 1988 : 148) 실버만은 여기에 문화적으로 억압된 여성성의 차원이 있음을 알지만, 그러한 기준 안에 혹은 여성적 육체 내부에 여성성을 두는 것은 거부한다. 실버만의 신념은 육체의 문제를 페미니스트의 기획에서 폐기하는 것이 아니다. '육체의 다시 쓰기'는 필수적이지만, 여성과 여성의 육체가 담론적으로 엮이는 방식을 바꾸는 것이 더 중요하다고 실버만은 생각한다.(Silverman 1988 : 146)

실버만이 생각하는 여성 주체성의 대안적 모델은, 상징적 질서 내부의 모성적 정체성에 있다. 모성적 정체성은 성적인 본질주의나 생물학에 대한 무언의 저항이 아니라, 욕망에 대해 말함으로써 표상과 의미의 지배에 도전하는 데 있다.(Silverman 1988 : 124) 실버만의 생각은 탈脫성적인 어머니와 아이의 전前 오디이푸스적 연합이 상징계를 전복하는 힘으로 작용한다는 크리스테바의 아이디어와 대조적이다. 실버만은 크리스테바의 대안적인 이론을 '동성애적-모성적 환상'이라고 부르면서, 이른바 '부정적인' 오이디푸스 콤플렉스에서 리비도의 원천을 끌어온다.(Silverman 1988 : 125)

오이디푸스 콤플렉스는 소녀에게는 특별한 문제를 제공한다.

적어도 어머니가 소녀에게는 사랑의 첫 대상이기 때문이다. 소녀는 이것을 후에 아버지에 대한 충성으로 바꾼다. 아버지를 욕망하게 됨으로써 소녀는 여성성의 사회적 역할을 획득한다. 그러나 어머니에 대한 욕망과 아버지에 대한 욕망 사이에서 찢겨진 채 나머지 생을 살게 된다. 따라서 프로이트가 '부정적' 오이디푸스 콤플렉스를 아이가 동성의 부모를 사랑하게 되는 것으로 설명할 때, 이 콤플렉스가 소녀에게는 어머니를 향한(소년에게는 아버지를 향한) 성적인 학습이 사회적으로 용인될 수 없다는 의미에서 '부정적인' 것이 된다. 프로이트의 여성 계승자인 램플 드 그루트Jeanne Lampl-de Groot는 소녀가 훗날 동성애적인 경향으로 가는 기초를 놓으면서 그 사랑의 대상을 어머니에서 아버지로 바꾸기를 거부하는 순간에 대해 연구하기도 했다.

실버만의 언급에서 부정적 오이디푸스 콤플렉스는 전복적인 정치적 잠재력으로 들끓는다. 부정적 오이디푸스 콤플렉스에서 소녀는 수동성이라는, 사회적으로 구성된 여성적인 역할을 배우지 않기 때문이다. 실버만은 부정적 오이디푸스 콤플렉스를 딸의 정체성의 장소로, 그리고 아버지에 대한 전통적인 욕망에 반하는 어머니에 대한 욕망으로 보았다. 이 욕망은 직접적으로는 레즈비언의 섹슈얼리티에서, 더 넓게는 여성들의 유대에서 드러난다. 어느 쪽이든 '동성애적-모성적 환상성'이라는 아이디어는, 여성들의 연합과 남성으로부터의 분리를 수행하면서 페미니즘으로 가는 데 기초가 될 수정적인 환상으로서 제시된다.(Silverman 1988 : 125)

여성 저자

실버만은 "정체성의 추정, 욕망으로의 진입 혹은 대타자에 대한 환기 없이 목소리는 말할 수 없다"(Silverman 1988 : 162)라고 말했지만, 영화 작가라는 관점에서 여성의 목소리는 이외에도 영화산업 내부에 있는 불평등한 기회 등 다른 많은 요인들의 방해를 받는다. 영화의 창조적 시각은 흔히 감독에게서 나오는데, 잘 알려진 감독들은 대부분 남성이다. 이에 반해 여성들은 항상 장면 뒤에서 일하며, 종종 크레딧에도 실리지 못한다. 페미니스트 이론가들이 작가 개념, 특히 할리우드와 연계된 작가 개념에 종종 의문을 표하는 것도 놀라운 일이 아니다. 대다수의 할리우드 영화에서 작가 시스템은 여성의 목소리를 배제한다. 게다가 복잡한 언명 시스템은 어느 영화를 그 '작가'의 목소리로 만드는 데 방해가 되기도 한다.(Silverman 1988 : 209)

바르트의 〈저자의 죽음〉은 저자에 대한 심화된 질문을 갖게 하는 비판적 영향으로 이어졌다. 이 1968년 에세이에서 바르트는 기원으로서 그리고 텍스트 의미의 소유자로서 저자가 차지하는 위치에 도전하면서, 텍스트는 작가의 개인적 목소리로 창조되는 것이 아니라 담론이나 언어라는 비개인적인 힘으로 만들어진다고 주장했다. 바르트는 텍스트 '밖'에서 텍스트 의미의 초월적인 원천이 되는 전기적傳記的인 저자를 제거하고, 저자들을 텍스트의 기원으로서가 아니라 텍스트로 '만들어지는' 존재로서 텍스트의 '내부'에 재위치시켰다. 바르트는 저자의 죽음으로 텍스트의 수용과 의미에 대한 저자의 지배를 풀어 줌으로써 해방된 독자의 탄생을 제기한다.

실버만은 이러한 바르트의 이론에 대해, 바르트가 특히 남성으로 정의된 저자 개념의 죽음을 공표했다고 말한다. 그렇지만 이론적 담론 차원에서 바르트의 논의는 남성 편향적인 저자 개념만큼이나 여성 작가 목소리를 찾는 데 호의적이지 않았던 만큼, 누가 말하고 있는지에 대해서는 무관심했다. 이 논의를 받아들인 영화이론은 텍스트 분석에서 작가를 추방하고 담론으로서의 영화를 강조했고, 그 이후로 '누가 혹은 무엇을 말하는가' 하는 질문은 언명자로서의 영화적 기구apparatus에 대한 질문보다는 대개 카메라와의 동일시로써 '누가 혹은 무엇을 보고 있는가' 하는 질문으로 변환되었다. 작가에서 독자로 옮겨 간 변화와 나란히, 영화 분석은 어떻게 관객의 주체성이 텍스트 내부에서 구성되는지로 옮겨 갔다.

실버만은 비록 의미의 초월적인 원천으로서 작가를 복구할 의향이 없었지만, 누가 말하는지는 중요한 문제라고 주장했다. 여성 영화제작자가 작가의 위치에 오르지 못하는 것은 명백히 그들에게서 목소리와 저작의 권리를 빼앗는 것이며, 여성적 주체성이 영화 속에 기입되는 방식을 인식하지 못하게 만드는 것이다. 실버만은 작가로서의 감독이라는 개념을 살려 내어 감독 개념을 '그 혹은 그녀의 영화를 발화하는 사람들 중 하나'로 제안했다.(Silverman 1988 : 202) 실버만은 전기적인 작가 개념을 완전히 없애는 것은 원하지 않았기 때문에, 교묘하게 영화 '외부'의 작가가 영화 '내부'의 작가를 통해 표현된다고 말한다.

예컨대 히치콕이 종종 자기 영화에 카메오로 출현했던 것처럼, 작가는 영화 내부에 이미지 혹은 목소리로서 등장한다. 그러나 이러한 출현을 텍스트 '바깥'의 작가가 투명하게 구현되는 것으로 읽어서는 안 된다. 이는 영화 내부에서 텍스트의 기원 지점과 이상적으로 동일시되어 자기 자신을 구성하는 작가 주체로 읽어야 한다. 또한, 담론적 구성물로서 작가는 자기 영화와 관련한 다른 출판물과 인터뷰들도 포함한다. 실버만이 1988년 책에서 이를 명확히 언급하지는 않았지만, DVD 시대는 우리에게 다른 형태의 작가적 자기 해설을 제공한다. DVD에서 작동될 수 있는 작가의 보이스오버 해설이 그것이다.

또한, 감독은 자기를 대신하는 영화 속 허구적 인물과 동일시될 수 있다. 이러한 동일화는 영화 속 남성 인물과 강력하게 동일시되었던 이탈리아 여성 감독 릴리아나 카바니^{Liliana Cavani}의 경우가 그러하듯, 젠더의 경계를 가로지를 수도 있다. 그러나 이러한 동일시 양상이 어떠하든 젠더를 가로지르는 동일시의 욕망은 일단 '전기적인 작가의 전기적인 젠더'와 연결지어 "읽어야만 한다. 왜냐하면 여성이 여성의 목소리로 말하는 것은, 남성이 여성의 목소리로 말하는 것 그리고 반대로 여성이 남성의 목소리를 내는 것과 사회적으로 혹은 정치적으로 같지 않기 때문이다".(Silverman, 1988 : 217) 결국, 작가를 인용하는 것은 형식적 혹은 서사적 '이미지' 형식을 띠게 된다.(Silverman 1988 : 215)

작가의 작품 목록에 '리비도적인 일관성'을 부여하는 것은 "작가 '안에' 있는 텍스트" 혹은 정신분석학자 장 라플랑슈Jean Laplanche 와 퐁탈리스J-B. Pontalis가 말하는 '환상the fantasmatic'이다. 즉, 이는 꿈, 욕망의 대상과 동일시에 형태를 부여하면서 누군가의 삶을 총체적인 것으로 만드는 무의식적인 판타지 혹은 판타지들의 집합이다. 이것은 프로이트가 말하는 오이디푸스적 판타지의 주변을 회전하지만, 그 오이디푸스적 판타지들만으로는 한정되지 않는다. 왜냐하면 '환상'은 지속적으로 새로운 재료 속에서 움직이며 외부 세계의 새로운 영향에 열려 있기 때문이다.(1988 : 216)

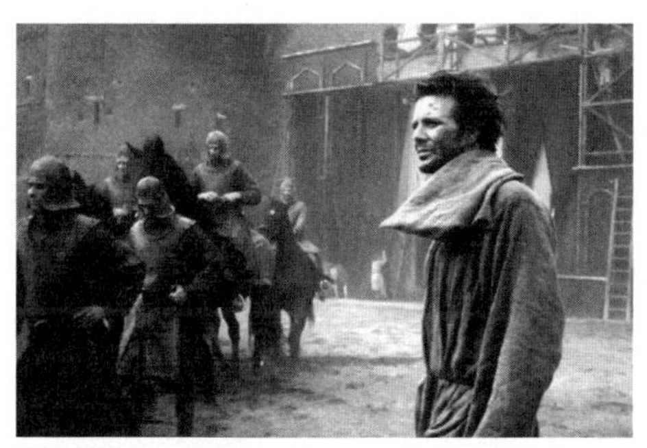
〈프란체스코Francesco〉

실버만은 다시 한 번 카바니의 예를 든다. 카바니의 영화는 반복적으로 옷 벗는 장면으로 돌아간다. 〈프란체스코Francesco〉(1989)에서 그녀는 아시시의 성 프란체스코 이야기를 들려준다. 프란체스코는 문자 그대로 한 장면에서 벌거벗은 채로 궁핍한 사람들을 돕고자 자신의 권력과 부와 특권을 포기한다. 실버만은 이 영화에서 권력에 '아니오'라고 말하는 남성적 주체성의 형식을 바로 카바니를 페미니스트 작가로 간주하게 하는 기호로 읽어낸다.

여성적 목소리는 왜 음향적 거울로 기능하는가?

이상으로 실버만의《음향적 거울》에 등장하는 '여성적 목소리' 개념을 살펴보았다. 고전 서사 영화에서 여성의 목소리는 단일하게 볼거리spectacle로서의 여성 육체에 매여 있으며, 남성의 목소리보다 동시성의 규칙에 더욱 강압적으로 사로잡혀 있다. 예컨대, 여성의 보이스오버는 남성 보이스오버처럼 디제시스 외부에서 몸을 갖지 않은 전지적 시점을 갖고 말하지 않는다. 실버만은 여성적 목소리가 남성 주체성으로부터 거부된 어떤 특성을 지닌 음향적 거울로서 기능한다고 말한다. 그러면서 여성적 혹은 모성적 육체를 전前상징적이며 억압된 여성적 언어의 원천으로 보는 이리가레이와 크리스테바 같은 프랑스 페미니스트 이론가들에게 이의를 제기한다.

이리가레이 등과 달리, 실버만은 여성적 언어를 상징적 질서의 내부에 위치시키려 한다. 실버만은 '동성애적-모성적 환상' 이론에서 여성적 주체성의 대안적 모델을 제안하면서 여성 저자 이론에 필요한 전략의 윤곽을 그린다.

4

테레사 드 로레티스 - 젠더 테크놀로지

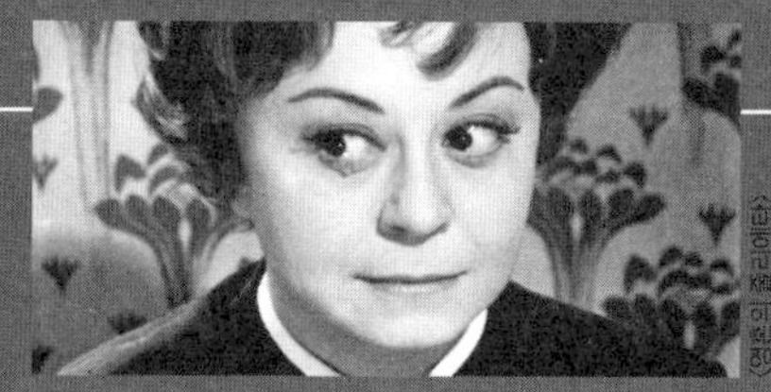

1987년에 발표한 기념비적인 에세이인 〈젠더 테크놀로지The Technology of Gender〉에서 테레사 드 로레티스Teresa de Lauretis는 성적 차이의 개념을 급진적으로 재고한다. 이 시점까지 페미니스트 이론은 대체로 성적 차이를 이분법적이고 비역사적이며 이성애적인 용어인 '여성'과 '남성'의 차이로 사고했다. 드 로레티스는 이를 뛰어넘어 여성들 '속에서' 혹은 '사이'에서 발견되는 사회적이며 성적인 차이들을 밝히고자 했다.

철학자이자 문화역사학자인 미셸 푸코의 이론을 원용하면서도 그의 남성 편향적인 작업에 비판적이었던 것처럼, 드 로레티스는 기호학과 정신분석학을 원용하면서도 기호학과 정신분석학 담론들에 비판적인 태도를 보였다. 그러나 〈젠더 테크놀로지〉에서 푸코로 전회하면서 현존하는 정신분석학적 페미니즘이 할 수 없었던 작업, 즉 역사적으로 특정한 개인으로서의 여성women과 상상적인 문화적 표상물로서의 여성Woman 사이의 위험하고 역설적인 관계 맺음을 밝힐 수 있었다.

이 장은 드 로레티스의 책 《앨리스는 하지 않는다Alice Doesn't》 (1984)와 《젠더 테크놀로지Technologies of Gender》(1987)에 초점을 맞추고, 다음 장에서 그녀의 또 다른 책 《사랑의 실천The Practice of Love》 (1994)을 살필 것이다. 이 두 개 장을 통해 드 로레티스의 작업들을 단순히 시간적 순서가 아닌, 그녀가 다룬 문학 혹은 영화 텍스트와 이론적 틀을 다양하게 조합하여 고찰함으로써 드 로레티스가 진행 중인 주제를 어떻게 지속적으로 수정하는지를 보여 줄 것이다. 예컨대 '젠더의 테크놀로지'가 드 로레티스의 이론적 이력의 중간쯤에 위치해 있기는 하지만, 이 개념을 담은 에세이가 《사랑의 실천》을 예고했듯이 이는 《앨리스는 하지 않는다》에 나타난 이전의 아이디어를 다시 논의하고 고쳐 쓴다.

드 로레티스 역시 자신의 작업 경향을 이와 비슷하게 설명한다. 그녀는 《젠더 테크놀로지》가 페미니즘에 대한 자각, 즉 급진적 다시 읽기일 뿐 아니라 급진적 다시 쓰기라는 점을 자각시킨다는 점에서 《앨리스는 하지 않는다》에서 발전한 것이라고 논평한다. (de Lauretis 1987 : xi) 이러한 다시 쓰기는 "상이하고 젠더화된 사회적 주체의 현전을 새기는 것이다". 이 말은 드 로레티스가 푸코와 프로이트 같은 남성 이론가들의 작업을 비정통적인 방식으로 다시 쓰는 원용 방식을 특징적으로 잘 보여 준다. 이 작업이 그녀의 페미니스트적 기획과 예상치 못하게 연결되고, 명백하게 이질적인 사상가들과도 유사한 점이 있음이 밝혀지면서 드 로레티스의 작업은 푸코와 프로이트의 페미니스트적 리메이크가 되고 말했다.

곧 이어지는 논문인 〈한복판의 게릴라, 1980년대의 여성영화 Guerrilla in the Midst : Women's Cinema in the 80s〉 (1990)에서도 드 로레티스는 비슷한 전략을 구사한다. 아방가르드 영화와 주류 영화 사이에 만들어진 기존의 대립 지점을 해체하고, 소위 주류적인 매개 안에서의 여성 욕망과 그 대행의 유동성을 제안한 것이다. 이러한 제안들은 모두 확실히 1980년대에 시작된 페미니스트 영화이론의 새로운 국면에 위치하면서, 단순히 지배 담론을 억압적으로 보기보다는 지배 담론 내부에서 여성적 권리대행agency을 되찾으려는 것이었다.

여성의 역설을 넘어서

되풀이해서 …… 그녀는 남성이 쓴 책 속에서 여성의 이미지를 보았다. 그녀는 두려움과 꿈을 보았고 아름답고 창백한 얼굴을 보았으며 키츠의 발라드 〈무정한 미인La Belle Dame Sans Merci〉을 보았고 줄리엣 혹은 테스 혹은 살로메를 보았다. 그러나 그녀가 발견할 수 없었던 것은 일에 몰두해 있으면서 단조롭고 고생스러운 일을 하고 있으며, 혼란스러워하며 때때로 영감을 받은 피조물, 즉 단어들을 조합하려고 애쓰며 책상 앞에 앉아 있는 그녀 자신이었다.(de Lauretis 1989 : 34n5에서 재인용)

에이드리언 리치Adrienne Rich의 에세이 〈죽은 우리가 깨어날 때 : 다시 쓰기로서의 글쓰기When We Dead Awaken : Writing as Re-Vision〉에서 발췌된 이 부분은 여성들이 어떻게 지배 문화 속에 존재해 있으면서 동시에 부재하는지를 깔끔하게 요약하고 있다. 드 로레티스의 말로는, 이러한 역설은 페미니스트 사상가가 풀어야 할 첫 번째 과업이다. 즉, '자주 언급되지만' '들리지 않는 존재이고', '구경거리로 전시되지만 표상되지 않는' 역설을 푸는 것이다.(de Lauretis 1989 : 26)

그러나 드 로레티스는 이러한 역설이 실은 '실재적 모순'에 기반하고 있다고 지적한다. 실재 사회적 존재로서의 여성women은 표상으로서의 '여성the Woman'과 다르다. 실재 존재로서의 여성은 경험적 것과 개념적 것 이 둘 사이에 '붙들려 있다'. 이러한 붙들림은 일상 수준에서 여성에게 일어나며 미디어와 광고 속의 '여성Woman'에 대한 문화적 판타지 속에 그들이 있고 그러한 이미지에 맞추어 살아가도록 기대된다.

이 문제는 드 로레티스가 《젠더 테크놀로지》에서 분석한 이탈리아 감독 페데리코 펠리니Federico Fellini의 영화 〈영혼의 줄리에타Juliet of Spirits〉(1965)에 압축적으로 드러나 있다. 줄리에타는 주부이며 그녀의 남편은 그녀에게 거의 관심을 갖지 않을뿐더러 잠꼬대로 자기가 사귀는 패션모델의 이름을 부른다. 영화 속 허구의 인물이지만 줄리에타는 실재적인 사회적 존재로서의 여성을 형상화한다고 할 수 있다. 이 인물은 실제로 감독인 펠리니의 아내인 줄리에타 마시나가 연기하는데, 그녀는 그 이름 자체로도 잘 알려진 영화배우이기도 해서 우리는 어느 정도 이 영화가 자전적인 영화라고 예상할 수 있다.

한편, 줄리에타의 '예쁜 이웃'인 수지(샌드라 밀로 분)라는 이름의 고급 창녀는 표상으로서의 여성Woman의 이미지, 즉 줄리에타가 욕망할 만한 아름다운 타자를 구현하는 인물이다. 영화 초반에 심령술사는 줄리에타에게 그녀가 남편에게 더욱 매력적인 사람이 된다면 문제를 해결할 수 있다고 말한다. 이후에 줄리에타가 보는 환각들, 즉 '영혼들'은 줄리에타에게 수지를 따라 하라고 가르친다. 사실, 줄리에타의 환각 속 영혼들은 꼭 수지처럼 보인다.(실제로 환각에 등장하는 한 인물은 수지 역을 맡은 샌드라 밀로가 연기한다.) 실제 줄리에타와 수지는 매우 대조적이다. 수지는 키가 크고 더 예쁘고, 줄리에타는 이런 수지를 닮으려 한다.

되풀이되는 또 다른 환각 속에서, 줄리에타는 처녀성을 유지하고자 선반 위에서 불에 타 스스로 순교하는 소녀를 본다. 이는 이탈리아 가톨릭 이미지의 레퍼토리에서 중요한 모티프이다. 줄리에타는 여성에 대한 문화적 표상, 즉 성녀와 창녀로서의 문화적 사이에서 갈등하는 문화적 표상에 사로잡혀 있다. 이 두 이미지는 끊임없이 문화, 가족, 종교, 판타지로 줄리에타를 사로잡고 제시된다.(de Lauretis 1987 : 100) 줄리에타는 실제 여성으로서의 여성women과 표상으로서의 여성Woman 사이의 모순이라는 덫에 걸려 있는 것이다. 표상으로서의 여성, 즉 'Woman'이라는 이미지는 사실 남성의 그림자일 뿐이다. 줄리에타의 판타지를 통해 우리는 펠리니 작품에서 강박적으로 반복되는 이미지들을 볼 수 있다. 환각 속의 '영혼들'은 그녀의 것이 아니라 남성의 것이었던 것이다.(de Lauretis 1987 : 104)

역사적으로 특정한 개인으로서의 여성women과 지배 담론으로 생산된 '여성the Woman' 사이의 비우연성을 밝히는 것은 드 로레티스의 영화 분석에서 매우 중요하다. 드 로레티스가 흔히 대문자 W를 써서 '여성Woman'이라고 쓸 때 이 여성은 허구적 구성물, 즉 수많은 서구의 지배적 문화 담론 속에서 증류된 것으로, 모든 여성이 갖고 있다고 생각되는 본질을 의미한다.(de Lauretis 1984 : 5) Woman이라는 관념 속에는 여성성의 관념, 즉 수수께끼, 적절한 여성됨, 본성

혹은 악함이라는 속성에 여
성을 담으려는 의도가 상당
히 내재해 있다. 반대로 소
문자 w를 쓰는 '여성women'
이라는 말 속에는 '아직 그
러한 담론적 형성물의 바깥
에서는 정의될 수 없으나 그
물질적 존재는 확실한 실재
역사적 존재'를 가리킨다.(de
Lauretis 1984 : 5)

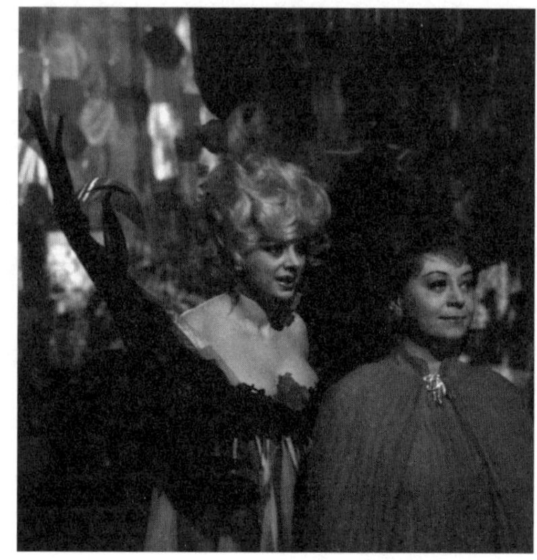

<영혼의 줄리에타Juliet of Spirits>

　　현재 부재하는 현존을
설명하고자 페미니스트 이
론은 성적 차이에 대해서, 남성과는 다른 여성의 차이에 초점을
맞추는 경향이 있다. 여성의 문화, 보살핌, 여성적 글쓰기, 여성성
(예컨대 3장에 나온 이리가레이와 크리스테바의 논쟁을 보라.)이라는 개념
을 통해 여성적 차이의 확실한 사례들을 찾았던 것이다. 그러나
드 로레티스는 이러한 경향은 가부장적 사회와 그 담론들 속에 이
미 끼워져 있는 남성과 여성의 개념적 대조 속에 페미니스트의 사
고를 가두는 것이라고 생각한다.(de Lauretis 1987 : 1) 이는 단순히 남성과
여성이라는 일반화된 관념들을 생산하거나 여성을 차이 그 자체
로 표상하게 하여 또다시 여성을 남성의 타자로서 일반화시키는
것이다. 또다시 이러한 일반화는 '원형적 본질'로서 여성을 그려
냄으로써 역사적 존재로서의 여성 사이의 혹은 그들 안의 차이들

에 대해 말할 가능성을 막아 버리는 것이다. 따라서 가부장적 담론들과 마찬가지로 그러한 페미니스트 담론들 안에서 실재 역사적 여성들, 즉 계급과 인종, 성적 관계들의 경험의 측면에서 서로 다르게 발생된 그들은, 표상으로서의 '여성' 사이에서 뭉뚱그려질 뿐이다.

이러한 드 로레티스 이론의 목적은 더 특별한 젠더화된 주체성의 형식을 밝히는 데 있다. 이를 위해 그녀는 이렇게 주장한다. "우리는 성적 차이에 묶여 있지 않은 젠더 개념, 즉 사실상 성적 차이와 동일한 의미가 되지 않는 젠더 개념이 필요하다."(de Lauretis 1987 : 2) 성적 차이라는 용어가 페미니스트 이론을 '남성'과 '여성'이라는 개념적 이분법에 가두어 버린다면, 정신분석학 자체도 마찬가지다. 정신분석학은 흔히 동일한 준거 내에서 여성을 인식하면서 여성을 남성과의 관계 속에서 정의한다. 드 로레티스는 이렇게 말한다. "바로 이러한 이유 때문에 정신분석학은 표상으로서의 여성과 역사적 실재로서의 여성이 갖고 있는 복잡하고 모순적인 관계에 대해 말하지도 않았고 말할 수도 없었다. 그 대신에 정신분석학은 이 관계를 역사적 실재 여성women=표상으로서의 여성 Woman=어머니Mother라는 단순한 등식으로 정의해 버린다."(de Lauretis 1987 : 20) 드 로레티스는 저서에서 바로 "젠더 이데올로기의 가장 뿌리 깊은 효과들 중 하나"를 강조하는데, 바로 이것을 언급하고자 그녀는 푸코의 이론으로 선회한다.

성의 테크놀로지

《감시와 처벌 : 감옥의 생Surveiller et punir : Naissance de la Prison》(1975)과 《성의 역사Histoire de la sexualité》 3부작에서, 푸코는 권력이 힘과 제도의 네트워크를 통해 사회 안에서 어떻게 실행되는지를 분석했다. 그의 스승인 마르크스주의자 이론가 알튀세르와 달리, 푸코는 정부와 경찰과 같은 국가기구보다는 권력의 지역적 형식에 초점을 맞춘다. 앎과 권력의 역사화된 형식을 제시함으로써 푸코는 현존하는 권력 시스템들이 필연적이거나 고정된 것이 아니라 거기에 저항할 수도 있고 혹은 그것이 변화할 수도 있다는 것을 보여준다. 푸코의 용어에서 핵심은, 거칠게는 '권력 시스템'을 의미하는 '담론discourse'이다. 푸코가 보기에 권력은 담론을 통해 작동하는데, 사회에는 수많은 권력 담론들이 있고 이 담론들은 개인들에 의해 내면화되어 개인들의 현실을 만든다.

1976년에 처음 간행된《성의 역사》 1권에서 푸코는 섹슈얼리티가 문화 속에서 담론적으로 구성된 것이라고 언급하면서, 섹슈얼리티가 '자연적'이며 사적인 문제라는 전래된 지식을 전복시킨다. 푸코는 또한 지난 300년간의 문화가 섹슈얼리티를 지하로 쫓아버렸다는, 정신분석학이 대중적으로 공유하고 있는 믿음, 즉 '억압 가설'을 반박한다.(Foucault 1998 : 10) 그는 오히려 종교적·과학적·법률적 제도들이 성에 관한 진실을 추출하면서 섹슈얼리티를 권력-앎의 대상으로 삼아 버렸고, 그 과정에서 제도들은 섹슈얼리티를 제한하지 않고 오히려 성적 담론의 풍성함을 야기했다고 분석한다. 즉, 각종 제도가 다양한 성적 행위들을 발견하고 번창하게 했던 것이다.

푸코의 섹슈얼리티 이론을 뒷받침하는 것은, 억압적이지 않으면서 한계와 금기 아래에 놓여 있지도 않으며 섹스와 쾌락을 거부하지도 않는 권력 개념이다. 푸코에 의하면, 억압으로서의 권력 개념은 오래된, 법으로서의 권력 개념으로 위계화된 방식 속에서 권한을 행사하며 중세 봉건영주 혹은 전제군주제에서 역사적으로 구현된 것이다. 푸코는 이러한 권력 개념이 아닌, 곳곳에 만연해 있으며 섹슈얼리티, 쾌락, 앎과 실행을 생산하는 것으로서의 권력을 생각한다. 권력은 긍정적인 것도 부정적인 것도 아니다. 그것은 저항을 포함하고 있다. 즉, "권력이 있는 곳에 저항이 있다".(Foucault 1998 : 95) 권력은 '밑에서부터' 오고 '무수한 지점'에서 온다.(1998 : 94) 저항은 권력 네트워크 속의 모든 지점에 존재한다.

여기서 푸코는 '성의 테크놀로지technology of sex'(1998 : 90)라는 개념을 제안한다. 성의 테크놀로지는 "궁극적으로는 성에 대한 욕망과 섹스를 생산하는 규제된 절차 혹은 테크닉들의 조합"으로 정의된다.(de Lauretis 1984 : 86) 푸코의 용어에서 '테크놀로지'란 권력의 담론들이다. 성의 테크놀로지는 국가의 이해관계를 뒷받침하는 담론을 통해 섹슈얼리티를 구성한다. 예컨대 18세기부터 약학, 교육학, 인구학, 경제학과 같은 테크닉들은 국가에 의해 승인된 '네 가지 앎의 대상', 즉 (1) 어린아이들의 섹슈얼리티 (2) 여성의 육체 (3) 부부의 생식 (4) 성적 일탈에 대한 담론들을 실행해 왔다. 이러한 담론들은 실제적으로 이 앎의 대상들을 개인과 가족과 제도에 이

식시킨다. 그 효과로 남성 혹은 여성, 정상과 일탈, 건강함과 병리학, 이성애와 동성애 등등의 문화적으로 특성화된 범주에 따라 성적인 주체로서의 주체가 생산된다.(de Lauretis 1994 : 286)

젠더 테크놀로지

푸코는 권력의 긍정적 효과와 억압적인 효과를 구별하지 못했다는 비판을 받아 왔다.(de Lauretis 1987 : 18) 드 로레티스 또한 성의 테크놀로지가 남성과 여성에게 서로 다른 호소력을 갖고 있다는 점을 푸코가 충분히 깨닫지 못했다고 생각한다. 그럼에도 불구하고, 드 로레티스는 광범위한 권력관계의 네트워크 속에 젠더를 재위치시키고자 권력의 담론과 테크놀로지에 대한 푸코의 이론을 활용한다. 푸코가 섹슈얼리티를 말했던 것처럼, 드 로레티스 역시 젠더는 인간에게 내재된 요소가 아니라 사회적 테크놀로지의 복잡한 생산물이라고 주장한다. 특히 젠더화된 주체성에 대해 푸코가 언급하지 않았음을 강조하면서, 드 로레티스는 젠더의 구성과 관련된 사회적 테크놀로지들을 '젠더 테크놀로지technologies of gender'라고 부른다.

드 로레티스는 '성적 차이sexual difference'라는 말보다 '젠더gender'라는 용어를 더 좋아하는데, 이 말이 현재 진행 중인 사회적 구성 과정을 더 잘 전달할 수 있기 때문이다. 드 로레티스의 관점에서 젠더는 특정한 '계급' 혹은 사회적 집단 내부에서, 그리고 다른 계급과 집단 개인들과의 상대적인 관계 속에서 그 위치를 부여하는 소속 관계를 표상한다. 성적 차이가 아닌 젠더는 물질적 조건들에 대한 남성과 여성 경험의 이질성을 전면에 내세우게 되는데, 그 물질적 조건은 바로 문화, 인종, 계급 등 여러 겹의 다른 관계들에 의해 현재 상황으로 구성된 것이다.(de Lauretis 1987 : 3-4) 즉, 사회의 젠더 테크놀로지를 언급함으로써 남성과 여성의 관련만이 아닌 다양한 권력 전략들과의 관련 속에서 남성과 여성을 탐구하게 한다.

젠더의 사회적 구성은 서식을 작성하는 평범한 차원에서도 발생한다. 예컨대 M과 F라고 표시된 박스가 있다고 하자. 대부분의 여성들은 F 박스에 자동적으로 표시할 것이다. 이것은 여성들이 공식적으로 스스로를 여성으로 표상하기 때문이다.(만약 어떤 남성이 F 박스에 표시를 한다면 이는 완전히 다른 함의를 띠게 될 것이다.) 여성들은 서류상 F에 표시해야 한다고 생각하지만, 사실 F가 그 자체를 여성들 위에 표시하는 것이고, F는 "젖은 실크 드레스처럼" 그들에게 찰싹 붙어 있다.(de Lauretis 1987 : 12) 우리는 알튀세르가 '이데올로기적 국가기구'라고 부른 미디어, 학교, 가족, 법정 속에서 젠더의 사회적 구성을 볼 수 있다. 이러한 제도들은 모두 젠더의 표상을 생산하고 홍보할 권력을 가진 담론들을 생산하고, 이것이 주체들에게 수락되고 내면화된다. 젠더의 이러한 테크놀로지들 중 하나가 바로 영화이다.

드 로레티스는 (알튀세르를 바꿔 말하면서) 젠더를 개별적 개인들을 남성과 여성으로 구성하는 기능을 가진 '이데올로기-테크놀로지적 생산물'로 설명한다.(de Lauretis 1987 : 6,21) 그러나 알튀세르와 달리,

그리고 푸코와 훨씬 유사하게, 드 로레티스는 권리대행과 자기 결정은 주체적이고 미시정치적인 일상의 차원에서 실천 가능하다고 믿는다. 주류 영화와 같은 강력한 사회적 테크놀로지들로 젠더 표상은 개인들에 의해 젠더가 내면화되고 구성되는 방식에 영향을 준다. 다른 한편으로, 젠더에 대한 우리의 개인적인 자가 표상 역시 더욱 광범위한 사회적 젠더 구성에 영향을 준다고 할 수 있다.(de Lauretis 1987 : 9)

따라서 미디어, 학교, 법정, 가족과 더불어, 드 로레티스는 헤게모니 담론의 경계 안에 있는 실천들을 논한다. 페미니즘을 포함하여 학계와 지식인 집단 내부의 급진적인 이론들과 아방가르드 실천들 또한 젠더의 테크놀로지다. '서로 다른 젠더 구성의 표현 방식들'은 이러한 미시정치적 실천들 내부에 기입되어 있다.(de Lauretis 1987 : 18) 페미니즘과 다른 급진적 이론 및 실천들은 그 자신의 젠더 표상을 재작업하고 생산하면서 젠더 (재)구성의 사회적 과정에 끼어든다. 지역적·주체적 차원 혹은 자기 표상의 차원에서 이 급진적 이론과 실천들은 지배적 표상에 대한 저항을 형성한다.

이 지점에 이르러서 드 로레티스는 이전의 책인 《앨리스는 하지 않는다》에서 처음 제기했던 문제를 다시 말할 수 있게 된다. 즉, '역사적 존재로서의 여성women 그리고 표상으로서의 여성Woman 사이의 지속적인 불일치'는 바로 우리 문화의 모순적인 논리로 인해 생겨났다. 그 모순적 논리란, 여성들이 바로 젠더 이데올로기의 안과 바깥에 모두 위치해 있는 우리의 문화적 상황이다. 젠더는 '표상의 효과'이면서 또한 '역사적 존재로서 여성들이 갖는 이론화되지 않은 경험'이기도 하다. 이 이론화되지 않은 경험은 표상의 이데올로기적 공간에 인정받지 못하기 때문에 이데올로기를 파열시킬 수 있는 경험이기도 하다.

역사적 존재로서의 여성들이, 이데올로기적 표상으로서의 젠더 내부로 접근해 들어가고 빠져나오는 것을 묘사하고자 드 로레티스는 영화적 유추를 사용한다. 즉, '스페이스 오프space-off'란 용어는 이 상황에 적합한 유추로, 프레임 안에서는 보이지 않지만 프레임을 근거로 추론할 수 있는 공간을 의미한다. 주류 영화에서는 스페이스 오프가 숏/리버스 숏과 같은 편집 기술로 자주 감춰지지만, 아방가르드 영화는 그 부재에 대해 논평하거나 스페이스 오프를 차지하는 카메라나 관객을 언급함으로써 스페이스 오프를 지시한다. 드 로레티스가 사용한 이러한 유추에서 남성 중심의 여성 표상은 프레임의 공간 안에 있는 반면에 역사적 존재로서의 여성은 프레임 바깥에 있다. 드 로레티스에 따르면, 페미니즘의 진행 중인 프로젝트는 '다른 곳', 즉 현재 문화 담론의 다른 곳, 즉 표상 공간의 스페이스 오프 혹은 사각지대에서 무엇이 보이는지를 정의하는 것이다.

여성영화 재고하기

영화이론가들은 내게 말한다. 내가 영화를 볼 때, 영화 속 인물의 응시는 곧 남성적이며 카메라 눈eye도 남성적이므로 내 시선 역시 여성의 것이 아니라고. 그러나 나는 이 말을 더 이상 믿지 않는다. 여성으로서 영화를 보는 것이 무엇인지 이제는 알고 있다고 생각하기 때문이다.(de Lauretis 1987 : 113)

'여성영화Women's cinema'는 수많은 각도에서 정의될 수 있다. 여성에 의한 영화, 여성을 위해 만든 영화, 여성을 다루는 영화 혹은 이 모든 것의 조합. 할리우드 버라이어티 쇼와 마찬가지로 〈영혼의 줄리에타〉는 표면적으로는, 여성의 관심을 다루는 여성영화의 한 종류이다. 〈여성영화 재고Rethinking Women's Cinema〉에서 드 로레티스는 여성영화를 여성에 의해 만들어진, 여성을 위한 영화라고 재정의한다. 이러한 영화는 관람자를 표상으로서의 여성이 아닌 한 여성으로 호명한다.(de Lauretis 1987 : 142) 여성영화는 "동일시의 모든 지점(인물, 이미지, 카메라)이 여성의 것, 여성적인 것 혹은 페미니스트적인 것인 영화로 정의한다".(de Lauretis 1987 : 133) 드 로레티스의 시각에서 이러한 호명 구조는 여성이 부정적으로 표상되는가 긍정적으로 표상되는가 하는 문제보다 훨씬 더 중요하다.

《젠더 테크놀로지》에 실린 다른 글인 〈응집성의 전략들 Strategies of Coherence〉은 실험적인 페미니스트 감독인 이본 레이너의 작품에 초점을 맞춘다. 이 글에서 드 로레티스는 이렇게 제안한다. 영화가 관람자의 실제 젠더와 상관없이 관람자를 여성으로 호명하는 의식적인 시도는, 이론화되지 않은 여성들의 경험인 '실재'를 담론적 텍스트로 불러들이는 것이다.(de Lauretis 1987 : 119) 즉, 여성영화는 실재 존재로서의 여성을 사회적 존재로서 보여 준다. 그것은 여성들 사이의 차이, 즉 인종과 계급, 나이와 섹슈얼리티의 다양한 국면들을 인식함으로써 가능하다.

또 다른 예로, 드 로레티스는 리지 보든Lizzie Borden의 〈불꽃 속에서 태어나다Born in Flames〉(1983)을 제시한다. 서로 다른 계급 출신 여성들을 묘사하면서 페미니스트 저항 속에서 힘을 합치는 하위문화를 그리는 이 영화는, 차이를 한쪽으로 치워 놓는 것이 아니라 차이를 인정함으로써 관객들을 "젠더 상의 여성으로서 그리고 다중적이며 이질적인 인종과 계급으로서" 호명한다.(de Lauretis 1987 : 144) 이러한 호명은 자신의 개별적인 정체성에 기반한 일대일의 동일시(스크린 밖의 흑인 여성이 스크린 안의 흑인 여성과 동일시한다는 식의)가 아니라, 더욱 복잡한 종류의 동일시를 형성하고 여성들의 정체성을 그들의 다중적인 사회적-역사적 특수성 속에서 생각하게 한다.

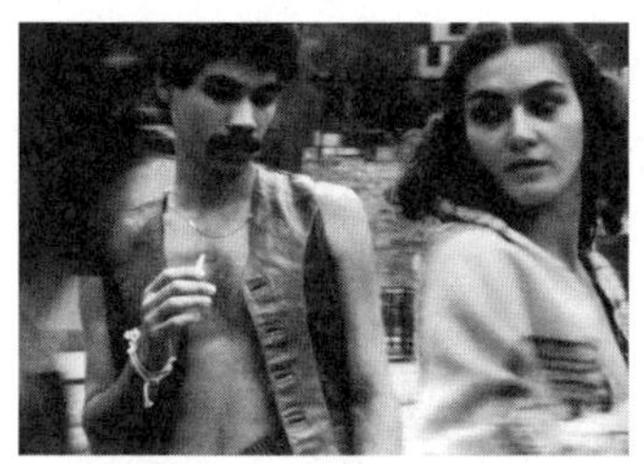

〈불꽃 속에서 태어나다Born in Flames〉

그러나 드 로레티스는 이러한 관람의 문제 이외에도 여성의 영화가 그 서사 전략의 관점에서도 논의될 수 있다고 말한다. 서사는 핵심적인 젠더의 테크놀로지이다. 페미니스트들과는 다른 급진적인 실천가, 이론가들은 서사를 잘못된 이데올로기적 결말의 종결로 간주하면서 서사에 회의적인 것으로 알려져 왔다. 예컨대 초기 페미니스트 영화는 형식적 실험을 선호하면서 서사를 삼갔다. 그러나 관객으로서 혹은 영화제작자로서 여성들은 모두 서사에 마음이 끌린다. 한때 서사를 회피했던 영화제작자는 레이너가 〈어느 여성에 관한 영화〉(1974)에서 그랬던 것처럼 나중에 서사로 다시 회귀한다. 서사의 종결은 단지 고전 할리우드 영화에서나 확정적인 형식일 뿐인, 실은 가변적인 자질이라고 드 로레티스는 말한다. 이보다 드 로레티스에게 더욱 중요한 것은, 서사가 응집성의 메커니즘, 즉 의미의 메커니즘이라는 사실이다. 드 로레티스는 "응집성의 또 다른 형식을 구성하고 표상의 언어를 바꾸기 위해, 그리고 다른 주체, 즉 젠더화된 사회적 주체를 표상할 수 있는 조건을 만들기 위한" 전략적 서사 전개를 주장한다.(de Lauretis 1987 : 109)

《젠더 테크놀로지》의 실린 글들에서 '여성영화'란 용어는 일반적으로 이본 레이너나 샹탈 애커만과 같은 여성 감독들의 아방가르드한 실천을 지칭한다. 이후의 글인 〈한복판의 게릴라〉에서 드 로레티스는 미국 주류 영화들을 고찰하면서 '여성영화가 여전히 대안적 실천인가'라는 질문을 던진다. 여기에 긍정하는 대답을 하면서 드 로레티스는 항상 아방가르드 영화나 독립영화만이 여성영화로서의 특권을 갖는 것이 아니라 독립영화와 주류 영화, 아방가르드 영화와 서사 영화의 경계를 가로지르는 영화로 여성영화를 재정의한다.

여성영화에 관해서 내가 대안적 영화라고 부른 영화는 현재적 문제와 연관되어 있는 영화이다. 즉, 여성영화는 실질적으로 지역적 차원에서 페미니스트 공동체가 처해 있는 실제 문제들과 연관되어 있다. 여성영화는 비록 세계적으로 알려져 있지만 여러 국가에 걸친, 보편적인 관객을 상정하는 영화가 아니며 투쟁과 비상사태라는 특별한 역사 속에서 특별한 한 사람을 호명하고 있는 영화이다.(de Lauretis 1990 : 17)

'게릴라 영화guerrilla cinema'라고 하는 이러한 프로젝트는 "서사와 함께 혹은 서사에 대항하여 작업하는" 것이다. 이 주제는 《앨리스는 하지 않는다》에서 최초로 다룬 바가 있다.(de Lauretis 1990 : 9)

서사에서의 욕망

《민담 형태론Morphology of the Folktale》(1928)에서 러시아 형식주의자인 블라디미르 프롭Vladimir Propp(1895~1970)은 모든 민담은 기능과 역할이 고정된 레퍼토리에 토대를 둔 변형이라고 논하면서 전 세계의 민담 형식을 탐구한 바 있다. 프롭은 동일한 서사 목표에 기여하는 서로 다른 인물들의 일곱 가지 역할(영웅, 적, 기증자, 조력자, 공주, 공주의 아버지, 파견자)과 '영웅이 집을 떠나 탐험을 시작하고, 어려운 일에 직면하며 결혼을 하고 왕위를 물려받는' 이야기에서 서사를 진행시키는 31가지 기능들을 밝혔다. 모든 기능과 역할이 모든 이야기에서 나타나는 것은 아니지만 이에 의존하지 않는 이야기는 없다.

프롭의 이론은 구조주의 서사론자들에게 영향력 있는 모델을 제공했다. 구조주의 서사론자들은 오이디푸스 신화가 서구 서사의 기초가 되고 있다고 주장한다. 《앨리스는 하지 않는다》에서 드 로레티스는 서사 구조는 오이디푸스적 욕망에 지배되고 있다는 비슷한 주장을 하지만, 서사론자들과 달리 오디스푸스적 욕망은 보편적으로 주어진 것이 아니라 오이디푸스 신화를 서사 안에 위치시킨 특별한 사회-역사적 환경의 결과라고 본다. 이에 대해 드로레티스는 비교적 덜 알려진 프롭의 글 〈민속에 비추어 본 오이디푸스Oedipus in the Light of Folklore〉를 인용한다.

이 글에서 프롭은 오이디푸스 신화는 더 넓은 범위의 사회적 이행移行, 즉 모계 가부장제에서 직접적인 부계 가부장제로의 변화를 구현한다고 주장한다. 모계 가부장제의 사회적 질서에서는 권력이 왕에게서 왕의 딸인 공주와 결혼한 사위에게로 내려왔다. 그러나 이후 바뀐 사회질서에서는 새로운 왕이 늙은 왕을 죽였음을 암시하는 부친 살해라는 새로운 민담적 주제가 생산되면서, 권력이 왕에게서 직접 아들에게로 이어지게 되었다. 오이디푸스 신화는 새로운 시대 속에 뒤섞인 구시대의 요소들과 함께 트라우마적인 이행을 형상화한다. 예컨대 공주의 역할은 영웅에게는 어려운 작업 혹은 수수께끼를 제기했지만, 오이디푸스 신화에서는 영웅이 테베에 도착했을 때 영웅의 길을 가로막고 서 있는 스핑크스의 역할로 축소된다.(de Lauretis 1984 : 115 재인용) 스핑크스는 그가 넘어야만 하는 공간이고, 영웅은 스핑크스의 수수께끼를 해결함으로써 스핑크스를 넘어선다. "하나의 목소리로 말하고 아침에는 네 다리로 걷다가, 정오에는 두 다리로 저녁에는 세 개의 다리로 걷는 것, 그리고 가장 많은 다리를 가졌을 때 가장 약한 것은 무엇인가?" 오이디푸스는 '남자'라고 대답한다. 이에 대한 보상으로 테베의 시민들은 그를 왕으로 추대하고 왕비와 결혼시킨다.

드 로레티스는 이러한 오이디푸스적 구조들을 주류 서사 영화와 연결시킨다. 많은 영화들이 '다른 공간'을 꿰뚫고 경계를 넘어서는 여행을 하는 남성 영웅을 형상화함으로써 오이디푸스적 궤적을 따른다.(de Lauretis 1984 : 119) 이 영웅은 '문화의 동적 원리'다. 이에 반해 여성은 이 남성 영웅의 욕망의 대상 혹은 횡단해야 하는 장애물이며, 문화적으로 '플롯 공간, 반복되는 모티프, 저항, 모체, 문제라는 요소'로 코드화된다.(de Lauretis 1984 : 119)

전형적인 할리우드 로맨스의 서사 궤도 속에서 예컨대, 동적인 남성 주체는 주저하는 여성 대상을 정복한다. 수많은 서사들은 풀어야 하는 수수께끼나 수사의 형식을 취한다. 이 서사들은 남성 욕망에 의해 구성되는데, 그것은 서사 수수께끼를 표상하는 것이 바로 여성이기 때문이다. 느와르 영화의 팜므 파탈을 떠올려 보라. 오이디푸스 신화에서 오이디푸스에게 수수께끼를 던지는 것은 스핑크스이다. 우리는 수수께끼가 풀린 후에 스핑크스가 자살했다는 것 이외에 스핑크스에게 어떤 일이 일어났는지 알지 못한다. 여성성의 '수수께끼'를 탐구하던 프로이트와 마찬가지로, 문제는 남성 앞에 놓이고, 탐구는 알고자 하는 남성의 욕망으로 동기화된다. 결국 수수께끼에 대한 오이디푸스의 답은 '남자'였다. 오이디푸스는 여성에 대해 말하지 않는다. 질문이 만약 여성이 가장 욕망하는 것이 무엇인가였더라도 여성들이 자기 자신에게 질문하거나 자신의 욕망을 표명하도록 허락되지 않는다.

그 대신에 여성은 영웅을 기다리는 동화 속 잠자는 숲 속의 미녀처럼, 여행의 목적에 위치한다. 영웅은 그녀를 구조하고 '영원히 행복하게' 산다.(de Lauretis 1984 : 133) 여성 주체가 서사 종결의 형상이라는 점은 이 서사들이 남성의 오이디푸스적 궤도임을 확신하게 한다. 오이디푸스 콤플렉스는, 어린 소년이 어머니 같은 누군가와 아버지의 위치를 차지하겠다고 약속함으로써 아버지의 권위를 받아들이는 것으로 결론 난다. 오이디푸스적 계약은 따라서 소년으로 하여금 스스로를 아버지와 동일시하게 하고 어머니를 대상화하게 함으로써 (가부장적) 사회의 안정을 위한 초석을 놓는 것이다.

그럼에도 불구하고 드 로레티스는 서사와 시각적 쾌락이 단순히 지배적인 코드에 속해 있으면서 억압적 기능만을 하는 것은 아니라고 주장한다. 영화에서의 동일시는 세 개의 등록과 함께 일어난다. 그것은 시선, 서사, 소리이다. 이 세 가지를 탐색할 때, 여성 욕망과 동일시할 수 있는 공간을 찾을 수 있다. 여기에서 드 로레티스는 여성 오이디푸스적 궤도를 언급한다. 소년과 마찬가지로 소녀의 첫사랑은 어머니다. 프로이트는 전前 오이디푸스적 단계를 어린 소녀의 '남성적 단계'로 묘사한다. 이것이 가능한 것은 소녀의 리비도가 설정한 동적인 목적 때문이다. 이러한 능동성은 오이디푸스 콤플렉스 기간에 소녀가 여성성으로 입문하는 의식을 치르면서 발전시키는 수동성과는 대조적이다. 이성애의 사회적·교훈적 요구에 직면해서 소녀는 어머니에 대한 욕망을 포기하지만, 이 욕망은 무의식적 혹은 의식적으로 양성적인 성향과 (남성적 그리고 여성적) 혼란스러운 동일시 양식 그리고 이후 삶에서 대상에 대한 선택을 이끌면서 동적인 상태로 남아 있다. 이 모든 것

들로 인해, 가부장제에 의해 승인된 수동적인 '여성적인' 정체성이
란 획득하기에 어렵고 불안정하다.

드 로레티스는 관객들 안에 존재하는 '성적 분화'는, 영화적 동
일시가 남성적인 것이라는 멀비와 다른 영화이론가들에 대한 도
전이라고 생각한다. "시선의 동일시를 남성성에 연결하고 이미지
와의 동일시를 여성성에 연결하는 비유는, 남성성과 여성성 양자
를 오가는 관객을 떠올릴 때 정확히 실패하게 된다."(de Lauretis 1984 :
142-3) 이와 관련해 드 로레티스는 '또한/혹은'이라는 영화적 동일시
모델을 제안한다. 이 동일시 속에서 여성 관객은 욕망하는 이중적
지위에서 이득을 얻는다. 드 로레티스는 동일시의 두 조합을 제시
하면서, 그중 하나만 영화이론에서 인식되었다고 주장한다. 그러
나 남성적인 것으로서의 응시(카메라와 남성 인물의 시선)를 통한 동
적인 동일시, 이미지와의 수동적인 여성적 동일시 이외에 또 다른
형태의 동일시가 존재한다. 또 다른 형태의 동일시는 "신화적 주
체인 서사를 진행시키는 인물과 서사의 이미지이자 서사의 종결
이 되는 인물과의 이중적인 동일시"다.(de Lauretis 1984 : 144) 이러한 인물
서사의 이중적 동일시는 서사 흐름 속에 주체를 고정시키며, 여성
관객이 욕망에 관해서 동적인 그리고 수동적인 지위를 동시에 점
유하도록 만든다. 여성 관객은 이중적으로 욕망하는 관객이다. 그
들의 욕망은 "다른 이들을 향한 욕망이면서 동시에 다른 이들에
의해 욕망되고자 하는 욕망이다".(de Lauretis 1984 : 143)

여성적 오이디푸스의 궤도는 영화에서 드물게 표상되지만, 규
칙적으로 여성적 오이디푸스의 궤도를 잘 보여 주는 고전적 장르

는 바로 상업적인 여성영화이다. 이 영화들은 확실히 여성적 시점
으로 여성 관객들을 끌어모으도록 설계되었다. 예컨대 히치콕의
〈레베카Rebecca〉(1940)에서 조앤 폰테인이 연기하는 여성 주인공은
이름 없이 등장한다. 그녀는 여성 오이디푸스 콤플렉스와 관련된
욕망의 두 가지 위치를 번갈아 차지한다. 아버지, 즉 그녀의 남편
이 되는 맥심 드 윈터에 대한 욕망, 그
리고 어머니, 즉 죽은 전처인 레베카 드
윈터 부인으로 그녀의 라이벌이자 그
녀 자신의 이미지인 레베카에 대한 욕
망이 그것이다. 전처인 레베카와의 동
일시는 이름 없이 등장하는 여주인공
이 조상의 초상화 속 의상을 무도회 의

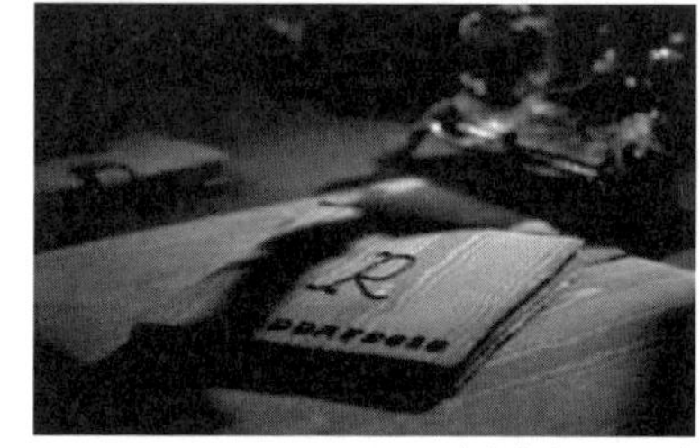

〈레베카Rebecca〉

상으로 모방하는 장면, 그리고 미장센 곳곳에 흩어져 있는 레베카
의 이니셜이 새겨진 많은 물건들로 암시된다.

　　레베카의 아름다움과 재치, 훌륭한 매너는 표상으로서의 여성
이미지를 구현한다. 그런데 이 이미지는 남성 욕망의 대상으로서
만 형상화되지 않는다. 더 결정적으로 이 이미지는 "여성이 적극
적으로 욕망하는 대상과 지위, 즉 여주인공이 욕망하는 것뿐만 아
니라 가정부가 욕망하는 것이기도 한 지위와 대상"을 표시한다.
레베카를 존경했던 가정부 댄버스 부인은 레베카의 위치를 차지
한 여주인공을 질투한다.(de Lauretis 1984 : 152) 레베카의 초상은 단지 모
든 여성을 표상물로서의 여성으로 축소시키는 이데올로기적 과정
을 통해 관람자들이 열망하는 이미지를 전시하는 것만이 아니다.

또한 "영화의 서사는 여주인공이 레베카를 자신과 동일시하게 하고, 이러한 여주인공을 통해 관객이 단일한 이미지와 동일시하게 만든 뒤에 이를 해제하면서 문제적으로 만든다".(de Lauretis 1984 : 153) 실은 레베카는 매력적이기는 하지만 부정한 여자였고, 여주인공은 남편 맥심이 레베카를 사랑하지 않았고 오히려 증오했음을 알게 된다.

따라서 이 영화는 여성 욕망을 표현하기는 하지만, 드 로레티스가 "영화는 오이디푸스를 위해 작동한다"고 설명했듯이 여주인공은 '여성성'과 '남성성' 사이의 진동을 끝내고 남성의 편에 서서 여성을 위한 욕망을 없애면서, 레베카/어머니를 없애고 아버지와 결혼해야만 한다. 여주인공은 오이디푸스적 시나리오 속의 어린 소녀처럼 레베카에 대한 욕망(그리고 사악한 대리모인 댄버스 부인에 대한 욕망)을 포기해야만 하고, 자신의 여성성(혹은 자신의 거세)을 인정하면서, 그녀에게서 여성성을 이끌어 낼 아버지로 욕망의 대상을 바꾸어야만 한다. 바로 이러한 과정을 통해 어린 소녀 그리고 여성 관객은 강제적으로 합의를 이루고 여성성으로 유도된다. 결국 〈레베카〉는 규약적인 오이디푸스적 타결을 제시한다. 맥심은 영지인 만달레이로 돌아와서, 댄버스 부인이 불에 타 죽고 그가 한때 '아이'라고 불렀던 여주인공이 성숙한 여성이 되어 자신을 기다리고 있다는 사실을 알게 된다. 여기에서 중요한 것은 단지 표상으로서의 여성 이미지가 아니라 여주인공의 서사 이미지다. 여행을 마친 오이디푸스는 그녀가 그 지점에 없다는 걸 알게 되면 또 다른 여성을 찾을 것이다. 이것이 바로 맥심이 레베카의 대체물로

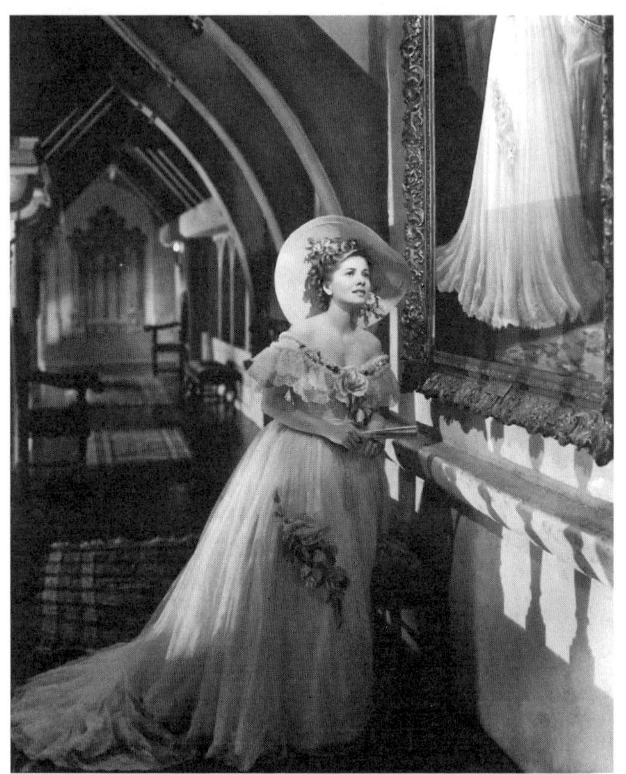

〈레베카〉

서 또 다른 드 윈터 부인, 그에게 더욱 '진실한' 드 윈터 부인을 찾
으려고 한 이유이다.

　가부장제적 이데올로기는 여성들의 이중적인 욕망을 허용하
지 않는다. 따라서 그러한 이중적인 욕망이 주류 영화 속에 기입
될 때마다, 그 이중적인 욕망은 영화의 결말에서 여성의 파멸 혹
은 재영토화(그녀는 죽거나 혹은 결혼해야 한다)로 갈등이 타결되면서
불가능한 것이나 혹은 속임수로 표상되어야만 한다. 드 로레티스
는 이후의 책인 《사랑의 실천》에서 여성 주인공이 죽거나 결혼하
지 않고 다른 여성(경쟁자가 아닌 동성 연인)과 함께 도주하는 여성 독
립영화나 아방가르드 영화를 주류 영화와 대조시켰다. 《앨리스는
하지 않는다》에서 드 로레티스는 페미니스트 영화 작업이 여성
욕망의 이중성을 타결하지 않고 오히려 전경화한다고 주장하면
서, 오이디푸스적 시각으로 서사와 의미 그리고 쾌락이 구성되는
방식을 전복시켜야 한다고 주장한다. 이 방식은 안티 오이디푸스
콤플렉스적인 것이 아니라, 그 시나리오 안에서 여성 주체의 특별
한 모순을 강조하면서 "짐짓 오이디푸스 콤플렉스가 되는 것"이
다. (de Lauretis 1984 : 157)

women과 Woman은 어떻게 다른가?

이 장에서는 주로 드 로레티스가 말하는 역사적 주체로서의 여성
women과 문화적 표상으로서의 여성Woman 사이의 모순을 다루었

다. 다양한 사회적 권력관계로서 젠더를 다루고자 푸코의 이론을 차용하여, 드 로레티스는 1970년대와 1980년대 페미니스트 영화이론의 교착 상태를 타개하고자 했다. 1970~80년대 페미니스트 영화이론가들이 빠진 문제점은, 정신분석학적 개념에 의존하여 남성과 여성을 일반화하는 방식으로 대비시킨 것이었다.

이를 타개하고자 드 로레티스가 고안한 '젠더 테크놀로지' 개념은, 추상적인 표현으로서의 '여성Woman'과 특정한 사회-역사적인 환경에서 서로 다르게 발생한 여성women을 구별하려고 했다. 드 로레티스는 이러한 이론으로 지배적인 이론과 서사 담론의 다시 읽기와 다시 쓰기를 제공했다.

또한 드 로레티스는 페미니즘과 젠더 이론 역시 젠더 테크놀로지라고 언급하면서 '이론화되지 않은 여성 경험', 즉 현재 문화 담론의 사각지대를 포함하는 '다른 곳'을 봄으로써 또 다른 젠더를 구성할 수 있는 가능성을 제기했다. 드 로레티스는 서사를 통해서나 서사에 맞서는 방식을, 여성 주체가 점한 이중적인 욕망의 지위를 강조하는 페미니스트 영화제작의 전략으로 제시한다.

5

동성애적 욕망

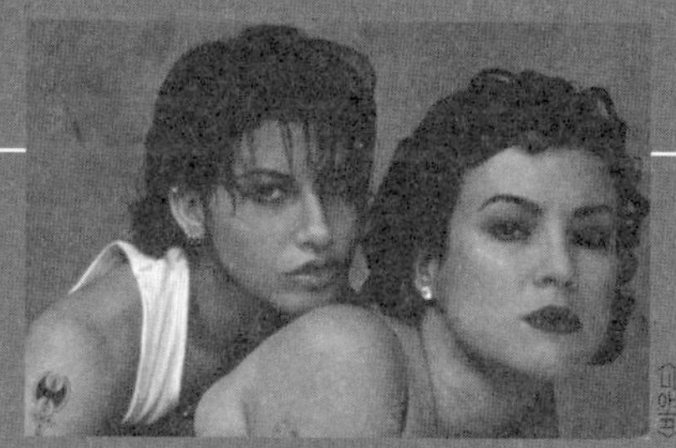

오늘날까지도 영어 단어 '퀴어queer'라는 말은 듣는 이로 하여금 많은 질문을 갖게 한다. 누가 '퀴어(동성애자)'인가? '이성애자'가 '동성애자'가 될 수 있을까? 사전적 정의로서 영어 단어 '퀴어'는 남성 동성애라는 의미 이외에도 '기이하다'는 의미를 갖고 있다.

드 로레티스는 1990년 샌터크루즈의 캘리포니아 대학에서 열린 학술대회 제목에 쓰려고 '퀴어 이론queer theory'이라는 문구를 만들었다. 이 문구는 역동적이며 예측할 수 없는 욕망의 속성을 강조하고, 현재의 안정감을 뒤흔들면서 '정상적인' 것은 무엇인지를 묻고 있다. 드 로레티스는 그로부터 1년 후 잡지《차이들Differences》의 '퀴어 이론' 특집호에 외부 편집자로 참여하기도 했다. 1980,90년대 드 로레티스의 작업은 대부분의 영화이론이 페미니스트의 이성애자적 가정을 토대로 이루어졌음을 전면적으로 비판하면서, 레즈비언 관객과 퀴어 연구의 초석을 놓는다.

이 장에서는 드 로레티스의 책《사랑의 실천The Practice of Love》에서 언급된 레즈비언 욕망에 대한 상세한 이론에 초점을 맞춘다. 《사랑의 실천》은 '퀴어 이론'에 기여한 드 로레티스의 맥락 안에서 레즈비언 영화와 그 문화적 실천을 실증한 저작이다.

'퀴어'는 한때 경멸적이고 동성애에 대한 혐오를 담은 단어였다. 이 단어의 희생자들은 1980년대 후반 이 단어를 자율권을 가진 용어로 되돌려 달라고 요구한 바 있다. 오늘날의 퀴어 개념은, 특히 젠더 이론가 주디스 버틀러Judith Butler(1956~)의 작업에 따르면, 레즈비언(L), 양성애자(B), 게이(G), 성전환자(T)(L-B-G-T)의 행위와 정체성 그리고 문화의 다양한 영역을 포괄하는 상위 개념이다. 이들의 동맹 관계는 1980년대 후반 서구에 불어닥친 에이즈 위기와, 이에 동반하여 모든 퀴어들에게 영향을 미친 동성애 혐오라는 절박한 시대적 흐름 속에서 형성되었다.

'퀴어 이론'이라는 문구를 만들면서 드 로레티스는, 게이와 레즈비언의 섹슈얼리티를 "단순히 또 다른 선택적인 '삶의 스타일'"로 제시하는 대중매체는 물론이고 지배적인 동성애 패러다임이 의문시되고 재고되기를 바랐다. 지배적인 동성애 패러다임에는 동성애를 자손을 생산하는 이성애에서 부자연스럽게 벗어난 일탈로 가두는 임상적인 그리고 제도적인 담론들이 포함된다.(de Lauretis 1991a : iii) 드 로레티스는 현대의 게이와 레즈비언의 섹슈얼리티에 관한 논의가 "그들의 권리 속에서 새로운 사회적 · 문화적 형식"으로 만들어질 수 있도록 새로운 정치적 공조가 이루어지기를 바랐다. 이러한 정치적 공조는 인종, 젠더, 세대, 계급의 다중적인 차이를 통해 이질적인 사회–역사적 맥락 속에서 성립되며, 성과 젠더의 경계선을 넘어선 차이와 동일시 위에 세워지기 때문에, 퀴어 이론은 비판적 대화들을 통해 공통의 투쟁에 존재하는 이해관계는 물론이고 개별 역사의 특수성과 편파성을 더 잘 이해할 수 있게 한다.(de Lauretis 1991a :xi)

이러한 맥락에서 '퀴어'는 낡은 딱지들, 즉 '임상적인' 혹은 경멸적인 단어로 레즈비언과 게이들이 거부했던 '동성애', 그리고 '레즈비언과 게이lesbian and gay'라는 단어를 대체할 목적으로 만들어졌다. '레즈비언과 게이'는 동성애 권리운동의 맥락에서 만들어진 것으로, 두 단어가 결합됨으로써 의미상의 차이는 있지만 일상적인 용법에서는 이러한 차이가 무마되어 사용되었다. 퀴어 이론은 또한 게이 혹은 레즈비언 경험의 특별함이 게이 혹은 레즈비언 작가나 감독으로 하여금 그들의 텍스트 속에 자신들의 인생관을 표현하게 한다는 게이 레즈비언 비평의 가정에서 벗어나 있다. 그 대신에 퀴어 이론은 레즈비언 게이 섹슈얼리티의 사회적 구성을 강조한다. 드 로레티스는 레즈비언의 욕망은 레즈비언으로 미리 정의된 사람들만의 것은 아니기 때문에, 레즈비언의 표현이라는 말보다는 그들의 예술 속에 결과적으로 표현된 레즈비언 표상이라는 말을 더 선호한다.

본질주의자, 즉 보편적인 혹은 초역사적인 성적 '정체성' 개념에 대해 퀴어 이론이 제기하는 의문은 포스트구조주의자, 특히 푸코의 《성의 역사》에서 영향 받은 것이다. 이 책에서 푸코는 근대에 들어서 의학적·법학적 그리고 여타 담론들이 성적 정체성의 풍성함과 증식을 처음으로 만들기 시작했다고 말한다. 이렇게 조장된 담론이 개개인에게 침투되어 다양성을 강화시키면서 섹슈얼리티를 억압하지 않고 오히려 섹슈얼리티를 불러일으킨다.(Foucault 1998 : 37) '동성애'는 예컨대 19세기 의학 담론으로 고안되었고, 1870년 독일 논문에 처음 등장했다.(Foucault 1998 : 43) '동성애적'이라는 용어는 이전에는 단지 어떤 일련의 행위(남색)로만 알려진 것을 대체하면서 성적 정체성을 지시하기 시작했다. 이러한 관점에서 보면 동성애는 지식의 범주이며 고정된 실재가 아닌, 사회 속에서 담론적으로 구성된 것이다.

빅토리아 여왕이 레즈비언이 실제로 존재한다고 믿지 않았기 때문에 레즈비언을 불법으로 만들 필요가 없다고 생각했다는 점은 자주 언급되는 사실이다. 또한 푸코는 남성 동성애의 측면에서 여성 동성애의 사회적 구성을 간과하기도 했다.(푸코 자신이 게이이기도 했다.) 레즈비언 표상은 역사적으로 여성의 문화가 일반적으로 더 잘 드러나지 않았기 때문에 비가시성과 결부되어 왔던 것이다. 이러한 점들을 드 로레티스는 퀴어 이론에서 언급했다.

그러나 오늘날의 포스트모던한 미디어 속에서 이러한 (비)가시성의 문제 역시 변화되었다. 영화제작자는 '레즈비언의 멋'이 가진 상업적 잠재력과 주류 관객을 끌어들일 가능성을 깨달았다. 이전에 레즈비언 표상이 부족했던 것과 비교해 보면, 1980년대부터는 영화 속에서 '진정한' 폭발적 증가가 일어나기 시작했다. 그렇다고 하더라도 영화에서 레즈비언 표상을 드러낸 영화로는 〈데저트 하츠Desert Hearts〉(1985), 〈고 피쉬Go Fish〉(1994), 〈천상의 피조물Heavenly Creatures〉(1994), 〈바운드Bound〉(1996), 〈멀홀랜드 드라이브 Mulholland Drive〉(2001) 등 제목을 댈 수 있는 것이 몇 개뿐이다. 이에 비해 〈엘런Ellen〉(1994~1998), 〈티핑 더 벨벳Tipping the Velvet〉(2002), 〈엘 워드The L-word〉(2004), 〈슈가 러시Sugar Rush〉(2005) 등의 TV 시리즈는 텔레비전에서의 레즈비언 지분이 급증했음을 증명한다. 그런데 이런 유의 가시화는 다름 아닌 이성애자 남성을 자극하는 목적에 복무한다. 드 로레티스는, 꼭 그러한 결과로 이어지는 것은 아니지만 일상적으로 레즈비언 인물들이 유통되면서 포스트모던 문화가 레즈비언의 특수성을 모호하게 하는 대가로 레즈비언의 가시성을 높이고 있다고 지적한다. 이는 결과적으로 레즈비언의 욕망을 다른 욕망과 비슷한 것으로 바꾸는 것처럼 보인다.

게이 레즈비언의 평등권 측면에서 보면 이는 진일보한 것일지도 모른다. 그러나 드 로레티스와 여타 퀴어 이론가들은 이러한 변화가 레즈비언의 욕망을 '부수적인 것, 사적인 것, 따라서 정치적으로 중요하지 않은 것'으로 축소한다고 주장한다.(Pick 2004 : 109) 반면에 레즈비언 욕망의 사회적 · 성적 특수성을 이론화하는 것은 그 개인적 · 정치적 · 공적 중요성을 부각시키는 것이다.

영화와 가시적인 것

우리는 그야말로 지배적인 코드를 사용하지 않는 표상을 구축하고자 한다. 그와 동시에 우리가 여성 비평가 혹은 여성 영화제작자, 비디오 제작자이든 아니든지 간에 우리는 지배적인 코드들을 해체하는 표상들을 발달시키고자 한다.(de Lauretis 1991b : 281)

영화 〈데저트 하츠〉에서 대학교수인 비비언 벨(헬렌 쉐이버 분)은 신속한 이혼을 위해 절차가 간단한 네바다 주의 리노에 간다. 그곳에서 그녀는 개방적인 레즈비언 케이 리버스(패트리샤 샤보노 분)의 유혹을 받는다. 1950년을 배경으로 영화는 서부의 풍경과 특성을 드러내면서 서부를 시각적으로 활용한다. 이 영화는 고속도로에서 케이의 컨버터블이 시속 60마일로 후진하는 모습을 보여 주면서 케이가 아버지에게서 '거친 성격'을 물려받은 것으로 소개한다. 이제는 레즈비언의 고전이 된 이 영화는, 도나 다이히Donna Deitch가 제작하고 연출했으며 할리우드의 MGM이 배급했다.

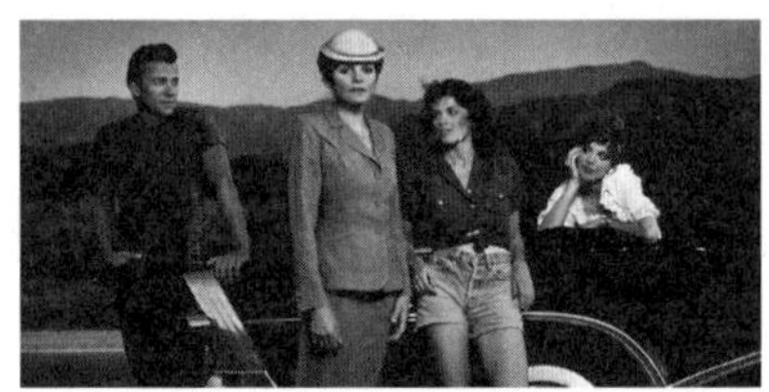

〈데저트 하츠Desert Hearts〉

〈데저트 하츠〉는 드 로레티스의 시각에서 보면 단순히 레즈비언 유행을 이용한 다른 영화들보다는 훨씬 존경스러운 영화이다. 어쨌든 이 영화는 스스로 레즈비언 영화라고 주장하며, 감독인 다이히의 입장에서 보면 사회적 책임을 제안하는 영화이지만(de Lauretis 1994 : 114), 드 로레티스는 이 영화가 로맨스나 웨스턴 같은 '합법적인 서사 장르'를 사용함으로써 그 사랑 이야기가 여타의 장르 영화와 비슷하다고 말한다.(de Lauretis 1994 : 122) 비록 이 사랑이 두 여성 간의 사랑일지라도, 드 로레티스가 《앨리스는 하지 않는다》에서 설명한 오이디푸스적 서사 구조가 갖고 있는 이성애적인 전제, 즉 동적인 남성 주체가 망설이는 여성 대상을 추구하면서 제압한다는 설정은 온전히 남겨 둔다.(4장 참조) 매끈하게 봉합된 서사 공간, 관습적인 캐스팅과 성격화로 〈데저트 하츠〉는 드 로레티스에 의하면, 그러한 관습들을 재의미화하지 않은 채 여성 동성애를 할리우드 관습으로 이동시켰을 뿐이다.(de Lauretis 1994 : 114)

레즈비언 관객들은 이러한 로맨스에서 동적인 행위자로 여성이

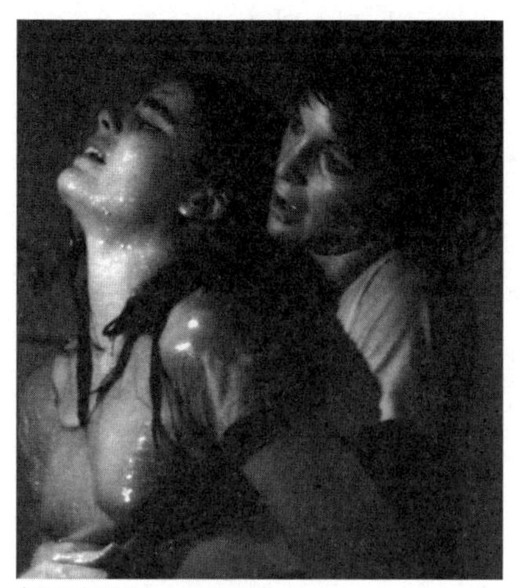

〈개인적 최선Personal Best〉

위치하는 것을 보고 쾌락을 얻을지도 모른다. 또한 할리우드 영화 〈개인적 최선Personal Best〉(1982)에 대한 관객의 반응을 연구한 엘리자베스 엘스워스Elizabeth Ellsworth의 '결을 거슬러against the grain'처럼, 레즈비언 관객들은 전복적으로 영화를 읽어 내는 것에도 익숙할 것이다. 〈개인적 최선〉은 두 명의 운동선수 사이의 동성애적인 관계를 다룬 영화로, 흔히 있는 관음증적 스타일로 촬영된 좋은 사례이다. 언론홍보 자료, 미리 보기, 주류 언론의 평 등은 이성적애 로맨스의 시각에서 이 영화의 동성애 관계를 하찮게 취급했지만, 레즈비언 관객들은 지배적 읽기에 저항할 수 있는 해석적 전략을 고안해 냈다. 레즈비언의 언어로 말하자면, 그 관객들은 여자들이 재결합하는 대안적인 결말을 상상하면서 이성애자의 결말을 취하는 것을 거부하고 레즈비언의 관계를 중심에 놓기 위해 영화를 다시 쓰는 양상을 보인다.(Ellsworth 1990 : 193)

그러나 결을 거스르는 읽기 전략이 가진 문제는, 〈데저트 하츠〉를 감독한 다이히의 서사 접근 방법과 마찬가지로 또 다른 종류의 가시성을 위한 조건은 만들지 못한다는 것이다. 앞 장에서 보았듯이, 청각적·시각적 표상의 영역 속에서 그리고 특별히 사회적 테크놀로지로서의 영화 내부에서 관습적으로 가시적인 것을 구성하는 것은 남성의 응시에 붙잡힌 여성의 육체이다. 남성의 응시만이 욕망을 의미화하는 권력을 갖게 되고, 여성은 추적당하고 수사를 받아 유죄로 밝혀지거나 남성에게 구원받거나 아니면 남성의 비밀스러운 동일시, 즉 물신적 대상으로서 소유된다.(de Lauretis 1994 : 112-113) 드 로레티스는 이러한 표준적인 체계를 교체하고 시선의 관습을 재창조하는 하는 것이 여성 동성애 표상을 위해 필요하다고 암시한다.

> 포르노적인 시나리오 속에서 혹은 로맨스의 표준적인 틀 속에서 두 여성을 캐스팅하고 레즈비언을 위한 상품으로 그들을 재포장하는 것은, 동성애는 단지 이성애일 뿐이라고 하는, 표상적인 사회적인 규준을 뒤엎거나 거기에 저항하기에는 불충분해 보인다. 하물며 레즈비언의 주체성이 구성하는 특별한 차이를 뚜렷하게 보여 주기에는 턱없이 부족하다.(de Lauretis 1994 : 114)

중요한 것은 비가시적인 것을 가시적으로 만드는 것이 아니라, 가시성의 서로 다른 영역들 사이에서 교묘하게 움직이는 것이다. 드 로레티스는 쉴라 맥러플린Sheila McLaughlin의 영화 〈아가사의 환상She Must Be Seeing Things〉(1987)이 이것을 성취했다고 본다. 이 영화의 독창성은 "기준의 틀을 중요하게 부각시켜 가시적으로 만들면서 동시에 그것을 변화시키고 옆으로 움직여서 우리로 하여금 틈 사이로 보고 질문을 생성시키는" 데 있다.(de Lauretis 1994 : 113) 레즈비언적 욕망을 관습적 서사 로맨스에 맞추지만 그것을 무효화시키지 않고, 더 나아가 "정치적으로 그리고 역사적으로 동시대 북아메리카 레즈비언 공동체 안으로 그 욕망을 위치시킨다".(de Lauretis 1994 : 122)

비슷한 주장이 또 다른 독립영화인 로즈 트로체Rose Troche의 〈고피쉬〉에서도 제기될 수 있다. 이 영화 역시 북아메리카 레즈비언 공동체를 그 사회적·성적 특수성 안에서 묘사한다. 영화는 여성이 여성 짝을 찾는 로맨틱 코미디를 전제하면서도, 서사의 선형적 흐름을 막간의 연설로 조각낸다. 막간의 연설에서 인물들은 진보에 대해 논평하면서 관객들로 하여금 준거의 표준적 틀을 낯선 시선으로 보게 함으로써 다르게 보기의 가능성 혹은 그 반대의 가능성을 만들어 낸다.

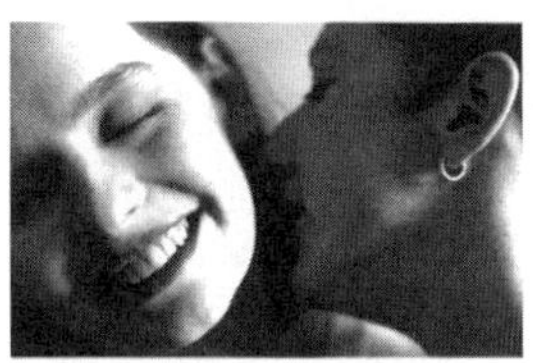

〈고 피쉬Go Fish〉

성적 비非차이

에세이 〈강제적 이성애와 레즈비언의 현존Compulsory Heterosexuality and Lesbian Existence〉(1978년 저술, 1980년 출판)에서 레즈비언 시인인 에이드리언 리치는 '강제적 이성애'라는 용어로 이성애를 여성들을 억압하는 제도로 묘사한다. 리치는 여러 시대에 걸쳐서, 즉 자본주의 이전에 딸을 교환하던 시대부터 후기 산업경제 시대에 이르기까지, 다른 말로 '문학이 침묵했던 시기'부터 텔레비전 이미지들까지, 여성을 은밀하게 사회화하든지 직접적으로 그들의 섹슈얼리티를 결혼과 이성애적 로맨스로 쏠리도록 하는 수많은 압력이 있다고 말한다.(Rich 1983 : 144-5) 특히 욕망에 대해 드 로레티스는 이성애가 "여성에게 두 가지 이유에서 부과되었다"고 말한다. 그것은 첫째 "여성들이 남성과 관련해서 성적으로 느껴야만 하고 느낄 수 있다는 의미에서", 둘째 "성적 욕망을 두 사람 중 다른 한 사람이 소유하고 있다는 의미에서" 그러하다.(de Lauretis 1994 : 111)

문화적 표상 속에서 여성들은 자주 섹슈얼리티를 보이지만, 이를 남성을 위해서 하는 경향이 있다. 즉, 여성들은 좀처럼 자기만의 욕망을 갖지 않는 것으로 묘사된다. 이러한 측면에서 보면 여성에게 다른 여성이 느끼는 감정은 '남성화'로서, 남성 욕망을 침해하거나 그것을 모방할 수 있는 한에서만 성적이다. 이러한 방식으로 능동적 리비도가 반드시 남성적이라는 시각을 각인시킨 책임은 프로이트에게 있다. 다른 정통 정신분석적 해석에서도, 레즈비언의 욕망은 '남성화 콤플렉스'의 측면에서 구성된다.

레즈비언의 특수성을 이렇게 성적 비차이로 설명하는 방식을 기술하면서, 드 로레티스는 뤼스 이리가레이의 '성적 비차이sexual indifference'라는 용어를 빌려 온다. 성적 비차이의 영역에서는 '단 하나의 성적인 표상과 실천'만이 있을 뿐이다. 이 용어는 이리가레이의 책《하나이지 않은 성》에서 나온 것으로, 실제로 두 개의 성이 있는 것이 아니라 오직 하나의 성이 있을 뿐임을 암시하는 말이다.(de Lauretis 2000 : 385에서 재인용) 이러한 영역에서는 다른 여성에 대한 여성의 욕망은 불가해하게 보일 뿐이다.

그 예로, 이리가레이는 프로이트의 여성 동성애 연구를 인용한다. 그녀의 시각에서 보면, 프로이트의 여성 동성애 연구는 진정 남성 섹슈얼리티 연구였다. 프로이트는 다른 여성에 대한 레즈비언의 욕망을 기본적으로 남성적 욕망으로 해석한다. 남성적인 이성애 욕망을 기준으로 동성애를 보는 성적 비차이의 시각을 비판하고자, 이리가레이는 라틴어의 '같다'라는 의미의 'homo'와 프랑스어의 '남성'이란 말 'homme'를 가지고 성적 비차이의 현상을 표현하는 신조어 'hom(m)osexuality'를 만든다. 이렇게 이리가레이가 신조어를 만든 의도에 대해 드 로레티스는 다음과 같이 강조한다. 기존의 '동성애homosexuality'란 말이 레즈비언과 게이의 섹슈얼리티를 의미하는 것이라면, 이리가레이가 만든 'hom(m)osexuality'는 성적 비차이, 즉 이성애를 의미한다. 여성 동성애와 남성 동성애는 이성애적 남성 섹슈얼리티와 상당한 차이가 있으며, 이성애적 남성 섹슈얼리티 논리로는 설명할 수 없다.

여성 동성애는 페미니즘에 대한 기본적인 끌림이 있다. 왜냐하면 페미니즘이 특히 남성으로부터 자율적인 여성과 여성 욕망을 되찾는 것으로 보이기 때문이다. 이 말은 남성에 의해 욕망되는 욕망이 아니라 여성 자신이 욕망의 능동적인 주체가 되는 것을 의미한다. 그러나 드 로레티스는 지배적인 담론들처럼, 페미니스트 담론 역시 여성 동성애가 수반하는 실제 성적 차이, 즉 심리적·사회적 성적 차이를 얼버무린다고 본다. 대부분의 페미니스트 담론은 여성 동성애를 비유적으로, 즉 이상화된 모든 여성 공동체에 쓰는 수사로 논의하는 경향이 있다. 그 예가 바로 '동성애적-모성적 비유'로, 어머니와 딸을 '동성애적' 용어로 묶는 것이다. 이 예는 4장에서 이미 다룬 바가 있다.

또한 드 로레티스는 반反페미니즘이 일어나는 반동의 시점에서 동성애를 설명하면서 모성적 이미지를 중심에 두는 것은 페미니즘 내부에 도사리는 위험한 보수적 요소라고 본다.(de Lauretis 1994 : 198) 에로틱한 역할을 모든 여성의 공통성을 상징하는 모성에 돌림으로써, 이러한 유의 페미니즘 담론은 여성 섹슈얼리티를 모성성으로 축소하고 잘 짜인 (그리고 쇼비니스트적인) 공식을 갖게 된다. 즉, '실재 여성women=표상으로서의 여성Woman=어머니'라는 공식이다. 특히 드 로레티스는 실버만의 동성애적-모성적 환상을 비판한다. '동성애적'이라는 말은 실버만이 크리스테바에게서 빌려 온 것으로, 이 말이 실제로 의미한 바는 동성끼리의 사회적 관계, 즉 여성 대 여성의 사회적 관계였다. 이 말을 통해 레즈비언의 욕망과 섹슈얼리티를 자매애, 여성 우정, 그리고 어머니와 딸의 유대라는 양탄자 밑으로 쓸어 넣는 페미니스트 글쓰기의 경향을 알 수 있는 셈이다.(de Lauretis 1994 : 116, 185)

사실 이러한 전례는 에이드리언 리치의 〈강제적 이성애와 레즈비언의 현존〉에서도 발견된다. 레즈비언을 일탈적인 것으로 보는 이성애적 제도에 맞서, 리치는 레즈비언이 되는 것은 정상적이면서 여성 편에서 욕망할 만한 선택이라고 강조한다. 리치는 여성들 사이의 사랑 표현의 범위를 망라하면서 '레즈비언 연속체lesbian continuum'이란 표현을 써서 레즈비언과 이성애 여성들 간의 공통점을 강조한다. 그러나 드 로레티스나 다른 이들이 보기에, 리치는 레즈비언 존재의 개념을 너무 넓게 확장하여 레즈비언의 특수성을 지우고 대중들이 그녀의 글에 등장하는 '레즈비언'이란 말을 더 일반적인 용어인 '여성'으로 읽도록 만든다. 리치의 글에서 '레즈비언'이라는 의미는 여성-정체성, 즉 같이 자는 혹은 같이 자지 않는 모든 여성을 암시하게 된다. 함께 자지 않는 여성들도 레즈비언과 아무런 차이가 없는 것이다.

이러한 측면에서 드 로레티스는 그녀에게 또 다른 영향을 끼친 모니크 위티그Monique Wittig의 견해에 동의한다. 위티그는 〈직선적 마음The Straight Mind〉(1980)에서 '레즈비언은 여성이 아니다'라는 논쟁적인 발언을 한 바 있다.(Wittig 1992 : 32) 1980년대 위티그의 글을 드 로레티스는 위티그를 페미니스트 이론과는 다른, 레즈비언 이론을 쓴 연구자로 격상시켰다. 위티그는 '레즈비언' 개념이, 여성이 남성과의 관련 속에서 정의되는 젠더 시스템의 외부에 존재한다고 말한다. 보부아르가 "여성은 태어나는 것이 아니라 만들어지는 것이다"라고 했다면, 위티그는 "여성은 태어나는 것이 아니다"라는 말에서 강조점을 태어남에서 여성으로 바꿈으로써 여성을 '제2의 성'으로 정의하는 이성애적인 정의를 약화시킨다. 위티그가 보기에 레즈비언이 이성애자가 되기를 거부하는 것은 "남성의 경제적, 이데올로기적, 경제적 권력을 부정하는" 것이다.(Wittig 1992 : 13) 경제적·정치적 의미에서 위티그는 레즈비언은 여성이 아니며, 계급으로서의 여성이 사라져야 한다고 주장한다. 즉, 위티그와 드 로레티스의 입장에서 레즈비언은 단지 특별한 '성적 선호'를 가진 누군가가 아닌, 남성에게서 벗어나 사회적·성적 자율성을 창조하는 세계 속의 모델이다.

　그리하여 드 로레티스는 다른 종류의 여성 주체, 즉 '괴이한 주체'의 가능성을 밝힌다. 괴이하다eccentric는 것은, 페미니즘조차도 이미 관계해 온 이성애 제도의 가운데center에서 일탈하고 있다는 의미이기도 하다.(de Lauretis 2003) 5장에서 언급했듯이, 드 로레티스는 성적 차이의 개념을 재정립했다. 이에 따르면, 남성과 여성 간의 차이는 더 이상 의미가 없다. 성적 차이를 구성하는 것은 여성들 사이의 차이, 즉 섹슈얼리티 그 자체와 직접적으로 관련되었을 뿐만 아니라 '엄밀히 성적이지 않은' 차이들을 포함하는 차이다.(de Lauretis 2000 : 384) 드 로레티스는 레즈비언의 섹슈얼리티가 여성-정체성이 아니라 다른 여성에 대한 의식적인 여성의 욕망으로 특징화된다고 보았다.(de Lauretis 1994 : 284)

　영화이론 맥락에서는 드 로레티스와 페미니스트 비평가 재키 스테이시Jackie Stacey가 벌인 논쟁으로 이 주제들이 수면 위로 떠올랐다. 재키 스테이시의 논문 〈애타게 차이를 찾아서Desperately Seeking Difference〉는 1987년에 발표되었는데, 이 논문에서 스테이시는 다른 여성에 대한 여성의 강박을 다룬 두 편의 영화에 주목한다. 수잔 세이들만Susan Seidelman의 〈수잔을 찾아서Desperately Seeking Susan〉(1985)와 조셉 맨키에비츠Joseph Mankiewicz의 〈이브의 모든 것All about Eve〉(1950)이 그것이다. 〈수잔을 찾아서〉의 로버타(로잔나 아퀘트 분)은 교외에서 따분하게 살고 있는 주부로서, 태평하고 세상물정에 밝은 수잔(마돈나 분)을 추적한다. 그녀는 신문광고를 통해 수잔의 애정 생활을 캐낸다. 로버타가 마침내 기억상실로 자신을 그녀의 역할 모델인 수잔으로 생각하게 되기까지, 로버타는 수잔이

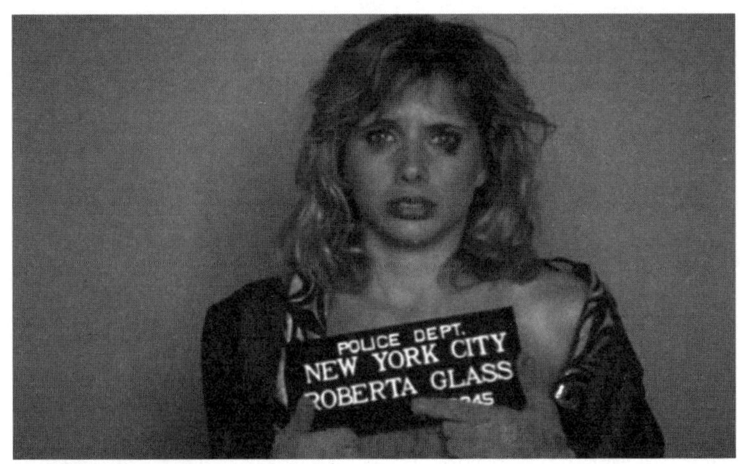

〈수잔을 찾아서Desperately Seeking Susan〉

전당포에 맡긴 재킷을 입고 수잔의 사진을 지니고 다닌다. 스테이
시는 〈수잔을 찾아서〉나 〈이브의 모든 것〉이 레즈비언 영화는 아
니지만 여성의 동적인 성적 욕망, 즉 '남성 이성애적 쾌락으로 축소
될 수 없는 쾌락'을 여성 관객에게 제공한다고 말한다.(Stacey 2000 : 456)

　드 로레티스는 스테이시의 논문을 강하게 비판한다. 드 로레
티스는 무엇보다도 이 영화들이 동일시에 관한 영화이지 욕망에
관한 영화가 아니라고 주장한다. 이 영화들은 누군가와 비슷해지
려거나 혹은 다른 여성의 위치에 오르려는 젊고 '아이 같은' 여성
을 묘사한다. 즉, 〈이브의 모든 것〉에서처럼 그녀처럼 유명한 스
타가 되고자 하고 그녀의 남편과 관객의 욕망의 대상으로 자신을
바꾸려고 하며, 〈수잔을 찾아서〉에서처럼 자유롭고 "섹슈얼리티

로 가득 찬" 여성이라는 이미지를 얻으려 하는 여성들이 등장하기 때문이다.(de Lauretis 1994 : 117)

드 로레티스는 정신분석학에서 '이러한 아이 같은' 소망은 에고 지향적이고, 자기도취적이며 탈성적인 동일시의 한 종류라고 말하면서(de Lauretis 1994 : 117), 이러한 에고-리비도 형식을 욕망과 관련된 대상-리비도와 대비시킨다.(de Lauretis 1994) 에고-리비도와 대상-리비도의 차이는 다른 여성이 되기를 원하는 것 혹은 다른 여성(동일시의 형식)처럼 되고자 하는 것과 다른 여성을 소유하고자 하는 것(성적 욕망) 사이의 차이다. 드 로레티스는 이 영화들에서 여성들의 욕망은 성적이지 않다고 주장한다. 그것은 자기도취적인 매혹에 불과하다. 드 로레티스는 스테이시가 실수로 동성애와 동성 간의 사회적 관계, 즉 여성임을 확인받는 여성적 결합을 등가로 취급했다고 말한다.(de Lauretis 1994 : 120)

드 로레티스와 달리, 스테이시의 논리는 정신분석학적 영화이론이 갖는 '욕망과 동일시' 사이의 엄격한 구별을 의문시하는 데서 나온다. 욕망과 동일시의 엄격한 구별에 대해, 스테이시는 이러한 엄격한 구별이 "욕망과 동일시 과정의 특별한 상호작용에서 욕망이 구성되는 것을 놓치고 있다고 생각한다".(Stacey 2000 : 464) 드 로레티스도 스테이시와 마찬가지로 욕망과 동일시의 구별이 정신분석학적 문학 그 자체에서도 완전히 분리되는 것은 불가능하다고 생각한다. 그러나 전략적으로 드 로레티스는 여기서 정통파적인 구별을 다시 주장한다.

이처럼 드 로레티스는 정신분석학적 아이디어들을 문제 삼고,

그 아이디어들을 급진적으로 수정했다. 특히 프로이트의 페티시즘 이론에 대한 이단적인 독해에서 바로 이러한 작업의 특성이 뚜렷하게 보인다. 드 로레티스는 이 수정된 페티시즘 이론을 통해 레즈비언 욕망에 대한 모델을 전개시켜 나간다.

레즈비언의 페티시즘

레즈비언을 만들려면 하나가 아니라 두 명의 여성이 필요하다.(de Lauretis 1994 : 92)

드 로레티스는 정신분석학적 틀 안에서 레즈비언 섹슈얼리티의 특수성을 밝히려 했고,《사랑의 실천》에서 레즈비언 섹슈얼리티의 정신분석학적 이론을 제안한다. 그러나 실버만이나 다른 이

〈이브의 모든 것All about Eve〉

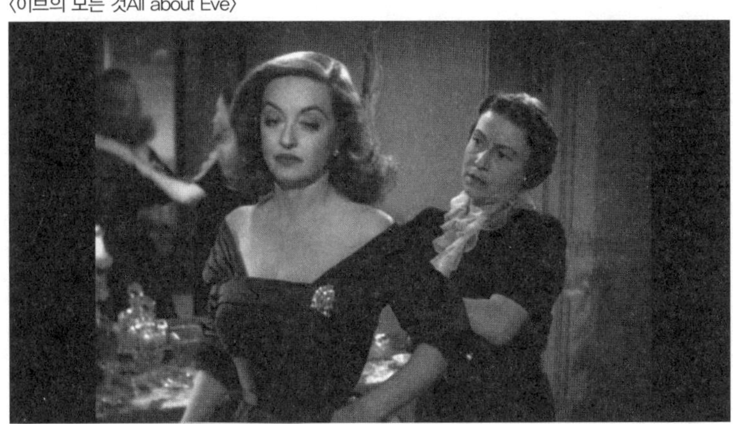

론가들처럼 오이디푸스 시나리오를 재고하지 않고, 프로이트의 페티시즘 이론과 더불어 레즈비언인 자신에 대한 자가 분석, 레즈비언 소설 분석을 근거로 레즈비언 섹슈얼리티의 기초를 만들었다.

드 로레티스는 어머니와 아버지 그리고 오이디푸스를 넘어서 '무한한 욕망limitless desire'이라는 개념을 제시한다. 프로이트는 레즈비언은커녕 여성과 섹슈얼리티조차 이해하지 못했지만, 드 로레티스는 자신의 작업과 프로이트 사이에 많은 공통점이 있음을 알게 된다. 프로이트 역시 자가 분석은 물론, 문학적 예시들을 사용하여 추측에 근거한 그래서 다소 주관적인 성격을 자각하면서 정신분석적 이론의 기초를 세웠다. 드 로레티스는 이러한 프로이트의 이론을 젠더화되고 매우 인종주의적이며, 사회적·역사적 체험에 근거한 '정열적인 소설'이라고 생각한다. 그럼에도 불구하고 좋건 나쁘건 프로이트의 소설은 드 로레티스 본인의 경험들과 그녀가 속한 문화 및 같은 세대 여성들의 경험들을 떠올리게 한다.(de Lauretis 1994 : xiv) 드 로레티스는 자신의 레즈비언 섹슈얼리티가 또 다른 주관적인 것, 즉 이 역시 '열정적인 소설'이지만 다른 레즈비언들과 공감할 수 있는 소설이 되기를 바란다.

물론 이러한 목적으로 정신분석을 이용하는 것에는 확실히 문제가 있다. 드 로레티스는 그 문제점들을 자세히 열거한다. 여성 동성애는 일반적으로 빅토리아 시대의 법률이 그러했듯이 정신분석에서도 무시되었다. 더 나아가, 퀴어 이론가들은 레즈비언 섹슈얼리티에 대한 정신분석적 설명이 매우 잘못되었다고 치부하고 거의 만장일치로 이론적 틀로서의 정신분석을 거부한다. 그러나 드 로레티스는 프로이트의 이론 안에서 퀴어 이론가들의 가장 급진적인 통찰과 완전히 일치하는, 욕망의 비뚤어진 본성이라는 개념을 발견해 낸다.

〈성욕에 관한 세 개의 에세이〉에서 프로이트는 19세기 성과학자 크라프트 에빙Richard von Krafft-Ebing과 해브록 엘리스Henry Havelock Ellis가 병리학적 요건으로서 동성애의 대중적이며 의학적인 시각을 기초한 '정상적인' 섹슈얼리티 개념에 의문을 표했다. 이 성과학자들과 달리, 프로이트는 성적 충동과 성적 대상 사이의 관계가 선천적이거나 고정된 것이 아니라고 생각했다. 성적 본능은 처음에는 그 대상에 독립적이다. 그리고 본성이나 생물학에 뿌리를 두고 있지 않다. 나중에 〈본능과 그 변화Instincts and their Vicissitudes〉에서 프로이트는 성적 충동의 대상은 '가장 가변적'이라고 말한다. 대상은 "원래 충동과 연결된 것"은 아니지만, "특별히 만족할 수 있도록 적합한 것에만 충동이 배정된다."(Freud 1991c : 119)

이러한 시각에서 보면 동성애와 같은 변태적인 행동은 '본성'에서 벗어난 것이 아니다. 사실 성적 충동 그 자체는 만족을 위해 딱 맞춰진 대상을 영원히 찾는 우회와 일탈로 작동한다. 외부 세계와 정신, 사회와 육체 사이에서 벌어지는 서로 다른 힘들의 상호작용은 우리의 욕망을 만들어 낸다. 가능한 조합들 속에서 무한하며, 역동적이며 예측할 수 없는 욕망은 '정상적인' 혹은 '자연스러운' 단 하나의 섹슈얼리티라는 사고와 논란을 벌인다. 때로 프로이트는 생식적인 이성애가 이상적이고 규준적이며, 인간 섹슈얼리티의 목적이라고 상정했다. 그러나 다른 프로이트의 글 어딘

가에서는 성적 '규준'이 문화적 제약들로 강제된다는 더 급진적인 통찰력이 섹슈얼리티에 대한 이러한 관습적이고 목적론적인 시각을 반박하는 것을 볼 수 있다. 즉, 문화 제약은 충동을 사회적으로 허용될 수 있는 쾌락으로 통제한다.(de Lauretis 1994 : 14) 이러한 맥락에서 '비뚤어진' 욕망은 더 이상 '병적인' 욕망이 아니다. 욕망은 단지 가부장제와 같은 특별한 권력 구조를 뒷받침하는 관습들이나 사회적 규준과의 관계에서만 '일탈적'이기 때문이다.

프로이트의 페티시즘 이론은 물신화를 여성들, 특히 어머니에게 남근이 없음을 부인하는 것으로 설명한다. 그 과정은 부인否認의 이중적 특성을 지닌다. 페티시스트는 어머니가 남근을 갖지 않았다는 것을 즉시 알게 되지만, 어머니에게 남근이 없다는 사실을 인정하지 않는다. 그는 육체의 다른 부분, 머리카락이나 의류(예를 들어 여성의 속옷) 등, 즉 남근을 대체할 수 있는 것에 자신의 욕망을 투사한다. 이러한 페티시즘 모델은 대체와 치환의 과정을 통해 욕망이 어떻게 작동하는지를 설명해 준다.

프로이트는 여성 페티시즘 같은 것은 없다고 말한다. 여성은 남근이 없기 때문에 잃을 것이 없고, 즉 여성은 '이미' 거세되었기 때문에 거세를 부인하는 것은 여성에게 효과적인 방어 조치가 아니라는 것이다. 멀비에 따르면, 대부분의 페미니스트 이론가들은 여성을 페티시즘의 주체가 아닌 페티시즘의 대상으로 논한다. 그러나 그들의 생각과 달리 여성들도 어떤 대상에 집착한다는 충분한 증거가 있으며, 프로이트 본인도 모든 여성이 옷에 대한 페티시스트라고 말한 바 있다.(de Lauretis 1994 : 273 재인용)

정상적인 섹슈얼리티 개념을 전복시킨 '비뚤어진' 욕망의 형태로서, 페티시즘은 퀴어 이론과 정치학에 매우 중요하다. 페티시즘에서 성적 본능은 '합법적인' 생식의 대상에서 비생식적인 대상으로 방향을 바꾸기 때문이다.(de Lauretis 1994 : 222) 드 로레티스는 그 실마리를 레오 버사니Leo Bersani와 율리시스 두토이Ulysses Dutoit가 말한 페티시즘의 퀴어 모델에서 가지고 온다. 이 두 사람의 모델은 프로이트를 거꾸로 읽어 낸, 프로이트에게서 파생된 모델이지만, 이 모델에서 팔루스the phallus는 프로이트의 개념과 달리 욕망의 특권화된 독창적 기표가 아니다. 사실, 욕망은 특권화된 대상에 고정되어 있는 것이 아니라 연속적으로 다른 대상과 이미지들로 옮겨 다닌다. 버사니와 두토이의 시각에서 페티시는 실재 남근을 상징하는 팔루스 상징이 아니라 '환상-팔루스', 즉 "욕망하는-환상에 불안정하게 부착되어, 지각적인 기억에 뒷받침되지 않는, 부적절한 대상"이다. 욕망의 본래적 대상은 지각될 수 없다.(de Lauretis 1994 : 225 재인용)

드 로레티스는 버사니와 두토이의 페티시즘 모델이 레즈비언 섹슈얼리티에 적용될 수 있다고 말한다. 레즈비언이 욕망하는 여성은 남근이 아니며, 페니스를 가지고 싶어 하는 것도 아니다. 레즈비언 욕망 역시 거세의 부인과 관련되어 있지만, 고전적인 남성 페티시스트의 것과는 아주 다르다. 드 로레티스는 레즈비언 욕망이 거세의 환상에 기초하고 있다는 데 동의한다. 그러나 이 거세의 환상은 페니스의 결여가 아니라 "주체의 육체 이미지에 대한 자기도취적 상처"이다.(de Lauretis 1994 : 262)

이 모델의 설명 방식을 따르면, 거세 콤플렉스의 시기에 어린 소녀의 육체-이미지는 승인받지 못한다. 거세 콤플렉스는 아버지에 의한 여성 육체에 대한 접근 금지를 성립시키는데, 여기서 여성 육체에 대한 접근 금지는 어머니의 여성 육체에 대한 금지(근친상간에 대한 금기)만이 아니라 자기 육체에 대한 접근 금지(자위행위에 대한 금기)와 다른 여성들에 대한 접근 금지(도착에 대한 금기)이기도 하다.

프로이트가 분석한 남성 페티시즘과 달리, 레즈비언 페티시즘은 여성성에 대한 두려움이 아닌 여성성에 대한 사랑에서 나온다. 드 로레티스의 이론에서 레즈비언의 욕망은 상실되고 부정되었지만 리비도적으로 투자된, 여성 육체-이미지에 대한 소망을 그 상실과 재현을 의미하는 주물들로 치환한다. 부인否認의 메커니즘은 이러한 상실 위협을 정지시킨다. 즉, 레즈비언은 이렇게 생각한다. '나는 여성 육체를 갖고 있지 않지만 언젠가 그것을 갖거나 가질 수 있어.' 이러한 생각은 레즈비언으로 하여금 욕망할 만한 다른 여성 육체-이미지 속에서 만족을 찾게 한다.(de Lauretis 1994 : 262)

레즈비언은 자신의 원초적 상실을 완전히 대체할 수 있는 대상은 없다는 점은 알지만, 자신의 욕망을 물신, 즉 '환상-팔루스 혹은 부적절한 대상'에 투자하여 이 부적절한 대상이 개인적 환상의 시나리오 안에서 에로틱한 의미를 얻게 한다. 드 로레티스는 "레즈비언의 페티시는 연인들 사이에서 차이와 욕망을 표시하는 모든 기호, 모든 대상"이라고 말한다. 예컨대, 목 뒤쪽의 머리카락도 성적인 신호가 될 수 있다.(de Lauretis 1994 : 228)

레즈비언의 물신적 대상은 문화적, 하위문화적 담론에서 사회 역사적 의미를 탑재한 상징적 대상이다.(de Lauretis 1994 : 228) 예를 들자면, 레즈비언의 표상들과 하위문화는 남성적인 코드를 풍부하게 사용한다. 남성처럼 거칠고 남성스러운 레즈비언, 남성 옷을 입는 남성 드래그drag, 인공 남근 등 모든 것이 남성성의 물신화라고 여길 수 있을 정도이다. 레즈비언의 남성성 콤플렉스에 대해 정신분석학적 개념은 이러한 물신들을 "명목상으로는 이성애적 용어를 사용한 남근에 대한 소망으로" 여긴다.(de Lauretis 1994 : 263) 그러나 드 로레티스는 이러한 남성성의 물신화를, 그 사용자나 다른 이들에게 여성에 대한 능동적 성적 욕망을 의미하면서 동시에 사회적으로 이용 가능한 상징들을 전유하는 것으로 해석한다.(de Lauretis 1994 : 263)

드 로레티스는 레즈비언의 자기 표상이 발생하는 방식을 설명하고자 푸코의 '반담론reverse discourse' 개념을 언급한다. 《성의 역사》에서, 푸코는 성적 '도착성'을 탐구하는 의학적 · 법률적 담론들이 역사적으로 출현하게 됨으로써 '반反담론'의 가능성을 만들어 내었다고 말한다. 이 '반담론' 전략은 동성애로 하여금, 동성애를 의학적으로 결격된 것으로 만든 동일한 범주와 동일한 어휘로써 거꾸로 동성애를 옹호하는 발언을 할 수 있게 하고 그 합법성 혹은 "자연성"이 인정되도록 요구하게 만든다.(Foucault 1998 : 101)

게이 남성들이, 게이들의 과장된 여성스러운 교태라는 의미인 'camp'라는 단어를 차용할 때 이는 반담론으로 볼 수 있다. 말하자면, 게이 남성들은 그들을 여성적으로 구성한 지배 담론을 내면화한 뒤 이 단어를 자신들의 자기 표상으로 바꾼다. 이와 비슷하게 드 로레티스는 남성성에 대한 레즈비언의 집착은 지배 담론이 여성 동성애를 '남근적 허세 혹은 남성 동일시'로 표상하는 문화적 풍조 속에서 출현한 것이라고 말한다.(de Lauretis 1994 : 308) 이러한 표상들은 레즈비언들에게 내면화되어 있지만, 그들의 주체적인 환상 속에서 재작업된다. 이 표상은 재의미화된 형식과 레즈비언들의 자기 표상-말하기, 몸짓, 의상, 자세 속에서 남성처럼 거칠거나 남성 같은 레즈비언의 모습으로서 다시 떠오른다.

사라 워터스Sarah Waters의 유명한 레즈비언 소설 《티핑 더 벨벳 Tipping the Velvet》(1998)(이 소설은 TV 드라마로 각색되기도 했다.)에서 볼 수 있듯이, 남성처럼 옷을 입는 복장도착자, 즉 남성 드래그는 오랫동안 레즈비언의 수사修辭이자 자기 표상 형식이었다. 빅토리아 시대를 배경으로 한 이 소설에는 보더빌 극장의 남장 배우, 상류층 남성 같은 레즈비언, 노동자계급의 '톰'들('톰'은 빅토리아 시대에 레즈비언을 의미하는 속어이다.)이 등장한다. 레즈비언의 물신화를 의미화할 수 있는 또 다른 반담론은 "전형적이며, 힘을 가지고 있고, 배타적인 혹은 절대적인 여성성"이라는 반담론이다.(de Lauretis 1994 : 264) 이는 최근 레즈비언의 하위문화에서 발전된 것으로, 이용할 수 있는 지배적인 문화 표상들을 재의미화하는 것이다.(de Lauretis 1994 : 102) "여성이 여성 육체가 가진 유혹과 성적인 힘을 남성 같은 여성 butch에게 제공할 때 과장된 방식으로 이러한 유혹과 힘을 실행한다."(de Lauretis 1994 : 264). 드 로레티스의 설명에서 남성 같은 여성은 '남성적인 특혜'를 침해하는 것으로 보이지 않으며, 마찬가지로 상대

방 여성은 여성성에 대해 남성이 정의 내린 규준이라는 딜레마에 사로잡히지도 않는다.(de Lauretis 1994 : 108) 두 가지 경우 모두 그들의 가장무도회는 남성이 아닌 여성 관객에게 말을 걸고 있기 때문이다.

드 로레티스는 여성성이라는 환상에 대해 언급한다. 여성성의 환상은 "강요되는 즉시 저항적인 성격을 띤다". 여성성의 환상은, "모든 여성의 사회적·성적 공간, 즉 아마존이나 모계 중심의 공간이나 여자 학교에서 감옥까지, 대안적 세계에서부터 수녀원과 사창가에 이르기까지 대중적인 상상력 속에서" 새로운 매력을 발견해 왔다.(de Lauretis 1994 : 264-5) 그러한 공간에서 "여성 육체는 섹슈얼리티가 조장되면서 동시에 금지되거나 규제되는 지점이지만, 또한 그 장면들은 여성에 의해 연출되었거나 여성이 주인공이다". 〈죄수Prisoner : Cell Block H〉(1979~86)를 보면 TV 시리즈가 왜 그런 공간들을 무대로 하는지 알 수 있고, 〈스콜피온 퀸Xena : Warrior Princess〉(1995~2001)을 보면 이 영화가 왜 레즈비언 컬트영화로 불리는지 쉽게 알 수 있다. 드 로레티스는 이렇게 덧붙인다. "레즈비언적인 사도 마조히즘의 정교한 시나리오는 역시 여성에 의한 그리고 여성을 위한, 성적인 여성 육체의 힘과 지배에 달려 있다."(de Lauretis 1994 : 265) 이 모든 순간이 공유하고 있는 것은 판타지 시나리오,

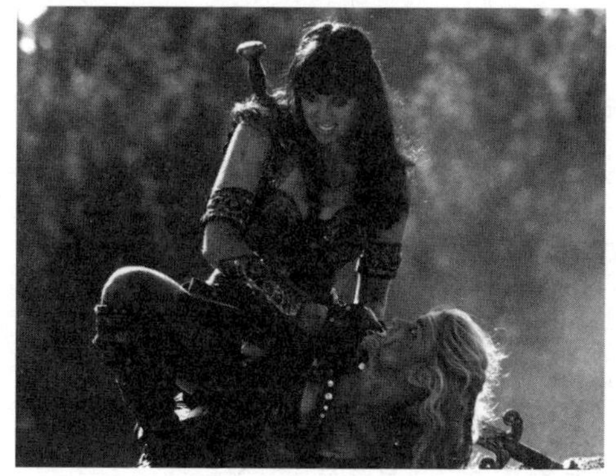

〈스콜피온 퀸Xena : Warrior Princess〉

즉 가부장적 문화가 접근 금지시킨 잃어버린, 환상적인 여성 육체를 회복하고 이를 다시 무대에 올림으로써 도착적인 욕망을 지탱하게 하는 판타지 시나리오이다.

섹슈얼리티는 어떻게 주체에 뿌리내리는가?

드 로레티스는 레즈비언 욕망의 특수성을 제시했다. 드 로레티스는 지배적인 표상 코드가 아닌, 레즈비언이 다르게 시각화되는 영화를 예시함으로써 레즈비언 욕망의 특수성을 밝히는 한편, 레즈비언의 욕망을 여성의 동일시 작용에 융합시키는 페미니스트 담론을 비판함으로써 레즈비언 욕망의 특수성을 밝히려 했다.

일반적인 페미니스트의 설명은 레즈비언과 여성의 섹슈얼리티를 오이디푸스 콤플렉스와 모녀 관계에 초점을 맞추는 반면, 드 로레티스는 물신화 혹은 왜곡된 욕망들의 유동성을 탐구함으로써 오이디푸스 콤플렉스의 용어를 뛰어넘는 레즈비언의 욕망을 설명한다. 레즈비언의 욕망은 거세 공포에 대응하여 형성되고, 주체의 육체-에고 속에서 결여로서 상상되며, 이 욕망은 상실되고 부정된 여성 육체를 표상하는 물신 대상으로 보상받는다.

드 로레티스의 레즈비언 섹슈얼리티 이론은 섹슈얼리티가 어떻게 주체 속에 '뿌리내리는지'를 그려 볼 수 있는 이색적인 이해 방식을 우리에게 제공해 준다. 드 로레티스의 기획은 프로이트의 성심리학 이론과 푸코의 성사회학 이론들을 통해 결실을 맺었는

데, 드 로레티스는 이 두 사상가의 섹슈얼리티 개념이 흔히 생각하듯 서로 배타적이지 않다는 점도 보여 준다.

데, 드 로레티스는 이 두 사상가의 섹슈얼리티 개념이 흔히 생각하듯 서로 배타적이지 않다는 점도 보여 준다.

6

바버라 크리드 - 괴물스러운 여성성

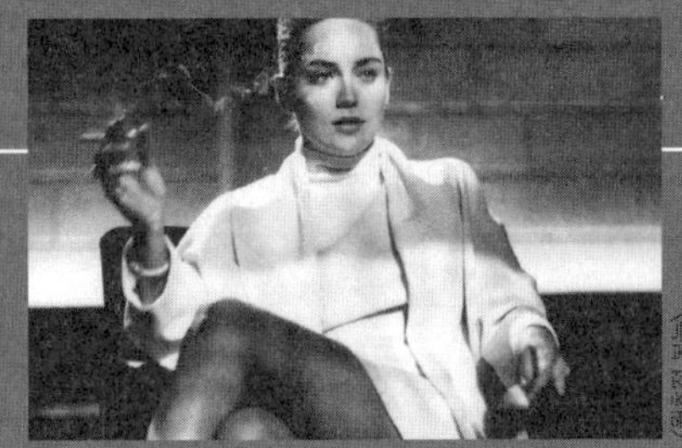

공포영화는 '존경스럽지 못한' 장르 영화로 취급되어 왔지만, 그럼에도 불구하고 중독성이 강한 인기 있는 영화 장르이다. 정신분석학의 무의식 개념은 이러한 공포영화가 관객들의 억눌린 공포와 욕망에 호소하고 있음을 설명할 수 있게 해 준다. 이 장에서는 바버라 크리드Barbara Creed의 책《여성괴물, 억압과 위반 사이The Monstrous-Feminine》(초판 1993)에서 설명된 정신분석적 공포영화 연구에 초점을 맞춘다.

크리드는 이 책에서 여성이 괴물로 형상화되는 공포영화에 초점을 맞추어 '정체성, 시스템, 질서'를 교란시키며 "경계, 지위, 규칙을 존중하지 않는" 크리스테바의 '아브젝트abject' 개념을 끌어온다.(Kristeva 1982 : 4) 아브젝트는 매혹적이지만 동시에 두려움을 준다. 즉, 아브젝트는 금기와 경계들의 위반과 모호성 위에서 자라난다. 아브젝트 개념은 크리드의 이후 책인《미디어 매트릭스Media Matrix》(2003)에도 등장한다. 이 책에서 크리드는 아브젝트가 텔레비전 뉴스, 토크 쇼, 리얼리티 텔레비전, 인터넷, 여성들의 로맨스에서 드러나는 금기와 선정성의 취향에도 확장될 수 있다고 말한다. 크리드의 작업은 전체적으로 공포영화뿐 아니라 확장된 대중문화를 이해하는 데 정신분석학이 유효함을 입증한다고 할 수 있다.

지그프리트 크라카우어Siegfried Kracauer의 책《칼리가리에서 히

틀러까지From Caligari to Hitler》(1947)를 제외하면, 공포영화는 1970년
대까지 거의 비평적 주목을 받지 못했다. 영화 장르에 대한 초기
의 언급 중 마거릿 타렛Margaret Tarratt의 글 〈이드에서 나온 괴물들
Monsters from the Id〉(초판 1971)은 정신분석적 읽기를 영화 〈괴물The
Thing〉(1951)과 〈금지된 세계Forbidden Planet〉(1956)에 적용하지만, 이
보다 게이 남성 비평가인 로빈 우드의 설명이 더 잘 알려져 있다.
사회집단이 꾸는 악몽으로서의 공포영화는 곧 "문명들이 억압하
고 탄압한 모든 것"의 귀환이라는 우드의 설명은 공포영화에 대한
정신분석적 접근으로 널리 알려져 있다.(Wood 1986 : 76) 우드는 1978
년의 에세이 〈억압된 것의 귀환The Return of the Repressed〉 에서 이 아
이디어를 최초로 제시한 바 있다. 이 제목은 '무의식으로 억압된
것은 변장을 하거나 상징적 형식으로 수면 위로 떠오르며 반드시
돌아온다'라는 프로이트의 아이디어에서 나온 것이다. 실제로 공
포영화를 보면 억압된 것은 괴물의 형태로 돌아온다. 괴물의 형태
는 사회의 지배적 규율을 전복시킬 뿐만 아니라 우리 안에 억압된
것을 구현하기도 한다. 괴물은 우리 자신의 '타자'이자 사회의 '타
자'이기도 하다.

　우드에 의하면 괴물의 모습은 그 시대에 널리 퍼져 있는 공포
속에서 그 복색을 갖추며 역사적으로 바뀌지만, 사회적 타자로서
상징화되는 범주들은 여성, 노동자계급, 소수민족, 대안적 정치
이데올로기들(외계인 침입자에 대한 1950년대 영화 속 공산주의의 위협),
대안적 섹슈얼리티(괴물들은 특히 흡혈귀 영화에서 종종 동성애, 양성애와
동일시된다), 아이들(〈엑소시스트The Exorcist〉(1973), 〈오멘The Omen〉(1976)

같은 영화에서 아이는 괴물로 형상화된다)을 포함한다. 괴물에 대한 우리의 태도는 종종 이중적이다. 사회는 우리에게 괴물의 끔찍한 행위에 도덕적으로 오싹함을 느끼도록 가르치지만, 괴물이 비호감스럽게 표상되는 적은 드물다. 우리의 일부는 괴물의 행위를 즐기고 괴물과 자신을 동일시한다.

괴물의 타자성은 곧잘 육체적 차이로 설정된다. 대부분의 공포영화는 괴물들의 젠더를 강조한다. 성적 차이와 젠더는 공포영화의 핵심적 관심사이다. 〈50피트의 우먼Attack of the 50-Foot Woman〉(1958)과 같은 제목을 생각해 보라. 이 영화의 포스터는《여성괴물, 억압과 위반 사이》에서 삽입되기도 하는데, 이 영화에서

〈50피트의 우먼Attack of the 50-Foot Woman〉

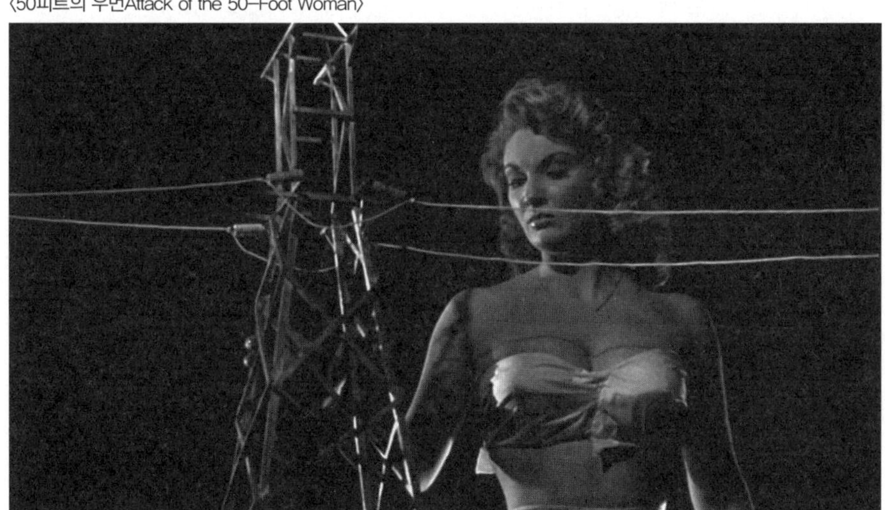

여성은 거리를 사정없이 파괴하면서 '파괴적인 거인'으로 묘사된다.(Creed 2001) 이번 장에서 우리는 우드의 시각과는 다른, 페미니스트 혹은 정신분석 비평가들의 시각을 문화 분석에 적용한 크리드의 커다란 공적을 살펴보게 될 것이다.

아브젝트The Abject

《여성괴물, 억압과 위반 사이》에서 크리드는 크리스테바의 《공포의 권력Powers of Horror》(초판 1980)에 나오는 '아브젝시옹abjection'의 구조를 공포영화에 확장시킨다. 아브젝트는 결국 우리 자신의 일부이지만 우리는 우리의 경계를 보호하려 그것을 거부하고 추방시켜 자아 밖에 위치시키며, '내가 아닌' 것으로 그것을 표시한다.

크리드는 아브젝시옹의 첫 번째 범주에 '똥, 피, 소변, 고름'처럼 육체의 폐기물뿐만 아니라 죽은 육체들도 '궁극적인 아브젝시옹'으로 포함시킨다.(Creed 2001 : 9) 예컨대, 살아 있는 죽은 자들(좀비, 뱀파이어)과 영혼 없는 육체들(시체 먹는 악귀, 로봇, 안드로이드) 등이 공포영화에 등장하고 이들은 시체의 이미지, 육체의 폐기물(피, 토사물, 타액)을 풍부하게 보여 준다. 크리스테바의 이론에서 나온 또 다른 사례는 많은 사람들이 구토를 느끼는 음식 혐오 같은 것이다. 크리드에 의하면, 음식 혐오는 살을 먹는 좀비들과 관련된, 공포영화에 자주 등장하는 아브젝시옹이다.

크리드가 제시하는 공포영화 속 아브젝시옹의 두 번째 특성은, 경계의 붕괴 혹은 경계적 모호성이다. 괴물은 "'경계'를 가로지르거나 가로지를 징조를 보이는" 것이다. 그리고 그 경계는 인간과 비인간 그리고 자연적인 것과 초자연적인 것, 정상적인 것과 비정상적인 것, 젠더 행위와 성적 욕망 사이, 깨끗하고, 적당하고, 잘 만들어진 것과 더럽고 왜곡된 육체 사이 등등이다.(Creed 2001 : 11)

아브젝트의 세 번째 층위는 모성적인 것이다. 공포영화에서 여성적인 괴물스러움은 항상 어머니 노릇과 생식적 기능과 관련지어 묘사된다. 크리스테바에 따르면, 여성의 육체, 특히 어머니의 육체는 아브젝트와 연결되어 있는데 그것은 어머니의 육체가 자연적 특성에서 기인하는 아브젝트를 숨기지 않기 때문이다. 그러나 크리드는 크리스테바와 달리 "여성은 그 자연적 특성 때문에 아브젝트적인 존재가 되는 것이 아니라" 가부장제적 이데올로기로 인해 아브젝트적인 존재가 된다고 강조한다.(Creed 2001 : 83)

크리스테바에 따르면, 유아는 독립된 존재가 되고자 그리고 모성적 저장소maternal receptacle 혹은 코라chora에서 자유로워지고자 애쓰는 과정에서 어머니의 육체를 아브젝트로 만든다.(4장에서 다룬 실버만의 논의를 보라.) 어머니와의 분리는 근친상간의 금기를 통해서는 물론이고, 월경과 출산, 유아의 배변 훈련 등으로 어머니의 육체가 오염되었다는 사고로 강제로 행해진다. 아이에게 최초로 육체의 깨끗한 부분과 더러운 부분을 가르치는 사람은 바로 어머니다. 크리스테바는 육체의 원초적인 지도 그리기를 '기호계 semiotic'라고 이름 붙인다.(Kristeva 1982 : 72) 이러한 '모성적 지휘권', 즉 육체와 그 폐기물에 죄의식 없는 태도는 이후에 아이가 상징적 질서, 즉 언어와 사회적 코드들의 영역, 아버지의 법과 금지로 표시된 영역으로 진입할 때 억압된다. 그러면서 상징적 질서에서 육체의 폐기물은 추잡하고 수치스러운 것이 된다.

역사적으로 아브젝트를 정화하고, 경계를 만들어 그 경계를 지키며, 인간적인 것과 문명적인 것을 정의하는 기능은 종교적 의식으로 수행되었다. 이러한 기능을 현재는 예술이 수행한다고 크리스테바는 말한다.(Kristeva 1982 : 17) 크리드가 보기에 이러한 기능에 가장 잘 상응하는 예술 형식이 바로 공포영화다. 공포영화의 중심적인 이데올로기적 프로젝트는, 아브젝트와의 대결을 만들어 내고 이를 통해 궁극적으로 아브젝트를 추방시켜 문명화된 것과 비문명화된 것, 인간과 비인간 사이의 경계를 다시 설정하는 것이다.(2001 : 14)

아브젝트는 우리를 공포스럽게 만드는 동시에 매혹시킨다. 공포영화는 충격과 공포를 유발하고, 금기를 목격하며 '역겹고 공포스러운 이미지들'과 대면하려는 관객들의 욕망을 증명해 보인다. 그런 다음, 우리는 '아브젝트를 내뱉고 쫓아내려는' 요구를 충족시키게 된다.(Creed 2001 : 10) 사람들이 "저 영화, 구역질 나"라고 말할 때, 그것은 말 그대로 아브젝시옹의 기능을 언급하는 것이다. 아브젝트의 묘사는 질서가 궁극적으로 회복되기 전, 관객이 안전하게 객석에 앉아 가상으로 금기 형식에 빠져들게 한다. 이것이 바로 공포영화의 주된 매력이다.

더 나아가, 모성적 육체는 아브젝트의 구성에서 중심적인 역할을 하기 때문에 그것은 공포영화에서 괴물스러운 이미지로서 상징적 질서의 안정성을 위협하는 것으로 의미화되고 강조된다.

상징계에 위치해 있는 관객들에게 공포영화에서 묘사되는 이미지들은 혐오와 구토를 불러일으키지만, 동시에 그 육체적 생산물들이 당황스러움이나 수치스러움으로 치부되지 않았던 시절, 즉 어머니와 아이가 육체와 그 폐기물과 더불어 놀았던 '제한받지 않은 쾌락'의 시절을 환기시킨다. (Creed 2001 : 13)

실제로 많은 영화들이 어머니의 육체로 다시 흡입되는 공포를 그려 낸다. 예를 들어, 히치콕의 〈사이코〉 속 어머니는 집요하게 아들이 상징계로 위치하려는 것을 막으면서 아들을 붙잡는다. 〈엑소시스트〉는 '아버지들'과 '어머니들' 사이의 전쟁을 극화한다. 영어

〈엑소시스트The Exorcist〉

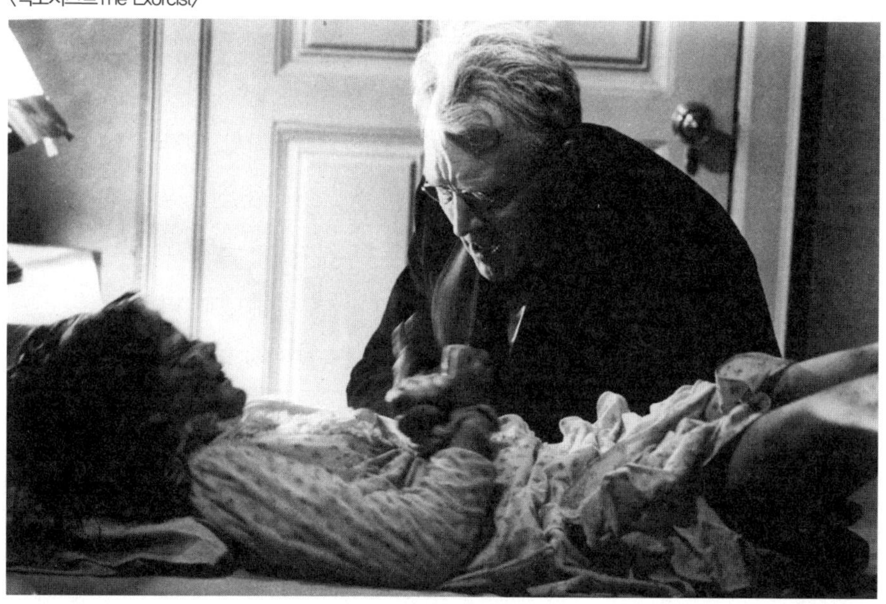

로 'Father'이기도 한 신부들(카라스와 메린)은 부계의 상징적 법을 표상한다. 그리고 귀신 들린 사춘기 소녀 리건은 편모와 함께 살고 있다. 리건은 생생하게 육체적 폐기물을 보여 주고 그 안에서 뒹굶으로써 아브젝트와 모성적 지휘권의 억눌린 세계를 환기시킨다. 리건은 카펫 위에 소변을 보고 초록색 담즙을 쏟아 내며, 질에서 피가 뿜어져 나올 때까지 십자가상으로 자위행위를 한다. 이러한 공포영화를 통해서 억압된 기호계적 코라chora는 부계 상징계의 이성적 질서를 혼란에 빠뜨리고, 안정적인 것처럼 보이는 인간 주체에 도전한다.

태곳적 어머니

신화에도 여성 괴물이 많이 등장한다. 뱀 머리를 한 메두사, 치명적인 사이렌, 피에 굶주린 힌두 여신 칼리는 크리드가 말한 예가 될 수 있다. 크리드는 공포영화 속의 여성 괴물이 이러한 신화적 원형에서 나왔다고 본다. 그러나 공포영화 속의 여성들은 전형적으로 괴물이라기보다는 〈킹콩King Kong〉에 등장하는, 겁에 질려 먹이가 되는 페이 레이처럼 희생자로 나온다. 어느 공포영화 비평가가 프랑켄슈타인이나 드라큘라와 같은 남성적 괴물 전통에 견줄 만한 '위대한' 여성 괴물은 없다고 했듯이, 크리드도 여성적 괴물성이 논의될 때 항상 거의 남성의 거세된 타자로서의 여성이라는 프로이트 이론으로 설명된다고 말한다.

크리드는 많은 영화들이 거세된 여성이라는 아이디어를 탐색하고 있음을 반박하지는 않는다. 그러나 공포영화에서 여성 괴물성의 중심적인 인물은 거세된 여성이 아니라 '또 다른 자아alter ego'라고 주장한다. 영화에서 여성이 거세된 자가 아니라 거세자로 구성되는 것을 비평가들이 외면한 것은, 바로 여성 자체가 거세되지 않았다는 명백한 이유 때문이다. 거세의 위협을 받는 것은 오히려 남성이다. 거세하는 여성은 거세된 여성처럼 수동적이지 않다. 그녀는 능동적인 괴물로 재현된다. 이러한 주장이 크리드를 '페미니스트'로 만들지는 않지만, 거세자로서 여성을 드러내는 것은 여성이 본질적으로 희생자라는 가부장적 시각에 도전하는 것이다.

크리드의 프로젝트는 괴물로서의 여성, 즉 태곳적 어머니, 괴물스러운 자궁, 흡혈귀, 마녀, 신들린 육체, 거세하는 어머니, 치명적인 여성 거세자들이 가진 차이의 양상을 밝히는 것이다. 크리드가 말하는 '태곳적 어머니'는 크리스테바의 《공포의 권력》 속에 나오는 어머니 개념과는 다르다. 크리스테바가 말하는 기호계 코라의 어머니는 오이디푸스 콤플렉스 이전의 어머니로서, 그 존재는 가족 및 상징계적 질서와의 관계 속에서 정의된다. 반면 태곳적 어머니archaic mother는 모성적 형상의 또 다른 측면으로, 그 존재가 가부장적 이데올로기 속에서 억압된 것이다. 이 어머니는 원시시대부터 내려온 어머니로서, 처녀생식의 어머니이며 아버지 없이 스스로 모든 것을 창조한다. 이 어머니는 또한 남근기 이전의 어머니이며, 팔루스 인식 이전에 존재한다. ('처녀생식'을 뜻하는 'Parthenogenetic'은 그리스어에서 온 것으로, 신화에 공통되게 나오는 비유로서 혼자서 생식한다는 말이다. 제우스가 여신 아테네를 귀에서 출산했다는 얘기나 동정녀 마리아의 임신 같은 것이 여기에 포함된다.)

여러 나라의 신화들 속에서 태곳적 어머니는 누카와(중국), 코우틀리투(멕시코), 가이아(그리스), 남무(수메르) 등으로 알려져 있다.(Creed 2001 : 24) 태곳적 어머니는 도덕성의 바깥에 존재한다. 즉, 그녀는 생명을 줄 수도 그것을 빼앗을 수도 있다. 크리드는 〈에일리언Alien〉(1979)에서 어머니의 형상이 태곳적 어머니의 외양으로 나타난다고 주장한다. 알을 낳는 생명체로서 인간의 모습으로 모성화되어 있지 않지만(속편에서는 인간의 모습이기는 하지만), 그녀의 이미지는 다음 이미지들의 기저에 놓여 있다. 영화 속 탄생의 이미지, 그 '원초적 장면'의 재현, 내부의 방으로 향하는 구부러진 복도가 만들어 내는 소변의 이미지, 우주선의 생명 부화 시스템(실제로 '어머니Mother'로 불린)의 목소리, 모습을 바꾸는 외계 생명체 등이 그것이다.

'원초적 장면'이란 기원에 관한 것이다. 이는 '아이가 어디서 오는지'에 관한 어린아이의 환상이다. 어린아이들은 원초적 장면을 괴물스러운 행위로 상상하는데, 동물이나 신화적 생명체들이 거기에 참여하는 것으로 상상한다. 크리드는 신들이 동물의 모습을 하고 인간과 성교하는, 예컨대 '레다와 백조' 이야기와 같은 신화적 이야기들이 원초적 장면을 언급하고 있다고 말한다.(Creed 2001 : 18) 공포영화는 그 환상 시나리오에서 대안적 생식의 방법을 탐구하면서 원초적 장면을 재작업한다. 예컨대, 영화 〈브루드The Brood〉(1979)에서 어머니인 놀라 카베스는 겨드랑이에서 무시무시한 새끼들을 낳는다. 반면에 〈신체 강탈자의 침입The Invasion of the Body Snatchers〉(1956)은 식물의 각지로 무성생식하는 외계인을 묘사한다.

〈에일리언〉에는 탄생 장면이 많이 등장한다. 시작 장면에서 카메라는 우주선 노스트로모의 복로를 따라, 캡슐 속의 승무원을 깨우는 자궁처럼 생긴 '어머니'란 이름의 방으로 들어간다. 그 어

▎원초적 환상

크리드는 장 라플랑슈Jean Laplanche와 J. B. 퐁탈리스J.-B. Pontalis의 논문인 〈환상과 섹슈얼리티Fantasy and the Origins of Sexuality〉(1964)에서 원초적 혹은 '기원적' 환상이라는 개념을 가져온다. 두 사람은 프로이트를 다시 읽는 작업을 통해서 원초적 환상이 아이들이 부딪히는 주요 수수께끼를 해결할 수 있고, 아울러 그 수수께끼의 재현을 제공한다고 주장한다.(Laplanche & Pontalis 1968 : 11) 아이들은 원초적 환상을 통해 성인의 섹슈얼리티에 대한 이해의 간극을 채운다. 원초적 환상은 원초적 장면의 환상(아기들이 어디에서 오는지), 유혹의 환상(섹슈얼리티의 기원에 대한 것), 거세 판타지(성적 차이에 대한 환상)를 포함한다. 크리드는 이러한 환상들이 모두 공포영화에 드러나 있다고 말한다.

엘리자베스 코위Elizabeth Cowie의 논문 〈판타지아Fantasia〉(1984)는 정신분석학에서 논의된 개인의 환상을 영화의 집단 환상과 연결시킨다. 이 논문 역시 크리드에게 영향을 주었다. 코위는 라플라슈와 퐁탈리스의 환상 개념을 배경 혹은 '욕망의 미장센'으로 사용한다. 여기에서 주체는 "이미지들의 장면 속에 휘말려 있는 듯하다".(Cowie 1984 : 87 ; Laplanche & Pontali 1968 : 17) 코위에 따르면, 영화가 사용하는 성적 차이의 표현들이 고정되어 있는 듯 보이지만(예컨대 능동적 혹은 수동적, 여성적 혹은 남성적, 어머니 혹은 아들 아버지 혹은 딸), 수많은 상이한 위치들이 관객들에게 열려 있고, 관객들의 시각과 동일시는 가변적이며 유동적이다.(Cowie 1984 : 87)

머니는 "유일한 부모이자 유일한 생명 유지 장치로서 처녀생식의 어머니"다.(Creed 2001 : 18) 비록 그 출산은 고통도 없고 깨끗하며 출혈이나 트라우마도 없지만, 이 어머니는 생명을 주기도 하고 빼앗아 가기도 하며, 회사에 의해 승무원의 목숨을 포함하여 모든 것에 우선해서 에일리언을 입수하도록 프로그래밍되어 있는 피비린내 나고 비도덕적인 어머니다. 원초적 장면이 영화에서 재현된 그 다음의 장면에서 케인과 램버트, 댈러스는 외계 생명체가 발견된, 버려진 우주선을 찾아간다. 우주선의 입주는 '질' 입구이며, 곡선화된 옆면은 밖으로 벌려진 한 쌍의 다리 같다.

우주선 노스트로모와 달리, 동굴 같은 내부는 축축하고 어둡다. 케인은 수직 통로로 내려가 알로 채워진 또 다른 자궁 같은 방으로 들어간다. 그가 알을 만지려고 할 때 알이 열리면서 생명체를 풀어 놓는다. 생명체는 꼬리로 케인을 제압하고 제 타액을 듬뿍 발라서 수정시킨다. 케인은 배에서 그 생명체의 괴물 자손을 낳으며 죽게 된다. 크리드에게 이 장면은 "주체가 부모가 섹스하는 것을 목격하고자, 아마도 자신이 임신되는 것을 보고자 자궁 안으로 되돌아가는 것을 상상하는 원초적 장면의 환상"을 의미한다.(Creed 2001 : 19) 케인의 배에서 출생하는 에일리언은 생식에 대한 어린 시절의 친숙한 오인, 즉 아기들은 입으로 임신되며(어머니가 특별한 음식을 먹음으로써) 배에서 길러진다고 하는 오인을 환기시킨다.

이 지점에서 크리드는 드라큘라 변종 영화에서 로저 대도운 Roger Dadoun이 분석한 태곳적 어머니를 끌어온다. 대도운의 분석에

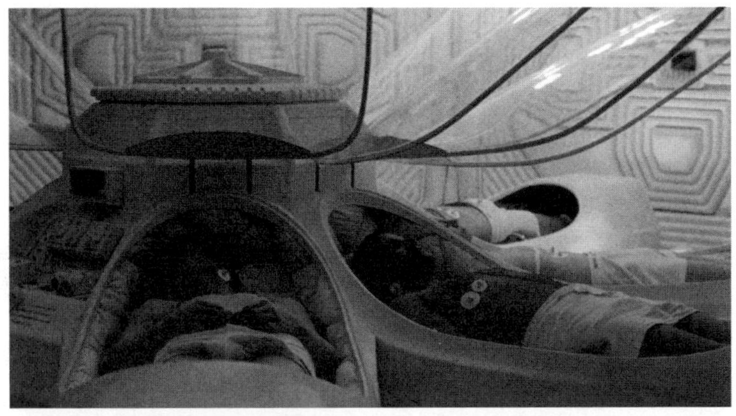

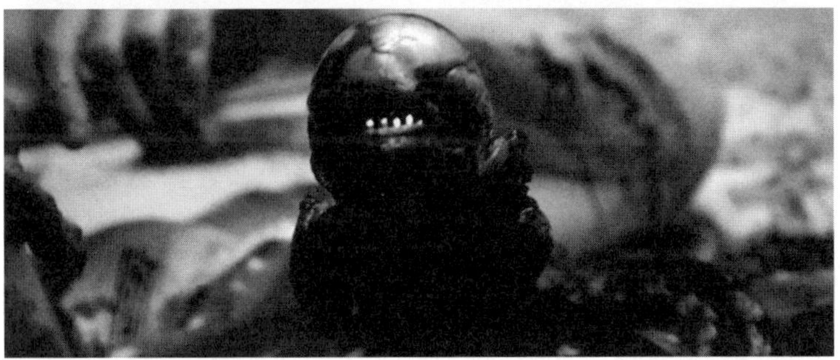

〈에일리언Alien〉

의하면, "폐쇄된 작은 마을, 숲을 지나 성으로 가는 오솔길, 구부러진 계단, 거미줄, 둥근 아치 천장, 축축한 땅은 나쁜 태곳적 어머니의 상像·imago과 연결되어 있는 요소들"이다.(Dadoun 1989 : 53) 대도운은 이 가운데에 등장하는 드라큘라의 꿰뚫어 보는 듯한 응시, 날카로운 이, 뻣뻣하게 서 있는 모습은 "어머니의 남근을 대체하는 물신의 형태"라고 말한다.(Dadoun 1989 : 55) 이러한 해석에 의하면, 괴물은 태곳적 어머니를 매개하며 그녀의 사라진 팔루스를 표상한다. 그러나 태곳적 어머니는 팔루스를 필요로 하지 않는다고 크리드는 말한다. "태곳적 어머니는 독자적으로 모든 힘을 갖고 있으며 절대적이다."(Creed 2001 : 21)

그러나 크리드는 태곳적 어머니는 여성의 욕망을 항상 그 자신의 언어로만 이해하는 가부장적 이데올로기에 의해 팔루스를 갖게 된다고 말한다. 이는 태곳적 어머니의 영화적 현현이 왜 거의 항상 아브젝시옹, 어둠, 탈취, 죽음을 연상시키는 악몽의 이미지인지를 설명해 준다. 태곳적 어머니는 본래 부정적 이미지가 아니지만, 가부장적 담론들이 태곳적 어머니를 그렇게 재구성한 것이다. 그러나 주인공 흡혈귀가 여성인 영화의 경우, 즉 〈악마의 키스The Hunger〉(1983) 같은 영화에서는 태곳적 어머니의 "그림자 같은 존재"는 남성 흡혈귀의 매개로 추측될 필요가 없다. 왜냐하면 이 영화에선 "흡혈귀가 바로 태곳적 어머니이기" 때문이다.(Creed 2001 : 72)

〈에일리언〉과 드라큘라 영화는 비교될 만하다. 외계 생명체는 태곳적 어머니의 자궁 속에서 비롯되지만, 꼬리 같은 남근적인 형질을 갖고 있다. 외계 생명체가 케인의 얼굴을 감싸면서 입 속에 삽입하는 꼬리나, 케인의 가슴을 뚫고 나오는 생명체 등은 분명 남근 모양을 하고 있다. 크리드는 태곳적 어머니의 팔루스는 물신적이지만 프로이트의 물신화가 가진 의미와는 사뭇 다르다고 말한다. 태곳적 어머니의 팔루스는 소위 그녀의 거세와 결여를 감추는 것이 아니라 상상으로 거세하는 태곳적 어머니의 '바기나 덴타타vagina dentata'를 부정하고 완전히 감춰 버린다. 문자적인 의미에서 '이빨 가진 질'이란 의미의 바기나 덴타타는 서구 문화뿐만 아니라 전 세계의 민담이나 신화에서도 찾아볼 수 있다. 크리드는 이러한 바기나 덴타라의 예로 그리스 신화에 등장하는 스킬라Scylla를 언급하는데, 스킬라는 상체는 아름다운 여자이지만 하체는 세 마리의 지옥개로 되어 있다.(Creed 2001 : 106) 크리드는 이렇게 말한다. "지역적 차이는 있지만 일반적으로 신화 속에서 여성은 두려운 존재이다. 신화에서 여성은 질에 이빨을 가지고 있어서 길들여져야 하고, 그 이빨은 안전한 성교를 위해 영웅적 인물들 손에 제거되거나 최소한 무뎌져야 한다.(Creed 2001 : 2)

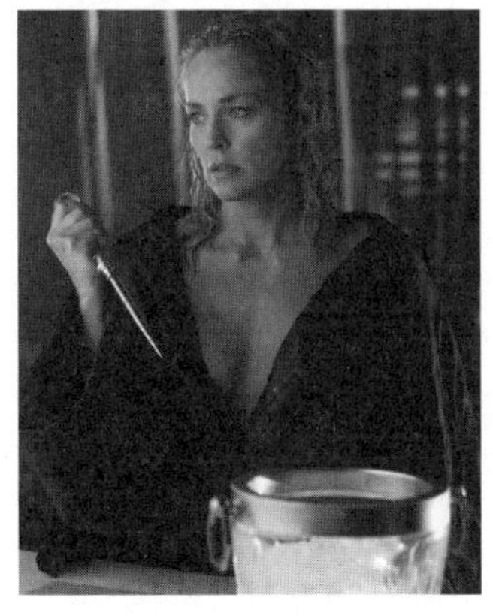

〈원초적 본능Basic Instinct〉

영화로 예를 들자면 〈원초적 본능Basic Instinct〉(1992)에서 마이클 더글러스는 '닉 커'라는 이름의 형사로 등장한다. 그는 얼음송곳으로 살인하는 여성 킬러를 추적한다. 닉은 유력한 용의자인 캐서린 트램멜(샤론 스톤 분)과 성관계를 갖게 되고 캐서린은 범인이 아닌 것으로 밝혀진다. 마지막 장면에서 닉

과 캐서린은 다시 섹스를 하는데, 카메라가 침대 밑에 있는 얼음
송곳을 비춘다. 이 영화에서 캐서린은 상징적인 바기나 덴타타이
다. 크리드가 말하듯이 〈원초적 본능〉은 "여성과 섹스하는 것은
극히 위험한 일"이라고 암시하는 셈이다.(Creed 2001 : 124)

　　도처에 편재되어 있는 이러한 신화는 남성들이 여성을 거세
자로서 두려워하고 있다는 사실을 잘 보여 준다. 바기나 덴타타
의 모티프는 "여성 생식기를 덫으로, 그리고 남성을 삼켜 버리
고 그들을 조각조각 찢어 버릴 수도 있는 검은 구멍"으로 묘사
한다.(Creed 2001 : 106) 다른 많은 예들이 초현실주의 예술에서도 발견
된다. 살바도르 달리Salvador Dali가 바기나 덴타타를 차용한 작품
은 《여성괴물, 억압과 위반 사이》에 삽화로 실렸다.(그림 14) 이
그림에는 가재를 질 위에 올려놓은 채 자세를 취하고 있는 나체
의 여성이 그려져 있다. 신화 속의 바기나 덴타타에서, 거세의 위
협과 잡아먹힐지 모른다는 위협은 서로 연결되어 있다. 드라큘
라 영화에서 바기나 덴타타는 흡혈귀의 송곳니 난 입이다. 〈죠스
Jaws〉(1975)에서 바기나 덴타타는 피가 흐르는 상어의 게걸스러운
목구멍이며, 〈에일리언〉에서 바기나 덴타타는 딱 벌린 턱과 타액
을 질질 흘리는 면도기 같은 이빨을 가진 괴물이다.

메두사의 머리

그리스 신화 속의 괴물 메두사는 자신을 보는 사람을 돌로 변하게

하는 것으로 유명하다. 흡혈귀 영화들은 메두사를 연상시키는 여성 흡혈귀의 치명적인 본성을 보여 주면서 메두사가 공포의 유산을 남겼음을 알게 한다.(Creed 2001 : 60) 프로이트에 의하면, "메두사의 잘려진 목은 거세되었기 때문에 공포를 주고 혐오스러운 존재로서의 여성을 표상한다".(Freud 1955 : 274)

여기서 프로이트가 간과한 것은 "날름거리는 뱀, 거대한 입, 축 늘어진 혀, 멧돼지의 엄니를 가진 메두사를 신화 사학자들이 바기나 덴타타의 끔찍한 버전으로 여긴다"는 점이다.(Creed 2001 : 111) 크리드에 의하면, 메두사는 거세된 여성 생식기를 수동적으로 닮았기 때문이 아니라 능동적으로 거세를 위협하기 때문에 공포스럽다. 프로이트는 메두사의 머리에 달린 수많은 뱀들은 그 자체로 공포스럽기는 하지만 남근 부재의 공포를 완화시키는, 남근 물신화의 대상이라고 해석하는데, 바로 이러한 프로이트의 해석이 적절하지 않다고 크리드는 지적한다. 어쨌든 뱀으로 된 얼굴은 큰 입과 뾰족한 송곳니를 갖고 있다. 즉, "메두사의 전체 얼굴은 공격할 태세를 갖춘 이빨 달린 질의 이미지다. 메두사에게 희생당하는 남성들이 공포로 얼어붙는 것도 무리가 아니다".(Creed 2001 : 111)

크리드는 프로이트가 거세하는 여성들의 힘을 고의로 축소한 다른 경우를 찾아내는데, '꼬마 한스'의 사례 연구가 바로 그러한 경우에 속한다. 한스는, 말馬에 대한 공포와 불안으로 고통스러워한다. 프로이트는 이것을 오이디푸스 콤플렉스 이론으로서 해석해 낸다. 이 이론에서 아버지는 거세자로서 두려운 존재이고, 어머니는 거세된 존재이다. 그러나 크리드는 한스가 가진 공포의 원천은 아버지가 아니라 어머니라고 말한다. 이 사례에서 자위행위에 대한 처벌로서 거세의 위협을 발언하는 사람이 바로 어머니이기 때문이다. 크리드는 모든 아이들이 처음에는 어머니가 아버지처럼 남근을 갖고 있다고 생각했다가 후에 어머니가 아버지와는 다르고 따라서 거세되었다는 생각을 하게 된다는 프로이트의 가정에 의문을 던진다. 크리드에 의하면, 한스는 어머니의 생식기가 자신의 것과는 다르다는 것을 알고 있고, 어머니가 거세되었기 때문에 무서운 것이 아니라 거세하기 때문에 두려워하는 것이다. 즉, 남성이 여성을 거세자로 구성해 내고 자신의 공포를 여성에게 전가시킨다는 사실을 프로이트가 고려하지 못한 것이다.

> 아마도 '거세된 자로서의 여성'이 아닌 '거세자로서의 여성'이라는 개념을 받아들이는 것은, 남성인 프로이트에게는 두려움이었을 뿐만 아니라 여성이 남근을 선망한다는 그의 이론, 즉 문화 전승에서 프로이트가 아버지에게 부여한 거세 위기와 역할을 훼손하는 것이기도 했을 것이다. (Creed 2001 : 121)

한편, 크리드는 상징계 질서로 아이가 진입하는 과정에서 어머니의 역할이 능동적이며 중대함을 강조하고, 거세하는 어머니에 대한 공포가 어머니와 아이 사이의 파열을 초래하는 데 결정적임을 암시한다. 어머니의 이러한 차원은 정신분석 이론에서처럼 영화비평에서도 무시되었다. 프로이트와 라캉에 도전해서, 크리드는 어머니가 법과 동일시될 수 있으며 상징계가 반드시 가부장적일 필요는 없다고 주장한다. 어머니의 육체를 아브젝트, 비상징적인 것으로 구성하는 것은 바로 가부장제 이데올로기의 의미적 실행이다. 이러한 의미에서 크리드는 크리스테바에게 주요한 영향을 받기는 했지만 상징계의 가부장적 특성을 문제 삼지 않은 크리스테바를 극복하게 된다.

치명적인 여성 거세자

남성의 거세 공포는 공포영화에서 공포스러운 여성성에 대한 두 가지의 특별한 표상을 만들어 냈다. (1) 거세자로서의 여성, (2) 거세된 여성이 그것이다. 〈사이코〉 같은 슬래셔 영화에서 여성은 동시에 두 가지 역할을 한다. 〈사이코〉에서 젊은 여성인 마리온은 샤워 커튼 뒤에서 난도질되는 거세된 여성으로 표상된다. 그녀의 육체는 물리적으로 절단되어 피를 흘린다. 그러나 공포의 진짜 원천이 되는 것은 아들의 인격을 지배하는 거세하는 어머니다.

캐럴 클로버Carol Clover는 〈그녀의 육체, 그 남자 자신 : 슬래셔 영화 속 젠더Her Body, Himself : Gender in the Slasher Film〉 (1987년 발표)에서 슬래셔 영화를 총이 아닌 칼이나 날카로운 무기로 만들어지는 영화로 정의한다.(Clover 1996 : 79) 클로버에 따르면, 슬래셔 영화의 일반적인 특성은 이러하다. 종종 사이코패스로 등장하는 살인자, 희생자들이 갇히게 되는 집이나 터널 같은 '무시무시한 장소', 친구들을 차례로 죽인 살인자를 죽이거나 공포를 견뎌 내고 살아남는

'최후의 여자'가 그것이다. 크리드는 슬래셔 영화 속 여성 주인공을 거세자로 보지만, 이 부분에서 프로이트의 논리를 언급하는 클로버는 여성 주인공을 그렇게 범주화하지 않는다. 그 대신에 '최후의 여자'는 남성적 자질과 남성의 이름을 받고 남근으로서 숭배된다고 말한다.

예컨대 〈할로윈Halloween〉(1978)의 로리(제이미 리 커티스 분), 중성적인 이름의 〈에일리언〉 여주인공 리플리(시고니 위버 분) 역시 슬래셔 영화의 전통과 관련되어 있다고 할 수 있다. 클로버는 대부분 남성인 슬래셔 영화의 관객들이 비유적으로 남성인 '최후의 여자'와 젠더를 초월해서 동일시할 수 있다고 말한다.(Clover 1996 : 100) 최후의 여자는 남성들에게만 허용되어 있는, 능동적인 탐구의 시선을 갖고 있다.(Clover 1996 : 93) 그녀는 살인자와 싸우려고 칼, 대형 망치, 뜨개질바늘 등을 휘두르며 살인자를 응시한다. 이러한 모든 '남근적 상징들'을 토대로, 클로버는 살인자와 최후의 여자에게 '공유된 남성성'과 '공유된 여성성'을 언급한다. 살인자가 그녀에게 거세됨으로써 고통스러워하기 때문이다.(Clover 1996 : 94)

이러한 분석에 동의하지 않는 크리드는 "슬래셔 영화의 여성 주인공이 지략이 있고 지적이며 위험하게 묘사되기 때문에 유사 남성으로는 보이지 않는다"고 주장한다.(Creed 2001 : 127) 크리드는 비남성적 이름을 가진 슬래셔 영화의 여주인공들을 인용한다. 〈13일의 금요일Friday the 13th〉(1980)의 앨리스, 〈엘름 가의 악몽A Nightmare on Elm Street〉(1984)의 낸시 등이 그들이다. 이 목록에 칼을 휘두르는 〈킬 빌Kill Bill〉(2003)의 베아트리스(우마 서먼 분)를 추가할 수도 있다.

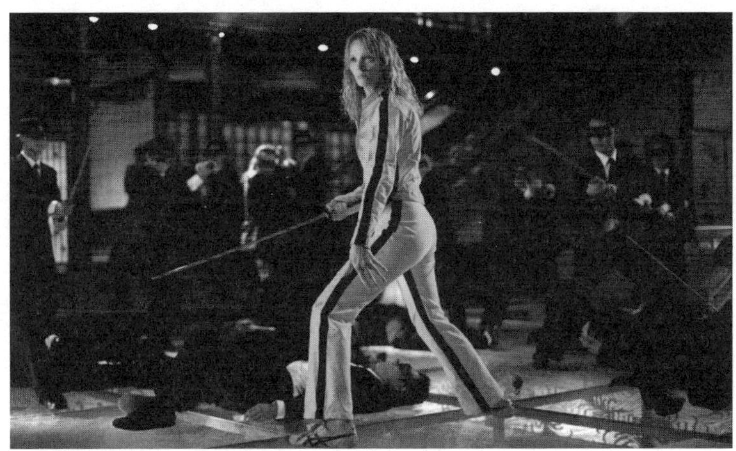

〈킬 빌Kill Bill〉

크리드는 "슬래셔 영화에 나오는 일반적인 여주인공들은 그 이미지가 거세 공포와 연루되어 있는 프로이트적 의미의 남근적 여성이 아니라 치명적인 여성 거세자"라고 단언한다.(Creed 2001 : 127)

여성 거세자는 막강한 힘을 가졌으면서도 파괴적인 인물이다. 그녀는 거세와 죽음의 두려움를 불러일으키는 동시에 (남성 내부에 있는) 죽음, 쾌락, 망각을 향한 피학적인 욕망을 이용한다.(Creed 2001 : 30) 강간복수 영화rape-revenge film와 슬래셔 영화가 바로 이러한 범주에 속한다. 형사가 죽음을 향한 피학적인 욕망에 빠져드는 〈원초적 본능〉의 위험한 여주인공도 같은 범주이다. 여성 거세자들이 나오는 이 영화들에서 거세의 부담을 안고 있는 것은 여성의 육체가 아니라 남성의 육체이다. 관객들은 복수하는 여성 거세자와 동일시하도록 초대받는다. "여성 거세자는 가학적인 응시를 장악하

고 남성은 그녀의 표적이 된다.”(Creed 2001 : 153)

능동적인 괴물로서의 여성의 존재는, 남성 인물과 남성 관객이 능동적으로 지배하는 시선을 소유하면서 여성을 응시의 대상으로 둔다고 하는 멀비의 관객성spectatorship 이론에 의문을 던지게 한다. 멀비의 모델은 공포영화에서 생산되는 시각의 구조를 설명할 수 없다. 많은 경우에 공포가 남성적이라 하더라도, 공포영화는 여성 거세자와 동일시함으로써 힘을 갖게 되었다고 느끼는 여성 관객들에게 특별한 호소력을 발휘한다고 크리드는 짐작한다.(Creed 2001 : 155) 그러나 관객들의 희망에 따라(무섭게 하고 싶거나 겁먹고 싶거나), 그리고 각 인물들과의 다양한 동일시 수준을 독려하는 영화적 코드에 따라, 관객들은 괴물과 희생자 사이에서 동일시를 바꾸기도 한다는 것을 크리드는 말하고 있다.

따라서 공포영화가 주는 모든 쾌락과 공포를 남성적으로 정의하기는 어렵다. 크리드는 남성 관객들만이 공격적이고 폭력적인 여주인공들과의 동일시를 즐긴다는 주장을 반박한다. 이러한 주장은 “오직 남근적 남성성만이 폭력적이고, 여성성은 상상 속에서라도 폭력적이 될 수 없다”는 가정에 근거하기 때문이다.(Creed 2001 : 155) 더 나아가, 여성이 비폭력적이고 평화적이라는 생각은 오랫동안 가부장제 이데올로기가 여성을 지배하는 데 사용되었다. 비록 에이미 존스Amy Jones의 〈여름날 파티에서의 대학살Slumber Party Massacre〉(1982), 캐스린 비글로우Kathryn Bigelow의 〈죽음의 키스Near Dark〉(1987), 제인 캠피온Jane Campion의 〈인 더 컷In the Cut〉(2003) 등 액션과 결합된 공포/슬래셔 장르를 시도한 여성 감독들이 있기는 하지만, 기본적으로 공포영화는 여성 감독들이 연출하기를 꺼리는 장르이기도 하다. 그럼에도 불구하고 크리드는 다음과 같이 고집한다.

> 여성들이 공포영화를 만들지 않는 이유는 '여성의' 무의식에 괴물이 없고 두려움이 없어서가 아니다. 그것은 모든 영역이 남성 지배적인 시스템인 상황에서 생산 도구에 대한 여성들의 접근이 여전히 결핍되어 있기 때문이다.(Creed 2001 : 156)

재난 TV

저서 《미디어 매트릭스》에서 크리드는 문화적으로 매우 특별한 공포물에 관심을 쏟는다. 아브젝트는 문명화된 것과 비문명화된 것 사이의 어떤 경계들로 구성되기 때문에 아브젝트 개념은 사회마다 다르다. 크리드는 "사람들이 비교적 편안한 삶을 즐기는 서구 사회에서 대중은 더욱더 미디어에 의지하며, 미디어는 아브젝트를 이해하고 아브젝트와 접촉할 수 있는 주요 진입로가 된다"(Creed 2003 : 9)고 말한다.

신문, 텔레비전, 드라마, 다큐멘터리를 포함한 미디어는 금기의 영역을 캐내며 선정적인 사건들, 인간 행위의 극단적인 형태, 세계의 위기 등을 다룬다. 전쟁, 폭력, 고문, 죽음, 재난, 일탈적인 성적 행위를 다룬 미디어 이미지들은 매일 대중에게 아브젝시옹을 실어

나른다. 텔레비전의 토크쇼나 인터넷 채팅방부터 포르노그래피, 만화책, 여성용 로맨스물에 이르기까지 인기 있는 미디어들은 용인될 수 있는 행위와 도덕적 가치들이 위반되고 경계가 엇갈리는 토론의 장이다. 참여자들 삶의 일탈적인 세부 정보들이 노출되는, 고백적인 텔레비전 프로그램이나 토크쇼도 여기에 속한다.

미디어는 용인될 수 있는 것과 금기 사이의 선을 긋는 종교 역할을 할 뿐만 아니라, 계속 세속 세계 안에서 종교적 의식을 안내할 책임을 맡게 된다. 미디어는 대중을 '미지의 공간들'로 이끌고 간 뒤 다시 '익숙한 곳'으로 되돌려 보낸다.(Creed 2003 : 10) 이 점은 텔레비전 뉴스를 떠올려 보면 알 수 있다. 때때로 희망을 주는 이야기들(예를 들어, 비극적 현장에서 구조원이 펼친 영웅적 활약)이 배치되어 있기는 하지만, 뉴스는 대부분 공포스러운 것과 아브젝트(예컨대, 실종된 사람의 시체를 찾거나 전쟁 또는 재난으로 부상당한 희생자의 이미지들)에 초점을 맞춘다. 그러고는 마음 편한 가벼운 뉴스로 마무리한다. 이 가벼운 뉴스는 시청자의 불안감을 없애며, 경계를 다시 긋고 익숙한 일상의 규준으로 우리를 되돌려 보낸다.

크리드는 '재난 TV'라고 명명한 현상에 특별히 주목한다. 이 용어는 전쟁, 테러, 학살, 고문 화재, 홍수, 토네이도 등의 재난을 보도하는 뉴스를 일컫는 말이다.(Creed 2003 : 177) 재난 TV는 우리로 하여금 "발생 가능하고, 인내할 만하며, 생각할 수 있는" 한계 지점과 아브젝트를 대면하게 한다. 다만 리얼리티 텔레비전 쇼와 달리, 우리를 즐겁게 해 주지는 않는다.(Creed 2003 : 171)

인터넷과 컴퓨터 시뮬레이션, 재난 TV는 현장에서 '생'중계를 하고 새로운 디지털 매체를 사용하기 때문에 직접성과 투명성이라는 인상을 만들어 낸다. 수많은 설명들, 특히 9 · 11 사건에 대한 설명들은 그 사건이 볼거리로서 실시간으로 중계되었다는 점을 강조하지만(보드리야르 2002 참조), 크리드는 재난 TV가 견고하게 구성되어 우리와 사건 사이를 중재하고 있다는 사실을 환기시켰다. 재난 TV는 언제나 시청자를 혼란스럽게 만들지 않으려 전송하는 사건들을 자제하거나 검열한다. "재난 TV에서는 재난 장면이 그 재난이 일어나는 동시에 펼쳐지는 것처럼 보이기 때문에 투명해 보이지만, 실제로는 세심하게 편집되어 방송된다. 세계무역센터 테러를 다룬 신문 보도와 텔레비전 이미지를 비교해 보면, 훼손된 수백 구의 시체들이 거리에 널려 있는 모습을 포함하여 진짜로 공포스러운 대부분의 광경은 전시되지 않는다는 것을 알게 될 것이다."(Creed 2003 : 179)

텔레비전 방송은 신중하게 그러한 이미지들은 회피했고, 시청자들이 듣기에 너무 고통스러운 정보를 이야기할 목격자들의 숫자를 제한한다. 리얼리티 텔레비전 프로그램이 인간 행위의 극한을 포함한 모든 것을 포착하려고 하는 반면, 재난 TV는 실재 위기를 다루지만 가장 충격적인 것은 삭제한다. 곧 전송될 이미지들이 시청자들을 혼란스럽게 하는 것이면, 뉴스 진행자는 경고성 이야기를 한다. 진행자는 "재난 TV를 한계 지점으로 안내하는 안내자 역할을 수행한다. 안내자는 시청자들을 공포와 고통의 암흑세계로 안내하지만, 시청자들에게 그 여행이 도저히 볼 수 없을 정도, 못 견딜 정도는 아니라는 점을 보증하는 것이다".(Creed 2003 : 182)

여성은 왜 공포스러운 존재인가?

이 장에서는 크리드의 이론을 살펴보았다. 크리드의 이론에서 공
포영화는 문명화된 경계를 위반하는 아브젝트와 대면하게 한다.
점점 더 세속화되는 사회에서 공포영화는 정화 의식을 수행한다.
공포영화는 인간과 문명화된 것들을 위협하고 내쫓은 뒤 정상적
인 경계들을 다시 분명하게 구분짓는 것과 관객이 마주치도록 한
다. 공포영화에서 괴물로서의 여성 혹은 괴물스러운 여성성이라
는 관념은 가부장제 문화 속에서 아브젝트로 구성된, 여성 육체가
가진 생식적 기능에 얽매여 있다. 그럼에도 불구하고, 공포영화에
등장하는 능동적인 여성 괴물의 존재는 여성들이 기본적으로 수
동적인 희생자라는 가부장적 시각에 도전한다고 할 수 있다.

거세자로서의 여성에 대한 두려움에 주목하면서, 크리드는 여
성이 거세되었다고 가정되기 때문에 공포스러운 존재라는 프로이
트의 생각에 이의를 제기한다. 크리드는 또한 거세하는 어머니에
대한 두려움이 중대한 문화적 역할을 수행한다는 점을 제기하면
서, 아버지만이 법과 상징계 질서의 대표자라는 생각에도 의문을
제기한다. 능동적인 괴물로서의 여성의 역할은, 더 나아가 남성적
응시에 대한 이론을 반박하면서 여성 관객을 위한 동일시의 형식
을 만들어 내기도 한다.

이후의 작업에서 크리드는 재난을 보도하는 뉴스와 인터넷 같
은 동시대의 미디어를 탐구한다. 그에 따르면, 재난을 보도하는 재난
TV는 공포를 보고 아브젝트를 대면하는 새로운 방법을 탄생시켰다.

7

위기의 남성성

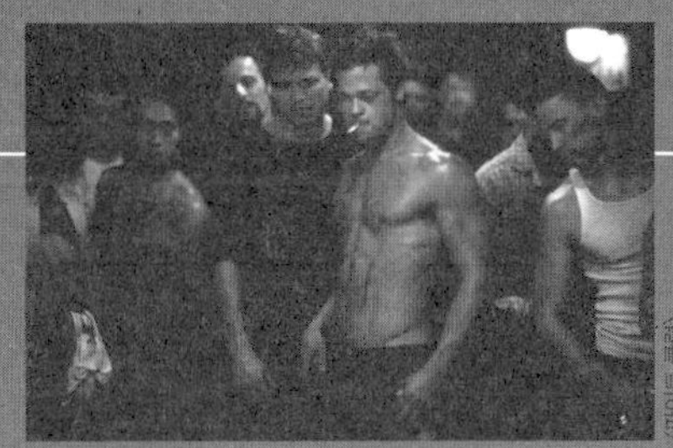

페미니스트 운동과 게이해방운동이 발전해 나가고, 후기 산업사회 속에서 서로 다른 기술을 가진 노동자들의 요구가 생겨나면서 남성들은 남성으로서 다르게 행동하지 않으면 안 되었다. 서구의 미디어는 (백인) 남성 이성애자를 이러한 변화의 '희생자'로 묘사하면서, 여성과 게이들이 그들의 희생을 대가로 사회적·심리적 이득을 얻은 것처럼 묘사한다.

'위기의 남성성'이라는 개념이 대중적 무대에 등장한 것은, 로버트 블라이Robert Bly의 베스트셀러 《무쇠 한스 이야기Iron John》(1990)와 영화 〈파이트 클럽Fight Club〉(1999)처럼 남성들이 '실재' 남성이었던 시절을 그리워하면서 어떻게 하면 남성성을 되돌릴 수 있을지를 논쟁하는 작품들이 나오면서였다. 그러나 페미니스트 영화이론에서는 '위기의 남성성'은 고정된 남성성을 전제로 한 "남성성의 현재적 위기"에 대해 언급하는 것이 아니라 남성다움의 개념 그 자체가 이론적으로 그리고 역사적으로 곤경에 처해 있다는 사실을 언급한다.(Penley & Willis 1988 : 4)

남성성에 대한 이론적 관심은 젠더가 본래적 범주가 아니라 사회적으로 구성된 것이라는, 페미니스트 운동의 통찰로 생겨난 산물이다. 그러나 '남성man'이라는 용어는 오랫동안 인간 일반과 동등한 의미로 사용되었고 보편적인 것으로 여겨져 왔다. 부분적으로는 이러한 이유 때문에, 비평가들에게는 적어도 1980년대까지 남성성은 여성성처럼 "구성, 수행 그리고 가장무도회라는 문화적 효과로서" 취급되지 않았다.(Cohan and Hark 1996 : 7) 그러나 이후의 남성성 연구는 '남성' 그리고 '남성적 주체'가 역사적으로 자주 변화하고 이데올로기적으로 불안정하며, 영화와 다른 대중매체들을 포함한 표상의 영역에서 자주 구성과 재구성을 반복한다는 점을 밝히고 있다.

그래서 페미니스트 영화이론가들은 이론적 작업 안에 내포되었던 단일한 개념으로서의 '남성'에 의문을 제기하기 시작했다. 예컨대 서사 영화가 호명하고 있다는 남성화된 관객 개념과 남성 관객의 쾌락을 에워싸고 있다고 여겨졌던 관음증과 페티시즘의 환상에 대한 의문이 여기에 모두 포함된다. 페미니스트 영화이론가들은 남성성을 논의하면서 다중적인 남성성의 존재를 인정하게 되었다. 즉, 계급과 인종, 섹슈얼리티, 나이 등 제도들과 권력의 담론에 다양하게 영향을 받은 남성성의 존재를 인정하게 된 것이다.(Penley & Willis 1988 : 4) 그 결과, 이제는 남성을 권력에 연결하고 여성을 그 반대에 연결하는 구도는 더 이상 유효하지 않게 되었다. 카자 실버만은 이러한 점들을 남성성 탐구에서 암시하고 있으며, 이장의 초점도 바로 그것이다.

멀비가 〈시각적 쾌락과 서사 영화〉에서 동원한 이분법은 남성성을 능동성 · 사디즘 · 관음증에, 여성성을 수동성 · 마조히즘 · 노출증과 등가로 본 것이었다. 실버만은 이러한 문화적 이분법의 진정성에 의문을 던지면서, 남성의 쾌락이 언제나 지배의 주변을

맴돌고 있다는 가정에 문제를 제기했다.(Silverman 1980 : 2) 남성성에 대한 실버만의 글쓰기는 이 분야 연구에서 가장 미묘하게 페미니스트가 개입한 사례이다.

〈마조히즘과 주체성Masochism and Subjectivity〉(1980)에서 실버만은 남성적 마조히즘과 결여를 '문화적 비밀'로 일컬으며 이를 폭로한다. 이러한 문화적 비밀은 바로 남성을 능동적이며 가학적이며 관음증적인 경향들과 동일시하고, 여성을 수동적이며 피학적이고 누군가에게 보여지는 경향과 동일시하는 관념으로 오랫동안 지켜져 왔다.(Silverman 1980 : 8) 그 이후에 쓴 《주변부의 남성 주체Male Subjectivity at the Margins》(1992)에서 실버만은 이전에 반론을 제기했던 논점들을 재고하면서, 사회적으로 남성성이 '고전적인' 혹은 '규범적인' 남성성의 주변부에서 구성되었음을 탐구한다. 피학적이고 비남근적이며 상처 입은 남성성은 바로 남성 주체성의 중심에 놓인 결여를 강조하면서 규범적인 혹은 '남근적인' 남성성이 허구적인 속성일 뿐이라고 폭로한다. 또한 그러한 허구적인 남성성 개념이 오늘날 결여, 수동성, 마조히즘, 화자성 혹은 응시에 대한 민감함을 부정함으로써 성립되었음을 밝힌다.

지배적인 허구

이미 4장에서 언급했듯이, 실버만의 작업은 라캉의 정신분석학과 연관되어 있다. 팔루스phallus는 남근이 아니라고 주장함에도 불구하고, 라캉은 자주 팔루스를 욕망의 보편적 기표로 만든다. 실버만은 이와는 아주 다르게 팔루스를 문화적으로 다양한 결여의 상징으로 읽어 낸다. 라캉은 언어로의 접근과 상징계적 질서로의 진입은 인간 주체에 결여를 설치한다고 말하지만, 실버만은 결여는 '가능한 표상의 범위'를 갖고 있으며 팔루스와 상징계의 법을 연결하는 것은 필연적인 것이 아니라 이데올로기적인 것이라고 말한다.(Silverman 1992 : 38)

이러한 결여 혹은 '상징적 거세'는 남성과 여성에게 모두 보편적으로 적용된다. 이것은 모든 주체의 불가피한 조건이다. 우리를 대변하고 우리보다 먼저 선행해서 존재하는 담론적 질서에 굴복하는 순간, 우리는 전체성의 어떤 가능성을 포기하게 된다. 보편적인 거세로 인해 어느 누구도 팔루스를 소유할 수 없다. 따라서 팔루스는 획득할 수 없는 전체성을 상징하게 된다. 실버만은 한 사회가 합의를 설정하게 하는 이야기이자 이미지들, 즉 영화가 이를 활용하면서도 그 형태를 만들도록 돕는 이미지들을 '지배적인 허구the dominant fiction'라고 부르는데, 바로 이 지배적 허구에 남성 주체를 권력과 특권에 공고하게 동일시하게 하는 남근과 팔루스 사이의 상상적인 동일시가 있다고 말한다.

고전적인 남성 주체는 '팔루스로서의 남근'이라는 오인misrecog-nition을 통해 이데올로기적으로 구축된다. 오인은 남성 주체가 자신의 거세를 부정하도록 만든다. 여기서 '오인'이라는 용어는 라캉 이론은 물론이고, 알튀세르 이론의 상상적 왜곡이란 의미를 모두 포함하는 단어이다. 실버만은 이데올로기 안에서, 실재와의 관계는 상상적인 것으로 채워져 있다는 점에서 알튀세르에 동의한다. 즉, 무엇이 '실재적'인가라는 데 대한 사회적 합의는 단지 '이성적 동의'가 아니라 '상상적인 확신', 즉 오인의 형식을 띤다.(Silverman 1992 : 24) 이데올로기적으로 왜곡된 실재라는 개념은 실버만의 '지배적인 허구'라는 용어, 즉 이데올로기 분석가인 자크 랑시에르Jacques Rancière에게서 빌려 온 개념 속에 집약되어 있다.(Silverman 1992 : 30)

지배적인 허구는 "안정적인 중심부를 형성하며 국가와 시대의

| 오인 MISRECOGNITION |

실버만은 오인이라는 용어를 알튀세르와 라캉에게서 가져왔다. 알튀세르는 이데올로기가 신념을 지휘하는 방식을 설명하는 데 이 용어를 사용했다. 길거리에서 "이봐, 거기!"라고 부르는 경찰의 말에 뒤를 돌아오는 사람은, 그 소리가 '진정' 자실을 호명하고 있다고 오인하는 것이며 따라서 이데올로기 안으로 '봉합되고' 있는 것이다. 라캉의 글쓰기에서 오인(프랑스어로는 méconnaissance)은 에고의 바탕이 되며, 거울에 비친 이미지와 자신을 동일시하는 거울 단계에 형성된다. 이데올로기 안으로 봉합된 주체처럼, 아이는 "맞아, 이게 바로 나야"라는 감각을 갖게 된다.(Silverman 1992 : 20) 아이가 이렇게 이미지를 인지하는 것이 바로 오인이다. 그것이 오인인 것은, 아이가 경험하는 자기 자신은 분열된 반면에 거울 속 이미지는 전체적이고 일관되기 때문이다. 아이가 거울 像과 자신을 득의만만하게 동일시하는 과정을 설명하면서 라캉은 '포획captation'이라는 용어를 사용한다. 이 용어는 상상적인 것에 의한 아이의 사로잡힘과 매혹을 의미한다. 포획은 주체가 사회적 표상을 포함한, 다른 외부의 이미지들과 자신을 동일시할 때도 일어난다. 거울 단계는 따라서 에고가 구성되는 일련의 오인을 형성한다. 오인은 우리가 정체성의 핵심 혹은 현실의 담지자로서 생각하는 에고가 실은 환상에 불과하다는 것을 암시한다.

'현실'은 그 중심부에 응집된다".(Silverman 1992 : 41-2) 통합의 가장 중요한 이미지는 가족이다. 가족은 다른 모든 집단적 정체성(동네, 도시, 국가)을 구성하는 전통적인 모델이다. 지배적인 허구에서 가장 특권화된 용어는 바로 팔루스이다. 실버만은 이렇게 말한다. "이데올로기가 고전적인 남성성을 유지하는 데 중심적인 역할을 한다면, 고전적 남성성에 대한 확신은 우리가 지배하는 '현실'을 유지하는 데 마찬가지로 중요하다."(Silverman 1992 : 16) 즉, 남근과 팔루스 이 두 단어 사이가 끊어진다면 이는 곧 전체로서의 지배적인 허구에 대한 믿음, 즉 사회에서 '현실'에 대한 믿음을 상실하는 것을 의미할 정도로 우리 사회의 집단적 신념은 남근과 팔루스 간의 동일함에 의존하고 있다. 따라서 실버만의 설명으로 보면, 남성성의 어떤 위기는 어마어마한 정치적 영향력을 갖게 된다. 남성성의 위기는 곧 우리가 이데올로기와 맺는 관계를 재협상해야 하는 중요한 문제인 것이다.

지배적인 허구는 개개인들에게 규준적인 욕망과 동일시를 격려함으로써 기존의 상징계적 질서와 개인을 연결하는 끈을 만들어 낸다. 현재 '우리'에게 지배적 허구의 주요한 수단은 긍정적인 오이디푸스 콤플렉스이다. 오이디푸스 콤플렉스는 우리를 아버지의 이름Name-of-the-Father에 적응하게 하고, (부계) 가족과 남성 주체의 충족함에 대한 믿음을 공고하게 한다. 이 믿음은 남근과 팔루스 사이의 동일성을 유지시키고, 또한 본래 불충분하고 결함이 있는 실제 아버지와 신처럼 전능하다고 상상되는 상징계적 아버지 사이의 동일성도 유지시킨다. 가족과 팔루스가 우리의 지배적인 허구를 이루는 핵심적인 요소이지만, 가족과 팔루스는 계급·인종·민족·종교·젠더·국가 이데올로기에서 유발된 2차적 요소들과도 친밀하게 공존한다. 어떤 2차적 요소들은 지배적 허구의 주요 용어들을 정의 내리기는 데 도움을 주기도 한다. 예컨대 기독교의 신, 즉 하늘에 계신 아버지라는 개념이 그러하다.

"2차적 요소들에 대한 신념을 상실함으로써 1차적 요소들의 위기가 초래될 수 있지만" "핵심적 요소들에 대한 믿음을 철회하는 것은 더 큰 사회 형성의 응집성을 위태롭게 하는 것"이라고 실버만은 말한다.(Silverman 1992 : 48) 실버만은 단지 우리의 이데올로기적 현실을 진단하는 데 그치지 않고 이데올로기적 현실이 심리적이며 문화적인 수준에서 어떻게 변화하는지를 이론화한다. 심리적인 것과 문화적인 것은 항상 얽혀 있다. 심리에서 일어나는 것은 문화적이며, 문화적인 힘은 심리, 즉 환상과 상상적인 포획, 긍정적인 오이디푸스 콤플렉스 등의 메커니즘과 연루될 때만 작동된다. 실버만은 그러나 심리는 오이디푸스 콤플렉스의 한계를 뛰어넘을 수 있다고 조심스럽게 제안한다. 욕망과 동일시는 지배적 허구를 회피하고 거부할 수 있기 때문이다. 더 나아가, 지배적인 허구 그 자체가 다양하게 될 수도 있고 변화될 수도 있다. 담론적 실천이 지배적 허구에 도전하여 그것을 변화시킬 수 있는데, 이미 페미니스트 게이운동이 지배적 허구에 이의를 제기한 바도 있다.

대중의 다수는 이러한 급진적인 운동의 이데올로기가 위협적이며 그들 '세계'의 토대를 뒤엎고 그들이 '진실'이라고 믿는 모든 것을 파괴한다고 여기기 때문에 지배적 허구에 대한 믿음을 깨

는 데 주저한다. 수많은 힘들이 지배적 허구를 유지시키는 데 작
동된다. 실버만은, 지배적 허구의 '믿음 효과'에 접근하고자 투쟁
하는, 즉 스스로를 지배적 허구의 핵심 요소에 연결시키려고 '경
쟁하는 이데올로기들'이 있다고 말한다.(Silverman 1992 : 49) 오늘날의 사
회에서 자본주의 역시 그러한 경합을 벌이는 하나의 이데올로기
다. 과거에는 또 다른 이데올로기들이 있었는데, 독재자가 국가의
상징계적 아버지로서 행동했던 1930년대 독일의 파시즘이 그러
한 이데올로기였다.

실버만의 남성성 이데올로기 분석이 페미니스트의 중요한 기
획이 될 수 있는 것은 실버만의 분석 도처에 여성 주체에 대한 암
시가 있기 때문이다. 《음향적 거울》(3장 참조)에서도 그리고 《주변
부의 남성 주체》에서도, 실버만은 전형적인 남성 주체가 자신의
'결여'를 인지하기를 거부하면서 자신의 거세와 결여를 여성 주체
성의 장소에 놓아둔다고 말한다. 투사와 부인, 페티시즘의 메커니
즘을 통해 관습적인 남성 주체는 거세뿐만 아니라, 거울효과, 타
자성 등을 부인한다. 실버만이 가져온 라캉 이론에서 앞에서 언급
한 이러한 것들은 모든 주체성의 불가피한 조건으로 존재하지만,
보통 여성들만이 이를 의식적으로서 경험하게 된다. 따라서 '여성
성'의 범주는 남성 측에서 보면 그러한 조건들에 대한 부인否認이
만든 생산물이 될 수 있다.

그러나 실버만이 분석하는 영화에서 남성성에 집착하는 사람
은 단지 남성만이 아니다. 할리우드 영화에는 습관적으로 여성 주
체가 남성의 거세를 부정하고 그에게 '남근적(팔루스적) 충족'이 있

다고 생각하려 본인의 실제 눈으로가 아니라 상상 속에서 남성을 보는 장면이 나온다.(Silverman 1992 : 8) 이러한 영화들은 지배적인 허구와 결탁하여 남성적 결여를 인지하지 못하는 '이상적' 여성을 묘사한다. 이 여성들은 명백하게 작위적인 온당한 남성 이미지 혹은 욕망의 기표로서의 팔루스에 대한 신념을 가진 것으로 묘사된다. 그러나 실버만은 할리우드나 다른 영화들에서 이와는 다른 예들을 찾아낸다. 이 영화들은 거세, 타자성의 경험, 응시가 지닌 민감함을 인정하고 그것을 포용하는 '일탈적인' 남성성들을 묘사한다. 이러한 '일탈적인' 남성성의 일부는 권력에 '아니오'라고 말하는 자세, 즉 모든 주체성의 조건 및 용어와 화해하고 전통적으로 '여성적으로' 여겨진 것과 화해하는 자세를 보인다. 실버만은 이러한 남성성의 탐구가 아주 긴급한 페미니스트의 탐구 과제라고 말한다. 그것은 곧 '남성 동일시와 욕망을 재배열함으로써 "일반적인 믿음을 지배하는 모든 것을 사실상 무화시키고 무가치하게 만드는 작업이자, 여성 주체성을 현재와는 다르게 살게 하는 작업"이다.(Silverman 1992 : 2-3)

역사적 트라우마

전후의 느와르 영화에서부터 현대의 남성적 멜로드라마까지, 할리우드는 전통적인 남성성에 대한 신뢰의 위기를 극화劇化하고 그 회복을 시도한다. 이러한 주제를 페미니즘의 관점에서 연구한 예로, 실버만에게 영향을 준 수잔 제포즈Susan Jeffords의 책《미국의 재남성화 : 젠더와 베트남전쟁The Remasculinization of America : Gender and the Vietnam War》(1989)을 들 수 있다. 제포즈가 말하는 '재남성화'는 남성성이 위기, 즉 무력화의 상태에 처해 있으며 그 회복이 요구되고 있음을 암시하는 용어이다. 제포즈는 이를 바탕으로 전쟁 담론이 어떻게 관습적인 남성성을 재구축하는지를 탐구한다. 실버만은 제포즈와 달리 남성적 힘과 특권을 재확인하지 않고 포기하는 영화들 혹은 남성적인 흠결과 나약함을 감추지 않고 전시하는 영화에 초점을 맞춘다.

실버만은 역사적 트라우마를 다음과 같이 정의한다. 역사적 트라우마는 남성 에고의 응집성을 분산시키고, 결여의 심연을 감추지 않고 오히려 폭로할 정도로 남성 집단이 직접적으로 결여와 대면하는 사건이다.(Silverman 1992 : 55) 이 사건은 일시적으로 페니스/팔루스 동일시나 다른 지배적 허구의 요소들을 붕괴시킨다. 이러한 결여와의 관계는 기본적으로 심리적인 것이지만, 남성 주체는 자신의 해부학적인 결여로써 이를 표상한다. 육체적 결여는 바로 결여가 영화적으로 묘사되는 방식이다.

원형적인 남성 주체가 남성성의 충족성이라는 마술 안에서 '자신'을 인지하지 못하는 때가 바로 이러한 역사적 순간이다. 이때 우리 사회는 "'이데올로기적 피로'로 고통 받는다"고 실버만은 말한다.(Silverman 1992 : 16) 이러한 순간들은 제2차 세계대전의 후유증 속에서 만들어진 할리우드 영화 속에 기입되어 있다. 이 영화들은 전쟁의 트라우마와 전후 회복기에 벌어지는 전통적인 남성성의 위기를 예중하면서, 민간 사회에서 제대로 살아가지 못하고 결핍으로 낙인찍힌 심리적 · 신체적 상처를 가진 전쟁 용사들을 그려 낸다. 돌아온 전쟁 용사들은 그들이 성장한 작은 도시에서 더 이상 편안함을 느끼지 못한다. 모든 것이 변화되고 낯설기만 하다. 그들은 자신들이 맡았던 전통적인 역할을 다른 남성 혹은 여성들이 차지했음을 알게 되면서 자신의 명백한 '잉여됨'에 불안감을 느끼게 된다. 전쟁 기간에 후방에서 여성들이 동원된 것은 제대군인들에게 그들이 없어도 사회가 잘 굴러간다는 사실을 보여 주었다. 그때까지 자신들이 사회에서 중요한 역할을 한다고 믿었던 제대군인들은 이제 자신들이 오히려 남에게 의존하고 있음을 알게 된다.

이러한 영화들에서 성적 차이의 규준들은 불안정하다. '소년이 소녀를 얻는다'라는 표준적인 공식은 더 이상 적용되지 않는다. 여성 인물은 일반적으로 남성 인물에게 부여되었던 서사적 행위성을 얻게 되며, 남성 인물보다 더 많이 보는 사람의 위치에 선다. 전통적인 남성성에 대한 믿음이 붕괴되면서 이 영화들은 남성 주체의 믿음뿐만 아니라 가족 내 그리고 작은 도시의 삶에서 믿음이 상실됨으로써 발생하는 '이데올로기적 피로감', 즉 전후 미국에서 일어난 '현실'의 붕괴를 예중한다.(Silverman 1992 : 54)

실버만이 논의하는 영화 중에서 〈우리 생애 최고의 해The Best Years of Our Lives〉(1946)에는 전쟁에서 돌아온 제대군인들이 등장한다. 그중 한 명은 팔 절단 수술을 받고 갈고리 의수를 단 채 돌아온다. 실버만에 의하면, 이 영화는 시선의 패러다임을 뒤집어 놓는다. 여성들은 자신의 결여를 드러내지 않고 오히려 남성들의 결여를 보도록 요구된다. 여성들은 남성들의 거세를 인정하고 그것을 부정하지 않는다. 남성들이 거세되었음에도 불구하고 아니 거세되었기 때문에 여성들은 남성들이 심적·육체적 상처가 있음에도 남성에 대한 욕망을 느낀다.

실버만의 분석에 따르면, 〈우리 생애 최고의 해〉는 남성 주체를 거세와 거울효과, 타자성 등 지배적 허구를 분산시키는 모든 것과 대면시킨다. 영화는 역사적 트라우마의 묘사로써 관습적 남성성의 나약함, 더 넓게는 지배적 허구의 상처 받기 쉬운 나약함을 극화한다. 그러나 실버만은 역사적 트라우마를 '대중적 오인'

〈우리 생애 최고의 해The Best Years of Our Lives〉

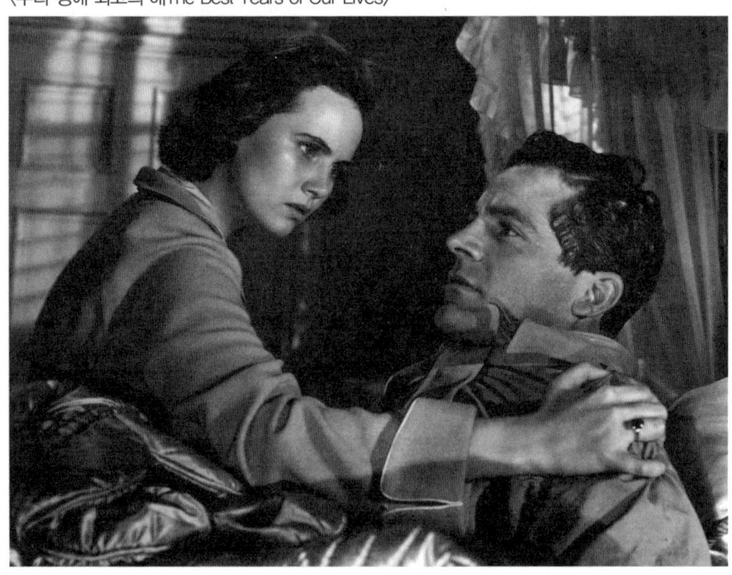

의 해결이나 사회적 변화의 행위자로 제시하지 않는다. 그보다는 관습적인 남성성에 대한 확신이 어떻게 제2차 세계대전의 우연한 부산물로 파괴되는지를 보여 주며, "여성 주체와 마찬가지로, 전형적인 남성 주체가, 결여와 더불어 산다는 것을 알게 된다는 점"을 보여 주려 한다.(Silverman 1992 : 65)

실버만이 언급한 또 다른 사례인 〈멋진 인생It's A Wonderful Life〉(1946)은 지배적 허구를 재확인하는 방식으로 이러한 문제를 해결하지만, 역사적 트라우마를 표현하는 데는 이르지 못한다. 오히려 문제를 해결하려는 중압감으로 인해 할리우드의 관습을 극한으로까지 밀고 간다. 이 영화는 사실주의 전략을 깨뜨리고 "'하늘의' 지원병"을 투입하기에 이른다.(Silverman 1992 : 53) 조지 베일리(제임스 스튜어트 분)가 처한 절박한 곤경은 하늘에 계신 아버지의 시선을 끌게 되고, 하늘의 계신 아버지는 수호천사 클래런스를 땅으로 내려 보내어 그를 돕게 한다.

조지는 전쟁 용사가 아니며, 영화에서 전쟁은 전체 배경을 형성할 뿐이다. 그러나 조지는 눈에 띄게 결여된 인물이다. 첫째, 그는 동생 해리를 구하려고 얼어붙은 웅덩이에 뛰어들었다가 한쪽 귀의 청력을 상실한 육체적 결여를 안고 있다. 군 복무에 적합하지 않은 신체 조건 때문에 조지는 전쟁 기간에 고향인 베드포드 폴스에 남아 있게 되고, 동생인 해리는 영웅적인 전투기 조종사가 된다. 하지만 전쟁에는 나가지 않아도 가업을 이어야 했기 때문에 조지는 고향을 떠나 여행하고 싶은 욕망을 접어야 했다.

조지의 어린 시절을 회상하는 과정에서, 수호천사 클래런스는

조지가 어떻게 약국 주인이 우발적으로 아이들을 독으로 죽일 뻔
한 사건을 막았는지를 보게 된다. 약국 주인은 실수로 독을 넣을
캡슐을 아픈 아이들에게 배달하라고 어린 조지를 윽박지른다. 아
버지의 까다로운 모습을 그다지 접한 적이 없어 당혹감에 빠진 어
린 조지는 '아빠에게 물어봐. 아빠는 알고 있어'라는 문구로 "시가
를 휘두르는 가부장제"를 묘사한 시가 광고에서 힌트를 얻어 독약
을 어떻게 할지 물어보러 아버지를 찾는다.(Silverman 1992 : 95) 그런데 조
지는 아버지를 찾아갔다가 악독한 사업가 포터가 아버지를 추궁
하는 것을 우연히 엿듣게 된다. 조지는 즉시 아버지를 변호한다.
"아버지는 이 마을에서 제일 대단한 사람이에요. 포터보다 더 크
고 그 누구보다도 더 위대한 사람이에요!" 이로써 아들 조지는 실
재 아버지와 상징적 아버지 그리고 남근과 팔루스 사이의 간극을
치유하게 되지만, 이로써 아들 조지가
갖게 되는 '나약한' 아버지와의 동일시
는 이러한 간극을 더욱 강조할 뿐이다.

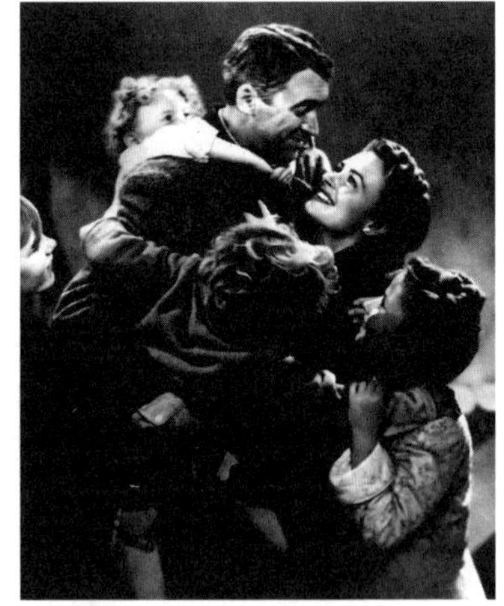

〈멋진 인생It's A Wonderful Life〉

   이후에 성인이 된 조지가 부채 때문
에 자살을 하려는 순간, 수호천사 클래
런스가 나타나 조지가 태어나지 않았다
면 세상이 어떻게 됐을지를 보여 준다.
그가 없었다면 동생 해리는 죽었을 것
이고, 당연히 전쟁에서 수천 명의 목숨
을 구하지 못했을 것이다. 조지가 대학
을 가려는 꿈을 접고 아버지의 사업을

218

물려받지 않았다면, 도시 전체는 탐욕스러운 기업가 포터에게 먹혔을 것이다. 조지의 아내는 외로운 노처녀가 되었을 것이고, 그의 아이들은 세상에 존재하지 못했을 것이다. 조지가 이 세상에 없다는 것은 이 우주에 회복할 수 없는 '구멍'을 남기는 일이 된다.

실버만의 분석에 따르면, 이 구멍은 이 영화가 봉합하려고 애쓰는 전후의 남성 주체성이다. 이 영화는 남성이 잉여적 존재나 겁에 질린 존재가 아니라 꼭 필요한 존재로서, 가장이자 동네의 지도자로서 적합한 인물임을 재확인함으로써 트라우마를 치유한다. 중개자인 수호천사 클래런스를 통해서 전능한 하늘의 아버지가 결여된 남성 주체를 훌륭하게 만들고, 미국의 작은 마을에 가족과 인생에 대한 믿음을 회복시키면서 남성 주체는 재구성된 지배적인 허구로 다시 통합된다.

스크린과 응시

《주변부의 남성 주체》에서 실버만이 탐구하는 영화에는 게이 감독인 라이너 베르너 파스빈더Rainer Werner Fassbinder의 영화들이 있다. 이 영화들은 주변부적인 남성성을 전후 할리우드 영화보다 더욱 깊숙이 밀고 나간다. 특히 파스빈더의 영화 〈불안은 영혼을 잠식한다Fear Eats the Soul〉(1974)는 주변부적인 남성성을 잘 보여 준다. 젊은 모로코인 이주노동자인 알리와 60대 백인 청소부인 엠미와의 연애를 다룬 이 영화는, 1970년대 독일 사회에서 이 커플에 던

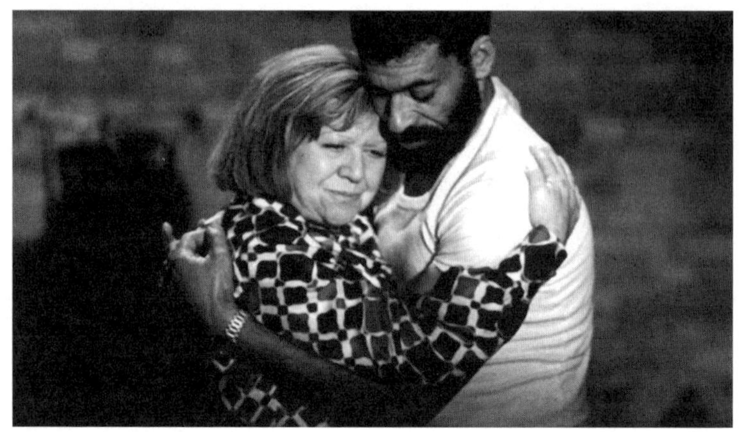

〈불안은 영혼을 잠식한다Fear Eats the Soul〉

져지는 타인의 적대적인 시선에 초점을 맞춘다.

멀비는 지배하고 대상화하는 남성의 응시가 여성의 육체를 볼거리로 축소시키고 영화의 서사를 구성하게 하는 힘이라 말했지만, 〈불안은 영혼을 잠식한다〉는 이러한 응시 개념에 의문을 던지는 영화이다. 두 남녀 인물이 다 상대를 대상화하는 공격적인 응시를 할뿐더러, 성적인 볼거리의 주요 대상이 바로 알리의 남성 육체이기 때문이다.(이것이 우연이라고 볼 수 없는 것은 감독 파스빈더의 전 애인인 엘 헤디 벤 살렘이 알리를 연기한다.) 여기서 실버만은 응시와 바라봄을 구별한다. 라캉의《자크 라캉 세미나 11 : 정신분석의 네 가지 근본 개념Seminar XI : the Four Fundamental Concepts》에 따라서, 실버만은 응시를 탈의인화하여 응시가 인간의 눈으로 어느 '한 사람'을 보는 것이 아니라 빛과 타자성의 기능이라고 말한다. 응시

220

는 여러 방면에서 발생하는 것이지, 한 사람 혹은 한 집단에서 나오는 것이 아니다. 모든 주체, 즉 여성과 남성은 모두 응시에 종속되어 있다.

이 응시는 페미니스트 영화이론에서 말하는 이론화된 응시와는 매우 다르다. 이 차이를 구분하려면 라캉의 '응시' 개념을 대문자 G를 쓰는 'Gaze'로 표시하여 설명해야 한다. 대문자 '응시Gaze'와 페미니스트 영화이론에서 남성의 것으로 여겨지는 소문자 '응시gaze'와의 관계를, 팔루스과 남근의 관계에 비유하여 이해하는 것도 도움이 된다. 예컨대 남성 관음증자는 자신이 지배와 대상화의 힘을 부여하는 대문자 G를 쓰는 응시를 하고 있다고 여기겠지만, 대문자 응시는 팔루스와 마찬가지로 소유하는 것이 불가능하다. 시선의 영역에서 어떤 주체의 '응시'도 힘을 모두 가졌거나 초월적일 수 없다. 영화를 보는 관객도 누군가의 시선에서는 볼거리 중 하나이다.

대문자 응시와 달리, 소문자 응시 혹은 실버만이 '시선the look'이라고 부르는 것은 주체 혹은 주체들에서 나온다. 그리고 주체들과 마찬가지로 결여로써 표시된다. 〈불안은 영혼을 잠식한다〉 중의 한 장면을 예로 든다면, 엠미는 샤워실에서 벌거벗은 알리를 보는데 카메라는 거울 속에 비친 그의 모습을 비춘다. "당신 너무 잘생겼어. 알리." 엠미는 자신의 성적 매력을 그와 비교하며 한탄한다. 시선은 욕망을 실어 나르지만, 동시에 보는 사람의 결여도 함께 실어 나른다.

한편 대문자 응시는 억압하고 지배한다. 그것은 정체성의 형식을 결정할 수는 없지만 "주체의 정체성을 확인하고 지탱시켜 준다".(Silverman 1992 : 145) 개인들은 가학적으로 자신들의 결여, 비충족성, 욕망을 다른 이들에게 투사함으로써 대문자 응시와 자신을 동일시하게 된다. 이는 〈불안은 영혼을 잠식한다〉에서 적대적인 시선이 작동하는 방식이다. 인물들은 정체성을 지배하고 확인시키는 대문자 응시를 하고자 노력한다. 카페, 술집, 식당에서 엠미와 알리는 그들의 위치를 아웃사이더로 확인시키는 공격적인 시선이라는 덫에 걸린다.

그러나 이 영화 속에는 공격적인 시선으로 표시되지 않는 장면들도 있다. 알리와 엠미의 관계가 벌어지기 시작했을 때 알리가 도피한, 바의 주인 바버라의 아파트 장면 같은 것이 그러하다. 잘 알려진 이 숏에는, 욕망에 사로잡혀 알리의 몸통을 뒤에서 꽉 끌어안는 바버라의 모습이 보인다. 또 다른 시퀀스에서 카메라는 거울 속 바버라의 숏에서 출입문 사이로 보이는 옷을 벗은 알리의 롱숏으로 이동한다. 실버만은 남성 육체가 '욕망의 대상'으로 형상화된다는 이유로 이러한 장면에 '여성의 대문자 응시Gaze'라는 꼬리표를 붙이는 것에 반대한다. 왜냐하면 남성이든 여성 주체이든 대문자 응시를 그런 방식으로 소유할 수 없기 때문이다.

실버만은 이러한 장면에서 대문자 응시가 "바버라의 욕망하는, 솔직한 시선과 나란히 놓임으로써 재정립된다"고 말한다.(Silverman 1992 : 143) 이 지점까지 카메라는 롱숏들과 롱테이크로, 일반적으로 다른 이들이 알리와 엠미를 대상화하는 방식으로 우리가 알리와 엠미를 보고 있다는 점을 확인시킨다. 파스빈더의 카메

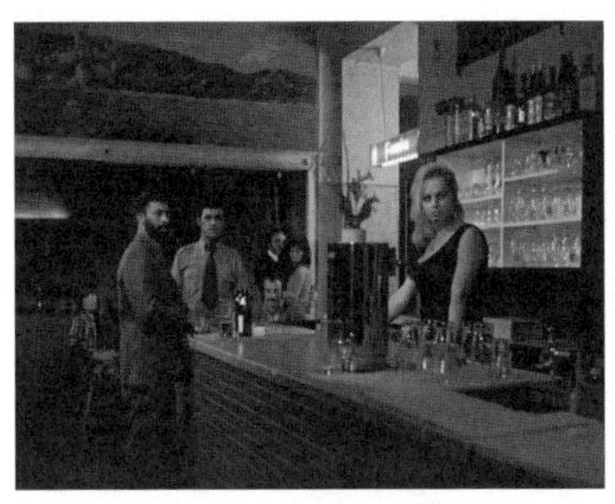

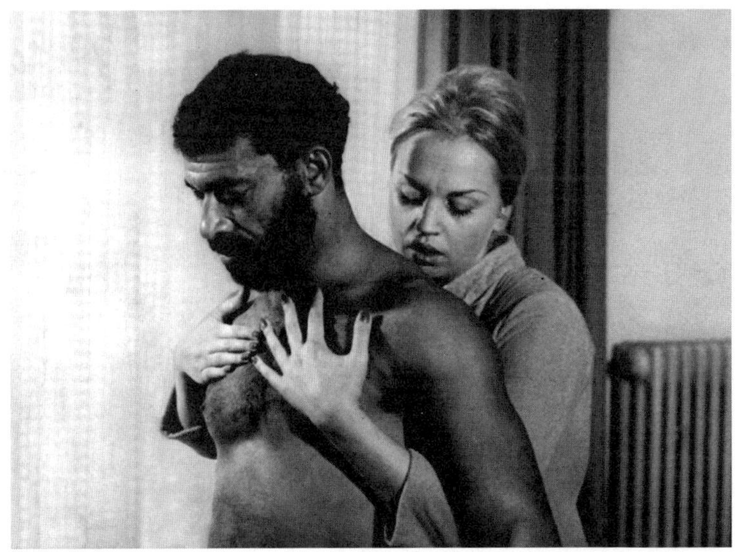

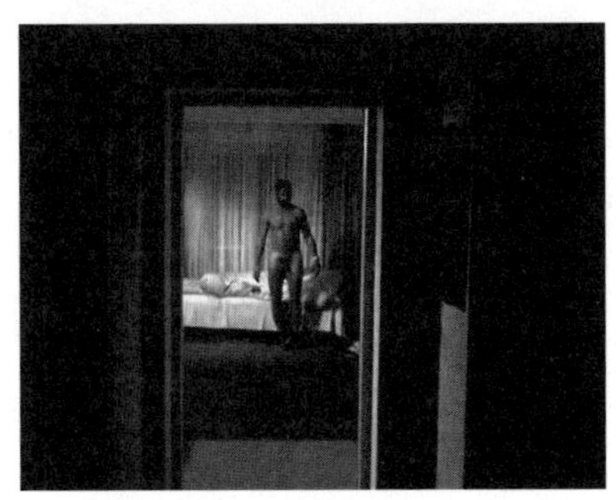

라 기술은 세심하게 관객으로 하여금 엠미가 '너무 늙었고' 알리는
'너무 검다'는 편견에 가득 찬 인물들과 생각을 공유하고 있다는
느낌을 받게 만든다. 그러나 바버라의 아파트 장면에서 관객들은
새로운 여과 장치 혹은 새로운 '장막'이 우리의 시선 앞에 놓여 있
는 것처럼 알리를 다르게 보게 된다.

《자크 라캉 세미나 11 : 정신분석의 네 가지 근본 개념》에서, 라
캉은 '장막screen'을 이미지들 혹은 표상의 어느 주체가 어떻게 보
일지를 미리 결정하는 이미지들의 집합체라고 언급한다.(Lacan 1994 :
107) '장막'이 가진 문화적 함의들을 확장시키면서, 실버만은 '장막'
을 '문화적으로 발생된' 이미지들의 목록으로 특징화한다. 이 이
미지들은 성별, 인종, 나이, 계급, 국적과 관련하여 우리를 정의한
다.(Silverman 1992 : 150) 또한 이 이미지들은 우리가 그것을 통해 무엇을
보도록 훈련되었으며, 우리도 그것을 통해 보이게 되는 문화적 표
상물의 격자판이다. 영화 속 대다수의 인물들이 알리를 볼 때, 그
들은 1970년대 독일에서의 인종에 관한 지배적인 문화적 장막이
그들에게 보도록 허용하는 것, 즉 "사회적 · 성적 주변부에 대한
'머릿속 그림'"만을 볼 수 있을 뿐이다.(Silverman 1992 : 145) 라캉이 암시
했듯이, 대문자 응시가 상상적 카메라와 유사하다면, 장막은 주체
가 어떻게 '사진으로 찍힐지'를 결정하는 것이다. 이를 통해 지배
적인 허구에 의해 권한을 부여받은 정체성의 형식들만이 보이게
되며, 지배적 허구의 의해 인정받지 않은 주체들은 걸러진다.

그렇지만 파스빈더가 몇몇 장면들에서 그러했듯이 장막은 조
작할 수 있다. 실버만은 《시각적 세계의 문턱Threshold of the Visible

World》(1996)에서 영화가 지배적인 문화 표상물들이 경멸적으로 여겨 주변화시킨 육체의 이미지들을 어떻게 제공하는지, 그리고 영화가 그것들을 어떻게 매력 있게 만드는지를 탐구한다. 영화는 주체들에게 이상적인 특성을 부여할 수 있는 능력이 있다. 영화는 주체들을 지배적 허구의 노예 상태로만 두지는 않으며, 주체들로 하여금 지배적 허구에 반항할 수 있도록 만든다. 이러한 실버만의 언급은 《주변부의 남성 주체》에서 제기했던 문제, 즉 응시gaze가 아닌 장막screen이, 문화적 표상들이 경합과 투쟁을 벌이는 정치적인 무대라는 주장에서 한 걸음 더 나아간 것이다. 결정적으로 이러한 주장은 장막과의 유희 혹은 시선과 장막 사이의 새로운 관계를 통해 어떻게 사물들이 변화할 수 있는지를 시사한다. 그럼으로써 이 주장은 페미니스트 영화이론이 지배적인 표상에 대한 비평을 넘어설 수 있게 한다. 이는 단지 여성이나 흑인들, 게이 그리고 다른 주변부 집단에 '긍정적인 이미지'를 주는 문제가 아니다. 이러한 긍정적인 이미지들은 정체성을 '다시 실체화하고' '본질화'하는 것일 뿐이다. 이와 달리 실버만의 초점은 정확히 정체성을 문제 삼는 것에 있다.

남성적 마조히즘

결여와 손상된 것으로서 남성 주체성을 논하는 실버만의 글쓰기는 릴리아나 카바니의 〈비엔나 호텔의 야간배달부Night Porter〉(1974)

로 이어진다. 4장에서 언급했듯이 카바니의 영화는 여성 감독과 남성 주인공과의 강한 동일시가 특징적이다. 더욱이 카바니의 주인공들은 모두 수동성과 고통스러움, 금욕적 태도를 보이면서 "'남성적'이라기보다는 훨씬 고전적으로 '여성적인' 주체-위치를 차지하고 있다".(Silverman 1988 : 219) 그러면서 그들은 남성 인물들의 마조히즘에 대한 매혹을 증명해 보인다.

〈마조히즘과 주체성〉에서 실버만은 영화 〈비엔나 호텔의 야간배달부〉를 논하면서 본능적으로 고통스러운 경험은 아이가 주체성을 획득하고 상징계적 질서로 진입하는 과정에 필수적이라고 말한다. 이 경험은 아이의 상실, 즉 어머니의 유방과 다른 대상들, 즉 자신의 일부라고 느꼈던 것들과의 분리 체험에서 온다. 오이디푸스적 계기는 더 큰 상실을 수반하면서 이전의 상실감들을 감춰 버린다. 게다가 주체가 되는 과정에서 아이는 자신보다 더 크고, 습득하기 원치 않는 질서의 지배를 받게 된다. 이 모든 것은 주체 구성에서 마조히즘이 하는 역할, 즉 무력함과 고통 속의 쾌락을 분명히 보여 주면서 문화적 습득 혹은 쾌락이 본능의 금욕 혹은 고통에 의존하고 있음을 알려 준다.

실버만에 의하면 "텍스트들은 우리의 위치를 뒤로 되돌리는 데서 오는 쾌락을 공급한다. 즉, 문화적 텍스트들이 우리를 지배하는 한 그 텍스트들은 우리로 하여금 주체로서 구성되는 순간의 상실과 잘못된 회복의 순간을 다시 재연하도록 한다".(Silverman 1980 : 3) 거세 위기와 오이디푸스 콤플렉스의 재연은 이러한 고통스러운 상황의 '가장 명백한 예들'이다. 그러나 이미 영화 속에서도 보아

왔듯이, 남성 주체들은 상실과 결여에 대한 그들의 감정을 여성들 위에 포개 놓는다. 이러한 상황은 마조히즘에서도 동일하게 일어 난다. 마조히즘은 모든 주체성에 공통적이기는 하지만 일반적으로 여성적 조건으로 간주된다. 우리는 모두 고통스러워하고 수동적인 피학적 여성성이라는 고정관념에 익숙하다. 대부분의 문화적 텍스트들은 남성보다는 여성을 수동적인 위치로 묘사하고, 남성을 공격하는 자로 그린다. 그러나 실버만은 여성 인물이 수동적인 위치에 있는 영화를 보면서 남성 관람자는 치환을 통해서 상실과 회복이라는 필수적인 서사를 재연한다고 주장한다.

> 수동적 위치에 있는 인물인 희생자는 실제로는 주목받는 위치에 놓여 있다. 희생자가 정복당할 때 주체는(여성이든 남성이든) 그 자신의 역사를 즐거운 반복으로서 경험하게 된다. 심지어 가학적인 시점이 가진 매력은, 단지 그것이 피학적인 이야기가 전개되는 것을 볼 수 있는 가장 유리한 시점을 제공하기 때문이라고 말할 수 있을 정도이다.(Silverman 1980 : 5)

〈비엔나 호텔의 야간배달부〉는 나치의 사진사 맥스(더크 보가드 분)와 강제수용소 수감자로서 맥스가 가장 좋아하는 '모델'이 된 루시아(샬럿 램플링)의 관계를 그린 영화이다. 이 영화는 '남성- 사디스트-관음증자, 여성-마조히스트-노출증자'라는 고전적인 이분법을 설정한다. 그러나 실버만은 맥스를 매혹시키는 것은 그의 잔인함이 아니라 루시아의 고통이며, 이로 인해 맥스가 루시아와 자신을 동일시한다고 독해한다.(Silverman 1980 : 5) 두 사람의 관계는 전쟁 후 많은 시간이 흐른 뒤 맥스가 야간배달부로 일하는 호텔에서 재회하면서 다시 시작된다. "내가 뭘 해야 하는지 말해 줘." 맥스는 마조히스트적인 역할을 자처하며 루시아에게 애원한다. 그들은 살아남은 증인을 처지하려는 나치의 비밀 요원을 피해 맥스의 아파트로 숨어 들어간다. 두 사람이 처한 상황은 맥스에게 그가 남성으로서 부여받은 특권과 권력(팔루스)을 버리라고 요구한다. 맥스와 루시아는 사도-마조히스트적 관계를 뒤바꿔 맡고, 맥스는 전통적으로는 루시아의 몫이었던 고통에 굴복한다. 즉, 그는 남성 주체성과 여성 주체성을 나누어 놓았던 문화적 경계를 뛰어넘는다.

프로이트는 마조히즘의 세 가지 형식을 말한 바 있다. 첫 번째 형식은 성적인 마조히즘(고통 속의 쾌락)으로 다른 두 범주, 즉 도덕적 마조히즘(죄에 대해 처벌받고자 하는 욕망)과 여성적 마조히즘(묶인 채 맞고 있다는 환상과 관련한 마조히즘)의 물질적인 기초를 형성한다.(Silverman 1992 : 188) 여성적 마조히즘은 고통 받는 자의 위치가 문화적으로 여성으로 구성되기 때문에 그렇게 이름 붙여진 것이다. 이미 살펴보았듯이, 마조히즘은 남성과 여성 모두의 주체성을 구성하게 한다. 그러나 '확실하게 인정될 수' 있는 것은 여성 주체성과 관련되는 한에서이다.

실버만은 마조히즘이 남성에게 나타날 경우 이것이 비정상적으로 보이기 때문에 현실에선 남성 장애로 보이게 된다고 말한다. 남성 주체는 자신을 여성성과 연결시키거나 자신의 남성성을 의

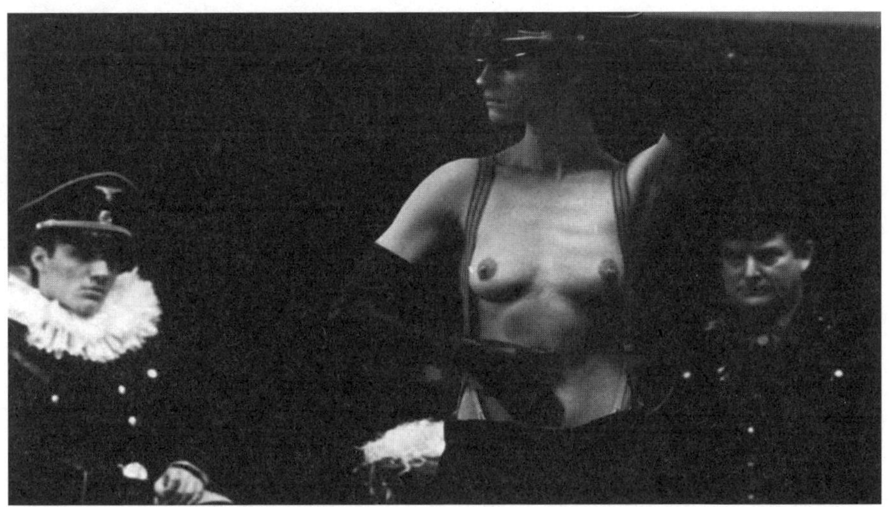

〈비엔나 호텔의 야간배달부Night Porter〉

심하지 않고는 본인의 마조히즘을 인정할 수 없다.(Silverman 1992 : 190)
따라서 실버만이 보기에, 여성적 형식을 가진 남성 마조히즘은 급
진적인 잠재력을 갖는다. 남성 마조히즘은 단지 성/젠더의 시스
템을 전복시키는 것을 넘어, 남근적 동일시를 포기하는 것이기 때
문이다. 실버만의 말을 빌리자면, "남성 마조히스트는 봉합되거나
보상받는 것을 거부하면서 문화적 정체성이 기반하는 상실과 분
할을 확대 과장한다. 즉, 그는 사회질서에 적대적인 부정적 성향
을 발산한다".(Silverman 1992 : 206)

프랑스의 철학자 질 들뢰즈Gilles Deleuze(1925~1995)는 '차가움과
잔인함Coldness and Cruelty'(1967)이란 에세이에서 마조히즘에 대한 매
우 중요한 언급을 한 바 있다. 들뢰즈는 마조히스트의 환상에서

고문하는 자로서 어머니가 담당하는 역할을 지적한다. 그에 따르면, 마조히스트는 그를 때리거나 지배하도록 어머니를 끌어들이고 그럼으로써 아버지의 권력과 권위를 어머니에게로 이동시킨다. 즉, 마조히스트는 어머니를 법과 동일시하며 아버지를 상징계적 질서에서 추방시킨다. 들뢰즈는 마조히스트에게 "맞고, 모욕당하고, 조롱당하는 것"은 "아버지의 이미지와 아버지와의 유사함"이라고 주장한다.(Deleuze 1997 : 66) 이러한 방식으로 "마조히스트는 …… 아버지가 관여되지 않은 재탄생을 준비하며 자신을 해방시킨다".

실버만은 들뢰즈의 마조히즘 설명이 자신의 주장과 유사하다는 점을 발견한다. 이 발견은 그다지 놀라울 것은 없다. 부계의 유산을 '파괴하고' 상징계적 질서를 다시 만드는 남성 주체성이란 들뢰즈의 이미지는 실버만의 글에 나오는 유토피아적 환상과 유사하기 때문이다. 한편 타니아 모들스키Tania Modleski는 저서《여성 없는 페미니즘Feminism Without Women》(1991)에서 마조히즘 이론의 문제점을 강조한 바 있다. 모들스키는 남성 마조히스트가 자신의 권위를 포기하는 것처럼 보이지만 실제로는 다른 형식으로 권위를 유지한다고 말한다. 어쨌든 여성에게 강한 힘의 역할을 새롭게 부여하는 사람은 그이기 때문에 "힘의 역학이 필연적으로 이동한 것은 아니"다.(Modleski 1991 : 74)

실버만과 들뢰즈의 시나리오에서 남성 마조히스트가 권력을 포기할 수 있는 것은 이미 권력을 가진 자들만이 부릴 수 있는 '사치'다.(Modleski 1991 : 149) 그러나 실버만은 여성적인 마조히즘을 "급진적으로 재구성된 남성 주체성 모델"로 제시한 것이 아니다. "즉, 마조히즘은 겉보기와 달리 상징계적 질서에 대한 반응이라는 점에서 현존하는 상징계적 질서의 산물이다."(Silverman 1992 : 213)

그러나 실버만은 마조히즘적 환상의 이미지에 대해 자신이 가진 개인적인 차원의 매혹을 넘어서, 환상은 문화적 관련성을 갖고 있다고 지적하며 다음과 같이 결론 내린다. 상징계적 아버지를 물러나게 하려는 시도 안에 상징계적 아버지가 환상의 숨겨진 참조점으로 남아 있더라도, 그것 역시 "아들이 아버지의 역할을 맡으려는 욕망을 내보이는 증거가 될 수는 없다".(Silverman 1992 : 212)

'위기의 남성(성)'이 왜 바람직한가?

'위기의 남성성'과 관련하여, 실버만은 남근과 팔루스 사이의 상상적 등가에 기반하여 이데올로기적으로 구성된 '전통적인' 남성성 개념을 밝혀내었다. 이러한 남성성의 이데올로기는 '지배적 허구'를 지탱하는 핵심적인 버팀목이다. 이미지들의 집합이라고 할 수 있는 '지배적 허구'를 통해 사회는 '현실'에 대한 합의를 수립한다. 전후 할리우드 영화를 통해 알 수 있듯이, 전통적인 남성성 개념에 대한 믿음을 상실하면 지배적 허구 전체에 대한 믿음이 흔들릴 수 있다.

'일탈적인'(비남근적인) 혹은 주변부의 남성성은 문화적으로 '여성적인' 영역을 차지한다. 실버만은 남성성 개념에 나타나는 변화는 여성 주체성이 존재하고 감지되는 방식에 반드시 영향을 준다고 주장한다. 파스빈더의 영화 〈불안은 영혼을 잠식한다〉를 분석하면서 실버만은 응시에 대한 비평을 확장해 나간다. 실버만은 어느 누구도 팔루스를 소유할 수 없듯이, 페미니스트 이론가들이 남성적 응시로 이름 붙인 일종의 시각적 권력 역시 어느 누구도 가질 수 없다고 말한다.

마지막으로, '주변부적' 남성 주체성에 대해 실버만이 느낀 매혹의 원천은 남성의 특권과 힘을 포기하는 남성 주체의 이미지에 있다. 이러한 유토피아적 환상으로 실버만은 남성이 지배·관음증·사디즘의 측면에 놓이고, 여성이 수동성·노출증·마조히즘에 놓이는 문화적 등식에 도전한다.

8

멀비·실버만·드 로레티스·크리드 이후

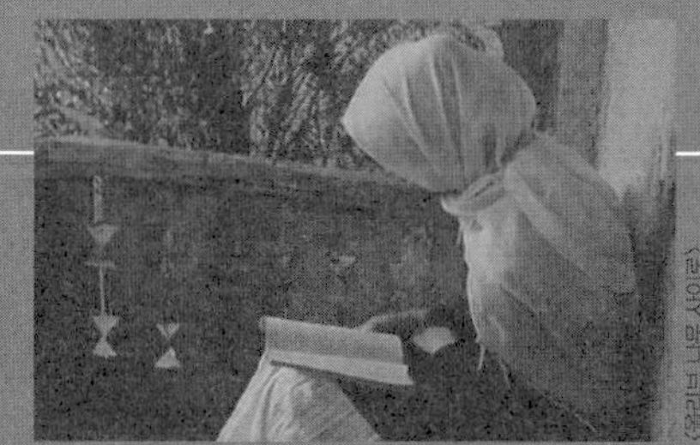

〈올리브 나무 사이로〉

클레어 존스톤 같은 개척자가 논쟁을 형성시키는 데 일조하기는 했지만, 남성 응시 개념으로 비평 용어들을 정의하고 이를 특별한 의제로 가동시킨 것은 로라 멀비였다. 여성을 욕망의 대상으로 욕망의 응시를 하는 남성화된 관객을 상정하는 서사 영화를 통해 멀비는 성적 차이가 시선의 구조로 설명되는 방식을 강조했다. 이러한 멀비의 이론은 영화에 대한 접근법만이 아니라 시각 문화 전반을 바꾸어 놓았다. 이로써 멀비는 단순히 '시각적 쾌락과 서사 영화'라는 특정한 텍스트의 저자가 아니라 전체 담론의 입안자가 되었다. "이러한 관점에서" 영화이론가 D. N. 로도윅은 이렇게 말한다. "우리는 모두 로라 멀비의 작업에 빚지고 있다."(Rodowick 1989 : 274)

1970년대에는 영화 연구가 비교적 새로운 학문이었기 때문에 페미니스트 영화이론을 포함하여 새로운 이론을 받아들일 수 있었고, 멀비의 에세이는 빠르게 '고전'의 지위에 오를 수 있었다. 페미니스트 사상은 영화이론 내부에서 거의 즉각적으로 채택되었기 때문에, 한편으로는 단지 이론의 일부로 그칠 위험성도 있었다. 그러나 페미니스트 영화이론가들은 멀비의 논의에 도전하면서 이 이론을 재정립했다.

이 책은 멀비 이외에 카자 실버만, 테레사 드 로레티스, 바버라 크리드 등 페미니스트 영화이론의 범주에서 새로운 탐구 영역을 여는 데 공을 세운 이들에 초점을 맞추었다. 이들의 작업은 동시대인들의 작업으로 영화이론 내부는 물론이고 영화이론 영역을 초월하여 확장되었다. 멀비는 이후의 글에서 이 분야에서 매리 앤 도앤, E. 앤 캐플란E. Ann Kaplan, 타니아 모들스키 같은 페미니스트 영화이론가들과 함께 드 로레티스과 실버만, 크리드의 영향을 인정했다.(Mulvey 1996 : xii, 26; Mulvey 1998a : 31n8) 따라서 이 마지막 장에서는 현대 영화와 이론에 대해 페미니스트 영화이론가들이 보여 준 유용한 통찰력을 강조하면서 그들의 최근 작업도 언급한다.

앞에서 이미 살펴보았듯이, 정신분석학은 페미니스트 영화이론의 전개에서 필수적인 역할을 해 왔다. 물론 정신분석학을 원용하는 데에 모든 학자가 만장일치로 찬성하는 것은 아니다. 정신분석적 페미니스트 영화이론가들은 종종 추상적이고 지나치게 일반화된 정신분석학적 패러다임을 사용한다고 비판받아 왔다. 특히 영화를 보는 여성들의 '실제' 경험은 물론이고, 여성과 남성의 성적 차이가 아닌 다른 차이들을 언급해야 한다는 주장은 수차례 반복적으로 제기되어 왔다. 그러나 페미니스트 이론이 여성들 간의 차이, 즉 인종, 계급, 섹슈얼리티의 차이를 언급해야 한다고 말하는 것은 쉬워도 이러한 모든 차이들 간의 복잡한 관련성을 인정하면서 그 차이를 언급하기란 쉽지 않다.

어떤 경우에라도 드 로레티스와 실버만 같은 이론가들의 작업이 여성들을 일반화한다고 보기는 어렵다. '퀴어 이론queer theory'이란 문구 밑에 선언한 이론적 의제와 함께, 드 로레티스는 젠더 테크놀로지가 젠더가 다른 억압 형식과 어떻게 합쳐지는지를 보여 주면서 다양한 사회적 권력 전략의 관계 속에 남성과 여성을 재배치했다. 미국으로 온 이탈리아 이민자로서 드 로레티스는 이론적·문화적으로 글을 쓸 때 자기 자신을 고려했고, 그 결과 자연스럽게 차이와 특별함에 관심을 드러내게 되었다. 이와 유사하게 크리드는 오스트레트리아 이론가로서 서구 페미니스트 이론을 수립하는 위치에 있었지만, 점차 문화를 고려하는 시각을 갖게 되었다. 이 점은 공포영화 연구에 주요한 기여를 한《여성괴물, 억압과 위반 사이》와 공포영화에 대한 통찰을 포스트모던한 미디어에까지 확장한《미디어 매트릭스》를 비교해 보면 알 수 있다.

'응시'라는 용어가 어떻게 페미니스트 영화이론에서 사용되었는지를 살피며, 실버만은 관객과 볼거리 사이의 일반적인 이분법을 약화시켰다. 실버만에 따르면, 서사 영화의 문제는 '응시'를 통해 표현된다고 알려진 여성에 대한 남성의 욕망에 있는 것이 아니다. 즉, 응시의 문제는 남성(그리고 여성) 주체가 결여를 여성에게 부여하고 이를 대상화하고 지배하는 응시와 자신을 동일시하는 것이 핵심 문제가 아니다. 실버만은 응시는 바로 장막screen, 즉 문화적 경합을 벌이는 경기장이라고 말한다. 장막은 원래 라캉의 용어이지만, 실버만은 이를 이미지의 목록으로 재창조했다. 장막을 통해 우리는 무언가를 보고, 우리 역시 장막을 통해 보이게 된다. 장막은 이미지 목록으로서 고정적인 것이 아니라 문화적으로 변화한다.

한편 주변부적 남성 주체에 관한 실버만의 글쓰기는 페미니스트 담론에서 구성되는 '남성'이라는, 추상적으로 일반화된 범주에 문제를 제기한다. 이 문제를 다룬 실버만의 작업에서 아마도 가장 의미 있는 것은, 페미니즘이 단지 여성들의 관심사만이 아니라는 점을 암시한 것이다. 우리가 8장에서 보았듯이 페미니즘이 '지배적 허구'에 대해 벌인 논쟁은 남성 그리고 여성 주체들이 현재 그 안에서 살아가고 있는 전체 조건과 가치들을 급진적으로 또한 더 나은 쪽으로 변화시킬 수 있는 가능성을 안고 있다.

이러한 논의의 핵심 개념들은 이 개념들이 처음 의제로 떠올랐을 때보다 여러모로 적절해지고 복잡해졌다. 이러한 시각에서 보자면, 그들의 현실화되지 않은 비평적 잠재력, 특히 여성의 목소리, 젠더 테크놀로지, 동성애적 욕망 그리고 위기의 남성성에 대한 비평적 잠재력은 앞으로도 더욱 상세화되어야 한다.

한편 페미니스트 영화이론에 대한 여타의 이론들도 어떻게 발전했는지도 아울러 고려해 보아야 한다. 지난 30년간 대부분의 페미니스트 영화이론은 '지배적인 영화', 즉 가부장제 이데올로기를 재생산하는 기본적 제도로 인식되어 온 할리우드 영화와의 관계 속에서 형성되었다.(세네갈 영화 〈할라Xala〉(1975)에 대한 멀비의 논문은 상대적으로 드문 예에 속한다. 멀비의 1996년 글을 보라.) 오늘날의 가장 긴급한 논제들과 씨름하려면 페미니스트 영화이론은 점차 할리우드를 넘어 더 넓은 국제적인 영화제작 전통과 관계할 필요가 있다. 할리우드가 지배적인 영화로서 전 세계적으로 다수를 차지하고 있지만, 페미니스트 영화이론이 전통적으로 할리우드적 모델을 통해 인식했던 젠더, 장르, 서사, 스타덤 등의 개념은 필연적으로 전 세계적으로 차이가 있기 때문에 그렇게 보편적이지만은 않다.(남아시아의 발리우드Bollywood를 예로 들을 수 있다.) 또한 관객들이 영화를 보는 조건도 변화하고 있어서 영화 체험이 더 이상 집단적이지도 않으며, 집에서 비디오나 DVD를 자주 보기도 한다. 미래의 영화에 대한 새로운 관객성과 성찰이 요구되는 시점이다. 이것이 바로 멀비의 새 책《1초에 24번의 죽음》(2005)의 주제이기도 하다.

이 책에서 멀비는 새로운 테크놀로지를 고려하여 이것이 새로운 관객성 모델, 즉 '사색적인' 관객과 '소유하는' 관객을 생산할 수 있게 되었다면서 〈시각적 쾌락과 서사 영화〉를 재고한다. 예컨대, 비디오나 DVD로 된 영화를 보면서 영화의 흐름을 정지시킬 수도 있고 좋아하는 이미지나 장면을 되돌려 볼 수 있다. 이는 '지연의 영화', 즉 정지의 미학과 서사 연결의 인과성 약화를 의미한다. 이 인과성의 약화는 그 효과 면에서 아방가르드 영화의 인과성 약화가 만들어 내는 효과와 그리 다르지 않지만, 이때 발생하는 쾌락은 엘리트 관객만을 위한 것이 아니라 새로운 테크놀로지 사용자들에게도 적용될 수 있다는 점에서 다르다. 관객들은 스크린 속 대리자들과 자신을 동일시하는 대리적 동일시에 빠지기보다는, 영화를 지배하면서 이전에는 포착하기 힘들었던 이미지들을 소유할 수 있다. DVD로 고전 할리우드 영화를 보는 것은 그 영화가 만들어진 시대에 상상되었던 것과는 완전히 다른 관람을 실천하는 것이다.

서구 및 서구 영화 텍스트에 한정된 페미니스트 영화이론을 급증하는 '세계 영화'의 영역으로 확장시키는 것은, 그 이론의 '일반적인' 적용 가능성을 단순히 입증하고 승인하는 것이 아니라 페미니스트 영화이론이 다른 문화 텍스트와 만나서 개선될 기회를 갖는 것임을 인지해야 한다. 실제로 세계 다른 지역에서, 가부장제의 역사적 특수성을 주장함으로써 페미니스트 영화이론의 보편성에 반박하는 새로운 도전들이 제기되고 있다.

이러한 관점에서 이란 영화에 대한 멀비의 논의, 특히 그녀가 1996년 처음 보았다고 회상한 〈올리브 나무 사이로Through the Olive Trees〉(1994)의 감독 압바스 키아로스타미Abbas Kiarostami에 대한 논의는 흥미롭다.

영화이론가인 나에게 키아로스타미의 영화는 예술영화보다는 아방가르드에 더 가깝게 보인다. 그가 이야기하고 촬영하고 영화적 현실을 취급하는 방식은 영화이론에서 익숙한 아이디어를 다루고 있지만, 미학적·분석적 작업에는 저항하는 것처럼 보인다.(Mulvey 1998b : 24)

키아로스타미의 영화는 이슬람 공화국의 엄격한 검열 아래 만들어졌다. 이러한 검열 코드는 1982년(이란혁명 발발 3년 후, 즉 현 정권이 권력을 잡은 시기)에 자리를 잡았는데, '히잡'으로 알려진 바대로 여성의 정숙함이라는 규칙을 고수한다. 이러한 정숙함이란 관념은, 영화 속에 무엇이 표상될 수 있는가뿐 아니라 남성과 여성 사이에 일상적으로 벌어지는 사회적 상호작용을 규정한다. 히잡은 가까운 친척 이외의 남성들 앞에서 여성들을 가리는 베일이다. 히잡은 남성에게서 분리된 여성을 표시한다. 문화비평가인 하미드

나피시Hamid Naficy가 베일 쓰기 연구에서 밝혔듯이, "남성의 응시로부터 여성들을 보호한다고 알려져 있다".(Naficy 1994 : 140) 멀비가 인정했듯이, 베일과 관련한 이슬람 전통은 서구 페미니스트 이론에서 말하는 관음증과는 다른 응시에 대한 이해를 암시한다.(Mulvey 2002 : 259)

이란 영화 내에서 '베일 쓰기와 시선에 대한 특별한 미학과 문법'은 전통적으로 여성을 클로즈업으로 비추거나 남성과 여성이 서로 욕망하는 시선을 직접적으로 교환하는 것을 금지시킨다.(Naficy 1994 : 132) 더 나아가, 관객들은 서구의 관객들처럼 자신들이 사적인 관음증자라는 착각에 빠질 수 없다. 스크린 속의 배우들도, 심지어 친밀한 침대 장막 속에서도 그들은 대중 속에 있을 때처럼 정숙함의 규칙을 준수하기 때문이다.

이러한 제도가 비록 페미니스트적 임무에서 보았을 때 '이상한' 것으로 보이기는 하지만, 멀비는 영화에서의 여성 표상에 관해서 자신과 다른 이들이 강조했던 문제들과 이 검열의 결과 사이에 이상한 우연의 일치가 있다는 점을 지적한다. 게다가 검열에도 불구하고 혹은 검열 때문에, 이란은 시선을 묘사하는 영화적 관습에 도전하게 되는 혁신적인 영화를 생산해 내고 있다. 예컨대 베일 쓰기의 문법은 서구 영화의 봉합 시스템을 전복시킨다. '봉합 시스템'이란 시선 교환을 실어 나르는 시점과 숏/리버스 숏을 통해 관람자가 서사의 흐름으로 꿰매지는 장치들을 말한다. 이란 영화는 이러한 봉합 시스템 대신에 시선 돌림 혹은 순간적 보기, 롱 숏 같은 다른 스타일과 테크닉을 선택하게 되었다.

영화 〈올리브 나무 사이로〉에는 바로 이러한 문제들이 극화되어 있다. 이 영화는 영화 속 영화라는 형식을 취하고 있다. 내부에 삽입된 영화는 신혼부부의 관계에 대한 영화이다. 사건은 이 영화에서 남편 역을 맡은 배우인 호세인이 아내 역을 맡은 여배우(타헤레)를 사랑하여 실제로 결혼하자고 청혼했다가 그녀의 가족에게 거절당하면서 벌어진다. 영화가 진행되면서 호세인은 이후에 타헤레가 자신의 시선을 되받아 보냈다고 우기면서 구애 작업을 재개한다. 멀비에 따르면, 관객에게 제공되는 회상 장면에서 "카메라는 호세인의 강렬한 응시를 기입하기만 할 뿐 타헤레의 시선에 대한 암시를 주지는 않는다". 멀비에게 타헤레의 보이지 않는 시선은 여성의 지위와 표상의 문제를 명백하게 드러낸다. '이슬람 문화의 두드러진 맹점'이 스크린에 실험적인 시도를 하게 한 것이다.(Mulvey 2005 : 139-40)

문화비평은 현재 페미니스트 영화이론에 가장 충격을 주는 흥미로운 분야로 떠오르고 있다. 중국계 미국 이론가인 레이 초우 Rey Chow도 그러한 예인데, 레이 초우는 저서 《원시적 열정Primitive Passions》(1995)에서 페미니스트와 서구 이론의 통찰을 반박하거나 재작업함으로써 응시 개념을 조정한다. 비서구인에 대한 서구의 응시는 '동양'에 관한 영화나 여행 안내 책자에서 볼 수 있듯이, 비서구인들을 "수동적이고, 대상화되고 물신화된 지위"로 격하시키는 절시증scopophilia이었다.(Chow 1995 : 12) 초우는 서구적 응시에 관한 그러한 주장들이 '서양'과 '동양'을 관객/전시품의 관계 안에 가둔다고 말한다. 즉, 이러한 주장은 '동양' 역시 서양과 똑같이 시선의

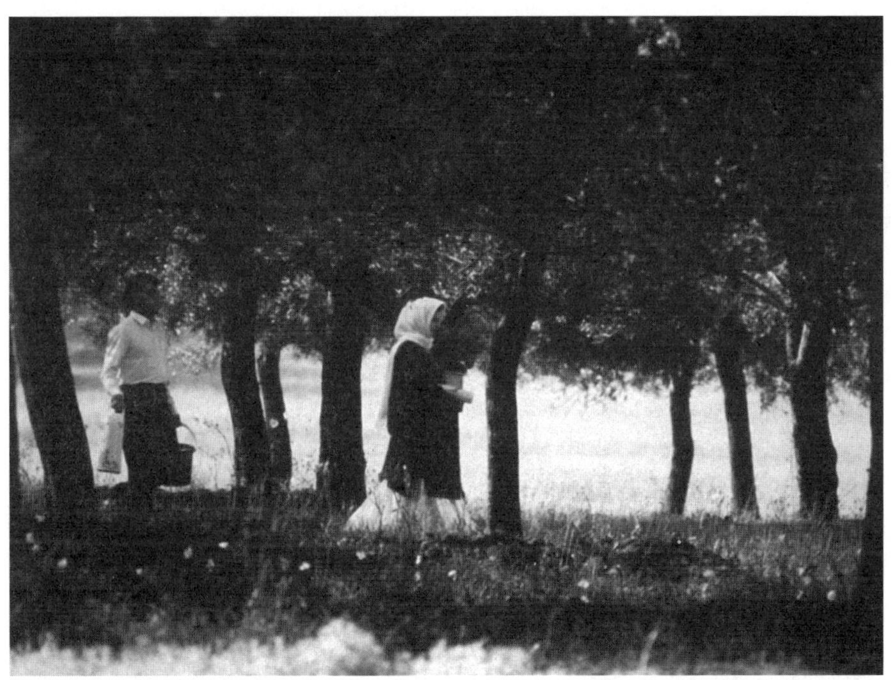

〈올리브 나무 사이로Through the Olive Trees〉

변증법 속에 사로잡혀 있는 관객이라는 사실을 간과한다는 것이다.(Chow 1995 : 12-13) 중국인 감독 장이머우張藝謀의 영화가 서구의 '취향'에 영합한다고 자주 비난받듯이, 동양인들도 동양과 동양 사람들에 대해 환상을 품는 데 영화 미디어를 이용할 수 있다는 점은 명백하다.

초우는 또한 실버만의 여성 목소리에 대한 작업을 다른 중국 영화인 천카이거陈凯歌의 〈황토지Yellow Earth〉(1984)에 폭넓게 적용할 수 있다고 말한다. 여성 주인공인 퀴키아오의 목소리는 이야기의 속에 있고 영화 내부의 녹음 속에서 들린다. 이 책 4장에서 우리는 실버만이 상징계적 질서를 의미화하는 실천 속에서 여성적 목소리가 어떻게 재위

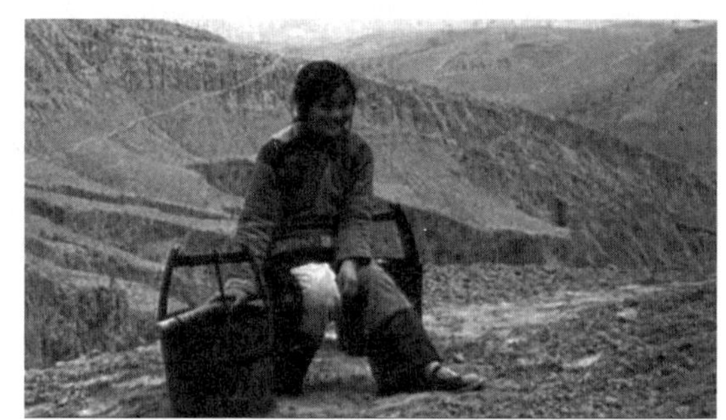

〈황토지|Yellow Earth〉

치되는지를 살펴보았다. "서구의 페미니즘에서 배운 교훈"을 무시하자는 것은 아니지만, 초우는 "여성 발언이 증가했다고 단언하는 것은 이 맥락에서 야기된 문제에 잘못 접근하는 것"이라고 경고한다.(Chow 1995 : 97) 그러나 초우는 천카이거의 〈해자왕孩子王 · King of the Children〉(1987)처럼 실버만의 남성 주체성에 대한 작업을 완전히 증명할 수 있는 영화를 분석하기도 한다. 이러한 영화는 '상징적 거세 혹은 문화적 폭력'으로 남성의 시선을 결여의 담지자로 만들

244

고, 고전적으로 '여성적인' 수동적 위치에 남성의 시선을 위치시
킴으로써 할리우드의 패러다임을 뒤집는다. 즉, 이는 특별히 현대
중국의 상황에 대한 이해와도 밀접한 관련이 있다.(Chow 1995 : 229n15)

어바인 소재 캘리포니아 대학의 교수인 김경현의 《한국영화
의 재남성화The Remasculinization of Korean Cinema》(2004)는 남성 주체성
에 대한 실버만의 글을 주요 이론적 틀로 끌어다 쓴다. 이 책에
서 김경현은 서구 정신분석학적 용어는 "이론을 입증하려는" 의
도로 쓰인 것은 아니지만 점점 "서구화되고" 있는 한국영화를 더
잘 설명하려는 의도로 사용된 것이라고 말한다.(김경현 2004 : x) 이 책
은 한국전쟁 직후와 이어지는 군사독재 기간에 제작된 남한 영화
들에서 남성 인물들이 보이는 마조히즘, 무력화 그리고 소외라는
주제를 다루고 있다. 1980년대 영화 속의 많은 인물들이 "육체적
으로 장애가 있거나 정신적으로 트라우마가 있으며(혹은 둘 다이거
나)" "군사정권에 대한 저항이 허락되지 않는 시대적 좌절감"의 상
징으로 형상화된다.(김경현 2004 : 5) 남성적 결여는 전후 영화의 핵심적
요소이며 "상상할 수 있는 모든 영역에 자리하고" 있다. 즉, "섹스
능력, 부계의 권위, 공동체적 기능, 역사적 정통성, 전문적 가치"
라는 남성적 힘을 발휘하게 하는 도구의 영역에 남성적 결여가 있
는 것이다.(김경현 2004 : 12) 김경현은 또한 독재 정권 이후의 영화에 나
타난 남성 주체성의 회복, 즉 "언어가 재습득되고, 아버지의 이름
이 다시 쟁점화되고, 거세 공포가 부정되는 라캉의 상징계의 흔적
위로 돌아가 주체가 재정립되는" 문제를 다룬다.(김경현 2004 : 12)

이 책은 영화이론(페미니스트 영화이론을 포함하여)과 페미니즘이 끝났다는 지배적인 믿음에도 불구하고 실상은 그렇지 않다는 것을 보여 주고자 했다. 그러한 믿음은 근거가 없을뿐더러 위험하기까지 하다. 즉, 영화이론과 페미니즘이 끝났다는 생각은 현 세대를 이전 세대의 통찰로부터 분리시키는 것이며 페미니즘 활동의 역사, 즉 아직 끝나지 않은 목표에 대한 자각을 잃어버리게 만드는 것일 뿐만 아니라, 기호학과 마르크스주의 그리고 정신분석학을 넘나드는 페미니즘 영화이론의 지성사를 잃어버리게 하는 의도적인 망각이다. 이러한 이유로 이 책은 페미니스트 작업에 관한 사회적 운동뿐만 아니라 그 이론적 중요성을 주장한다.

철학자 질 들뢰즈로부터 나온 대안적인 이론을 채택하는 새로운 작업들도 있듯이, 이 영역에서 제기되는 어떠한 급진적인 새로운 이론이든지 간에 전통을 묵살하기보다는 인정해야 한다.(Jayamanne 1995; Rodowick 2000; Pisters 2003 참조) 정신분석적 페미니스트 영화이론이 일어난 지 30년이 지난 지금, 동시대 이론가들이 새로운 개념적 패러다임을 찾는 것은 이상한 일은 아니지만 가장 좋은 접근법은 필연적으로 오래된 모델들과의 차별화뿐만 아니라 그 모델들과의 연계도 모색해야 한다. 정신분석적 페미니즘은 영화이론의 미래에 여전히 중요하며, 페미니즘은 단지 도전받아야 할 통설을 넘어 반드시 필요한 역사적 · 지적 형성물이기도 하다.

많은 사람들이 역사에 대한 직선적 발전론을 암시하면서 우리가 과거보다 훨씬 더 젠더적 쟁점에 대해 '진보적'이 되었다고 말한다. 그러나 페미니즘에 대한 반발이 보여 주듯이, 사회는 앞으

로 나아가는 경향뿐만 아니라 뒤로 가는 경향도 있다. 이러한 경
향은 멀비, 드 로레티스, 실버만, 크리드와 같은 페미니스트 이론
가들의 작업을 다시 읽는 것을 이전보다 훨씬 긴박한 일로 만들고
있다. 그들의 저작은, 우리가 어디에 있는지 그리고 페미니스트의
투쟁이 아직 끝나지 않았으며 아직도 투쟁해야 함을 이론적으로
성찰하게 하면서 미디어로서의 영화가 이해되는 방법을 다시 한
번 변화시킬 수 있는 새로운 탐구에 필요한 견고한 기반이다.

관련 저작들

관련 저작들

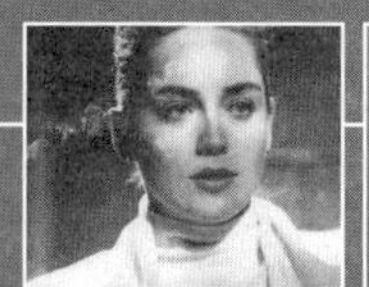 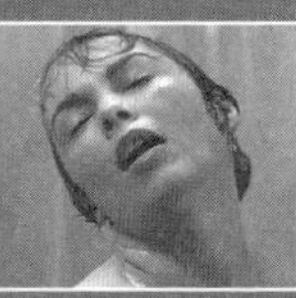 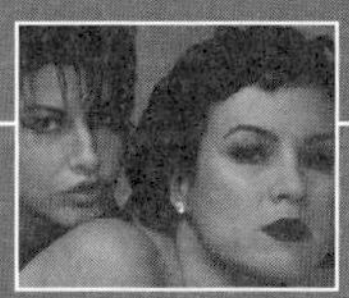 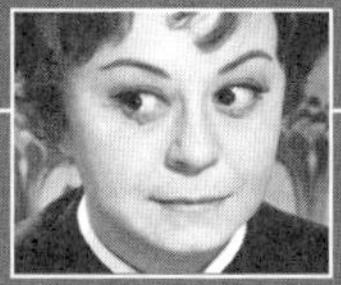

다음은 이 책에서 논의한 멀비, 실버만, 드 로레티스, 크리드의 주요 저작과 함께 페미니스트 이론과 그 비평적 개요를 담은 핵심적 저작들이다. 페미니스트 영화이론은 광범위하다. 여기서 소개하는 목록은 1980년대부터 1990년대에 걸쳐 발표된 가장 영향력 있는 저작들에 집중하여 세심하게 고른 것이다. 여기에는 페미니스트 이론에 접근하는 데 중요한 에세이 및 페미니스트 영화이론 선집과 입문서가 풍부하게 포함되어 있다.

멀비 · 실버만 · 드 로레티스 · 크리드의 저작들

Mulvey, Laura (1989) *Visual and Other Pleasures*, Basingstoke : Macmillan. 멀비가 1971년부터 1986년 사이에 쓴 논문을 모은 것이다. 그녀의 기념비적인 에세이인 〈시각적 쾌락과 서사 영화Visual Pleasure and Narrative Cinema〉(1975)가 실려 있다. '우상파괴', '멜로드라마', '아방가르드' 장으로 구성된 이 책은, 여성해방운동과 아방가르드한 실천에 대한 관심에서 멜로드라마와 서사로 이어지는 멀비의 지적인 궤도를 따라간다. 이 책의 서론은 〈공격받기 쉬운 구경거리 : 1970년의 미스 월드The Spectacle is Vulnerable : Miss World, 1970〉(마르가리타 지멘츠와 공저)와 멀비의 페미니스트 운동에 대한 성찰, 멀비가 어떻게 할리우드 영화에 대한 사랑을 '열정적인 초연함'으로 바꾸었는지 등 중요한 배경 지식을 제공한다. 여기서 멀비는 자신의 가장 유명한 에세이가 지속적으로 다른 논의에 인용되면서 그 본래의 맥락을 떠나 부유하는 경향이 있다고 지적한다.(Mulvey 1989 a : vii) 어쨌든 이 책에 수록된 〈시각적 쾌락과 서사 영화〉는 멀비의 사상을 이해하는 중요한 출발점을 제공한다.

Mulvey, Laura (1996) *Fetishism and Curiosity*, London : BFI.

이 책에서 멀비는 페티시즘, 서사, 장 뤽 고다르의 영화, 독일의 영화감독 더글라스 서크Douglas Sirk의 멜로드라마에 대한 이전의 관심사를 재고한다. 이전의 논의와는 달리 마르크스주의자적인 접근을 보여 주며 역사적 차원을 강조하면서 '호기심'에 대한 이론을 정립한다. 호기심이란 알고자 하고 해석하고자 하고 이해하고자 하는 관객의 욕구로서, 멀비가 이전에 강조해 온 페티시즘 충동과 변증법적인 관계를 형성한다. 이 책에는 〈망가진 껍질The Carapace That Failed〉이 재수록되어 있는데, 테레사 드 로레티스의 영향을 받은 이 에세이는 세계 영화에 관심을 보이면서 세네갈 영화 〈할라〉(1975)를 분석한다. 이 에세이는 이외에도 〈시민 케인 Citizen Kane〉(1941)와 〈블루 벨벳Blue Velvet〉(1986)에 나타난 오이디푸스적 서사 구조에 대한 의미 있는 생각을 제공한다.

Mulvey, Laura (2005) *Death 24×a Second : Stillness and the Moving Image*, London : Reaktion Books. (이기형 · 이찬욱 옮김, 《1초에 24번의 죽음》, 현실문화연구, 2007)

새로운 생산과 보급 테크놀로지가 가져온 새로운 관객성의 양식을 탐구하는 책. 예컨대 DVD로 영화를 보는 방식은 고전 할리우드 영화가 내포한 관객과 달리, '사색하는' 혹은 '소유하는' 관객을 만들어 낸다. 이 책은 또한 시선의 새로운 방식을 고무시키는 이란 감독 압바스 키아로스타미의 영화를 다룬다.

Silverman, Kaja (1983) *The Subject of Semiotics*, New York : Oxford University Press.

기호학과 정신분석학 이론에 대한 심화된 개론을 제공하며, 이후 실버만의 책에서 전개되는 이론적 논의의 초기적 형태를 보여 준다. 특히 영화 〈사이코〉(1960)를 통해 효과적으로 밝혀내는 봉합 이론이 여기에 등장한다.

Silverman, Kaja (1988) *The Acoustic Mirror : The Female Voice in Psycho-analysis and Cinema*, Bloomington : Indiana University Press.

영화의 사운드트랙에서 어떻게 성적 차이가 구성되는지를 밝히면서 여성적 목소리가 전통적으로 권위적인 발화를 박탈당했음을 논한다. 이러한 시각에서 보면 고전 영화는 정신분석 이론과 동일한 패러다임을 공유하고 있다. 즉, 정신분석학과 고전영화는 여성의 목소리를 상징계의 바깥에 두고 있다는 측면에서 유사하다. 설득력 있는 영화 분석으로 이러한 주장을 펼치는 책으로, 명료하면서도 도전적이다.

Silverman, Kaja (1992) *Male Subjectivity at the Margins*, New York : Routledge.

'주변부의' 남성성과 사회의 지배적인 이데올로기를 위협하거나 손상시키는 그 능력을 언급하는 책으로 이론적으로 정교하고 복잡하다. 이전에 발표했던 논문을 수정된 형태로 수록하면서, 남성 주체성에 대한 논문을 실었다. 남성 마조히즘은 물론이고, 특히 파스빈더 영화를 분석하며 게이 섹슈얼리티에 대한 새로운 자료들을 추가했다.

De Lauretis, Teresa (1984) *Alice Doesn't : Feminism, Semiotics, Cinema*, Bloomington : Indiana University Press.

매력적이고 복잡한 이 책에서 드 로레티스는 신화와 정신분석학, 아방가르드, 서사 영화를 통해 '여성'의 서사 이미지를 추적한다. 히치콕의 〈레베카〉(1940)와 〈현기증Vertigo〉(1958) 같은 영화 읽기를 통해 드 로레티스는 서사와 영화가 어떻게 기술적으로 여성을 여성성으로 유혹하면서 이에 대한 여성들의 동의를 구하는지를 보여 준다.

De Lauretis, Teresa (1987) *Technologies of Gender : Essays on Theory, Film, and Fiction,* Bloomington : Indiana University Press.

드 로레티스의 중요한 에세이들을 수록한 모음집. 〈젠더 테크놀로지〉와 여성영화를 다룬 〈응집성의 전략들 : 서사 영화, 페미니스트 시학 그리고 이본 레이너〉, 〈여성영화 재고〉 등이 실렸다. 푸코 이론을 적용하면서 표상으로서의 '여성Woman'과 실제 역사적 '여성women' 사이의 비일치성을 정리했다. 드 로레티스의 저작을 처음 접하는 이들에게 좋은 입문서.

De Lauretis, Teresa (1994) *The Practice of Love : Lesbian Sexuality and Perverse Desire*, Bloomington : Indiana University Press.
레즈비언 섹슈얼리티에 관한 페미니스트 이론과 정신분석학적 이론을 자세히 비판하는 책. 드 로레티스 본인의 레즈비언 욕망을 언급한 이 책은, 레즈비언 영화와 소설 분석, 프로이트 페티시즘의 이단적 읽기, 세밀한 자기 분석으로 퀴어 이론 발전에 기여했다.

Creed, Barbara (2001) [1993] *The Monstrous-Feminine : Film, Feminism, Psychoanalysis*, London : Routledge. (손희정 옮김, 《여성괴물, 억압과 위반 사이》, 여성문화이론연구소, 2008)
공포영화에 대한 풍부한 상상력을 자랑하는 이 책은 복잡한 논의를 꽤 이해하기 쉽게 제시한다. 이 책의 1부는 '아브젝시옹'이라는 크리스테바의 이론을 토대로 〈엑소시스트〉(1973), 〈에일리언〉(1979), 〈악마의 키스〉(1983) 등의 영화에 나타난 여성적 괴물스러움과 공포의 구조를 밝히고 있다. 이 책의 2부는 공포영화의 실재 이미지를 부여하는 것이 거세된 여성이 아니라 힘을 가지고 거세하는 여성임을 논한다.

Creed, Barbara (2003) *Media Matrix : Sexing the New Reality*, Sydney : Allen and Unwin.
정신분석 이론과 '적극적 수용자'라는 문화 연구 방법론을 결합하여, 리얼리티 텔레비전 쇼에서부터 여성들의 로맨스, 사이버 섹스에 이르기까지 동시대의 다양한 범위의 미디어를 탐구한다. 특히 '재난 TV'라는 현상에 대해 흥미로운 통찰을 제공한다.

Creed, Barbara (2005) *Phallic Panic : Film, Horror and the Primal Uncanny*,
Manchester : Manchester University Press.
《여성괴물, 억압과 위반 사이》에 대응하는 공포영화 속의 남성 괴물에
관한 연구.

페미니스트 영화이론을 다룬 기타 중요 저작

Clover, Carol (1992) *Men, Women and Chain Saws : Gender in the Modern
Horror Film*, London : BFI.
이 책은 슬래셔 영화에서 남성 관객과 끝까지 살아남는 최후의 여자 사
이에 젠더를 초월한 동일시가 일어난다고 강조하면서 공포영화 장르에
대한 대안적인 접근을 제공한다.

Doane, Mary Ann (1987) *The Desire to Desire : The Woman's Film of the
1940s*, Bloomington : Indiana University Press.
1940년대 여성영화를 통해 여성 관객의 위치를 설명하고 여성적 주체성
을 재현하는 데 초점을 맞춘다. 도앤에 따르면, 40년대 영화들은 응시를
전용하려는 여성들의 시도가 실패했거나 부적절했으며 아울러 재현된
이미지를 현실로 오인하는 순진한 경향이 여성들에게 있음을 반복적으
로 보여 준다.

Doane, Mary Ann (1991) *Femmes Fatales : Feminism, Film Theory, Psycho-
analysis*, New York : Routledge.
앎과 시선, 주체성의 불안정성과 관련한 쟁점들뿐 아니라 성적 차이의

불안과 공포의 상징으로서의 팜므 파탈을 탐구한다. 도앤의 유명한 에세이 〈영화와 가장무도회 : 여성 관객의 이론화〉(1982)와 〈검은 대륙 : 정신분석학과 영화에 나타난 인종적 성적 차이의 인식론Dark Continents : Epistemologies of Racial and Sexual Difference in Psychoanalysis and Cinema〉과 같은 중요한 에세이들이 수록되어 있다. 〈검은 대륙〉에서 도앤은 성적 차이에 대한 페미니스트의 언급에서 인종 문제가 누락된 것과 결부시켜, 여성을 검은 대륙에 견준 프로이트의 비유가 가진 역할을 상세히 밝힌다.

hooks, bell (1992) *Black Looks : Race and Representation*, London : Turnaround.
검은 것을 시선의 지배적 방법과는 다르게 보려는 욕망을 언급하면서, 흑인들을 위한 정치적 투쟁의 중요한 영역으로 표상의 문제를 다룬다. 이러한 정치적 투쟁은 흑인들에게 인종주의를 내면화하게 한 백인우월론자의 이미지로부터 응시를 '탈식민화' 하는 것이다. 〈반대편의 응시The Oppositional Gaze〉를 비롯한 몇 편의 에세이는 관객성을 다루고 있다.

Kuhn, Annette (1994) [1982] *Women's Pictures : Feminism and Cinema*, London : Verso.
페미니스트 영화이론과 '여성영화' 그리고 페미니스트의 영화적 실천 간의 문제적 관계를 탐색한다. 쿤은 이러한 문제를 해결하고자, 표상의 지배적 양식에 도전함으로써만 페미니스트적인 의미를 갖는 '여성적' 텍스트라는 개념을 제안한다.

Williams, Linda (1999) [1989] *Hard Core : Power, Pleasure, and the 'Frenzy of the Visible'*, Berkeley : University of California Press.
포르노 영화를 연구한 책. 포르노 영화에 반대하는 페미니스트들과 달리, 윌리엄스는 포르노가 남성 욕망을 위한 여성 육체의 완전한 대상화가 아

니라 남성/여성, 사디스트/마조히스트, 주체/대상의 위계들이 종종 붕괴
되는 섹슈얼리티를 보여 주는 담론이라는 측면에서 이 장르를 바라본다.

페미니스트 영화이론 모음집

Erens, Patricia (ed.) (1990) *Issues in Feminist Film Criticism*, Bloomington :
Indiana University Press.

비평적 접근의 다양한 영역을 다룬 에세이 선집. 〈여성과 표상〉, 〈할리
우드 영화 다시 읽기〉, 〈페미니스트 영화제작〉, 〈여성 감독의 영화 평가
하기〉 장으로 이루어져 있으며, 각 장 첫머리에는 이렌스의 유용한 개관
이 서문으로 달려 있다.

Grant, Barry (ed.) (1996) *Dread of Difference : Gender and the Horror Film*,
Austin : University of Texas.

린다 윌리엄스의 〈여성이 바라볼 때When a Woman Looks〉〔1983〕, 크리
드의 〈공포와 괴물스러운 여성성 : 상상적 아브젝션Horror and Monstrous-
Feminine : An Imaginary Abjection〉〔1986〕, 클로버의 〈그녀의 육체, 그 남자
자신 : 슬래서 영화 속의 젠더〉〔1987〕와 같은 공포영화에 대한 중요한
페미니스트 에세이들이 실려 있다.

Kaplan, E. Ann (ed.) (2000) *Feminism and Film*, Oxford : Oxford University
Press.

페미니스트 영화이론의 역사적인 '단계' 를 따라 이름 붙인 장들이 나오
는 훌륭한 책이다. 각 장은 '1단계, 개척자와 고전들' (존스톤, 멀비, 실버만
의 에세이들을 포함), '2단계, 1단계 이론에 대한 비판 : 새로운 방법들' , '3
단계, 인종, 섹슈얼리티 그리고 포스트모더니즘' , '4단계, 관객성, 민족

성 그리고 멜로드라마' 로 이어져 있다.

Thornham, Sue (ed.) (1999) *Feminist Film Theory : A Reader*, Edinburgh : Edinburgh University Press.
손햄의 책 《열정적 초연함Passionate Detachments》과 자매편이 되는 유용한 에세이 모음집.

2차 자료

McCabe, Janet (2004) *Feminist Film Studies : Writing the Woman Into Cinema*, London : Wallflower Press.
페미니스트 영화 연구에 대한 광범위한 개관을 제공하는 책.

Smelik, Anneke (2004) [1999], *'Feminist Film Theory', in (ed.) Pam Cook and Mieke Bernink (eds) The Cinema Book*, London : BFI.
현재 유효한 페미니스트 영화이론에 대한 가장 간결한 설명을 제공하는 에세이다.

Thornham, Sue (1997) *Passionate Detachments : An Introduction to Feminist Film Theory*, London : Arnold.
손햄의 엮은 페미니스트 영화이론 모음집과 마찬가지로 유용한 이 책은 까다로운 이론적 입장을 자세히 설명해 준다. 다만, 정신분석학적 이론과 주요 논쟁에 어느 정도 익숙한 독자를 대상으로 한 책이다.

Althusser, Louis (1999) [1970] 'Ideology and Ideological State Apparatuses (Notes Towards an Investigation)', in Slavoj Žižek (ed.) *Mapping Ideology*, London : Verso.

Ang, Ien (1991) [1985] *Watching Dallas : Soap Opera and the Melodramatic Imagination,* London : Routledge.

Barthes, Roland (1977) [1968] 'The Death of the Author', in *Image Music Text*, trans. Stephen Heath, London : Fontana.

_______, (1993) [1957] *Mythologies*, London : Vintage.

Baudrillard, Jean (2002) *The Spirit of Terrorism*, London : Verso.

Beauvoir, Simone de (1993) [1949] *The Second Sex*, trans. H.M.Parshley, London : David Campbell.

Beh, Siew-Hwa and Salyer, Saunie (1972a) 'Overview', *Women and Film* 1 : 3–6.

_______, (1972b) 'A Note from the Editors', *Women and Film* 2 : 3.

Brunsdon, Charlotte (1992) [1985] 'Text and Audience', in Ellen Seiter, Hans Borchers, Gabriele Kretzner, and Eva-Maria Warth (eds) *Remote Control : Television, Audiences, and Cultural Power*, London : Routledge.

Chow, Rey (1995) *Primitive Passions : Visuality, Sexuality, Ethnography, and Contemporary Chinese Cinema*, New York : Columbia University Press.

Clover, Carol (1996) [1987] 'Her Body, Himself : Gender in the Slasher Film', in Barry Keith Grant (ed.) *The Dread of Difference*, Austin : University of Texas Press.

Cohan, Steven and Hark, Ina Rae (1996) [1993] *Screening the Male : Exploring Masculinities in Hollywood Cinema*, London : Routledge.

Comolli, Jean-Luc and Narboni, Jean (1999) [1969] 'Cinema/Ideology/Criticism', in Leo Braudy and Marshall Cohen (eds) *Film Theory and Criticism*, Oxford : Oxford University Press.

Cook, Pam and Johnston, Claire (1990) [1974] 'The Place of Woman in the Cinema of Raoul Walsh', in Patricia Erens (ed.) *Issues in Feminist Film Criticism*,

Bloomington : Indiana University Press.

Cowie, Elizabeth (1984) 'Fantasia', *m/f* 9 : 71–05.

Creed, Barbara (1987) 'Feminist Film Theory : Reading the Text', in Annette Blonkski, Barbara Creed, and Freda Freiberg (eds) *Don't Shoot Darling! Women's Independent Filmmaking in Australia*, Richmond : Greenhouse Publications.

______, (2001) [1993] *The Monstrous-Feminine : Film, Feminism, Psychoanalysis*, London : Routledge.

______, (2003) *Media Matrix : Sexing the New Reality*, Sydney : Allen and Unwin.

______, (2005) *Phallic Panic : Film, Horror and the Primal Uncanny*, Manchester : Manchester University Press.

Dadoun, Roger (1989) [1970] 'Fetishism in the Horror Film', in James Donald (ed.) *Fantasy and the Cinema*, London : BFI.

De Lauretis, Teresa (1984) *Alice Doesn't : Feminism, Semiotics, Cinema*, Bloomington : Indiana University Press.

______, (1987) *Technologies of Gender : Essays on Theory, Film, and Fiction*, Bloomington : Indiana University Press.

______, (1989) 'The Essence of the Triangle or, Taking the Risk of Essentialism Seriously : Feminist Theory in Italy, the U.S., and Britain', *Differences : A Journal of Feminist Cultural Studies* 1 : 3–7.

______, (1990) 'Guerrilla in the Midst : Women's Cinema in the 80s', *Screen* 31 : 6–5.

______, (1991a) 'Queer Theory : Lesbian and Gay Sexualities', *Differences : A Journal of Feminist Cultural Studies* 3.2 : iii–viii.

______, (1991b) 'Film and the Visible', in Bad Object-Choices (ed.) *How Do I Look : Queer Film and Video*, Seattle : Bay Press.

______, (1994) *The Practice of Love : Lesbian Sexuality and Perverse Desire*, Bloomington : Indiana University Press.

______, (2000) [1988] 'Sexual Indifference and Lesbian Representation', in E. Ann Kaplan (ed.) *Feminism and Film*, Oxford : Oxford University Press.

______, (2003), 'When Lesbians Were Not Women', Online, Available HTTP : <http : //www.unb.br/ih/his/gefem/special/delauretis.htm> (accessed 5 May 2005).

______, (2005) 'Theoriser, dit-elle', author's manuscript.

Deleuze, Gilles (1997) [1967] 'Coldness and Cruelty', in *Masochism*, trans. Jean

McNeil, New York : Zone Books.

Doane, Mary Ann (1987) *The Desire to Desire : The Woman's Film of the 1940s*, Bloomington : Indiana University Press.

______, (1991) [1982] 'Film and the Masquerade : Theorizing the Female Spectator', in *Femmes Fatales : Feminism, Film Theory, Psychoanalysis*, New York : Routledge.

Dyer, Richard (ed.) (1977) *Gays and Film*, London : BFI.

Ellsworth, Elizabeth (1990) [1986] 'Illicit Pleasures : Feminist Spectators and Personal Best', in Patricia Erens (ed.) *Issues in Feminist Film Criticism*, Bloomington : Indiana University Press.

Firestone, Shulamith (1979) [1970], *The Dialectic of Sex : The Case for Feminist Revolution*, London : Women's Press.

Foucault, Michel (1977) [1975] *Discipline and Punish : The Birth of the Prison*, trans. Alan Sheridan, London : Allen Lane.

______, (1998) [1976] *The History of Sexuality Vol. 1 : The Will to Knowledge*, trans. Robert Hurley, London : Penguin.

Freud, Sigmund (1991a) [1900] *The Interpretation of Dreams : The Penguin Freud Library*, Vol. 4, trans. James Strachey, London : Penguin.

______, (1991b) [1905] 'Three Essays on the Theory of Sexuality', in *On Sexuality : the Penguin Freud Library*, Vol. 7, trans. James Strachey, London : Penguin.

______, (1991c) [1915] 'Instincts and their Vicissitudes', in *On Metapsychology : The Penguin Freud Library*, Vol. 11, trans. James Strachey, London : Penguin.

______, (1955) [1940] 'Medusa's Head', in *The Standard Edition of the Complete Psychological Works of Sigmund Freud*, Vol. 18, trans. James Strachey, London : Hogarth Press.

Friedan, Betty (2001) [1963] *The Feminine Mystique*, New York : Norton.

Gaines, Jane (2000) [1988] 'White Privilege and Looking Relations : Race and Gender in Feminist Film Theory', in E. Ann Kaplan (ed.) *Feminism and Film*, Oxford : Oxford University Press.

Gledhill, Christine (ed.) (1987) *Home is Where the Heart is : Studies in Melodrama and the Woman's Film*, London : BFI.

Guerrilla Girls (2003) 'The Trent L'Ottscar', Online. Available HTTP : <http : //

www.guerrillagirls.com/posters/trent.shtml> (accessed 29 September 2005).

Hansen, Miriam (2000) [1986] 'Pleasure, Ambivalence, Identification : Valentino and Female Spectatorship', in E. Ann Kaplan (ed.) *Feminism and Film*, Oxford : Oxford University Press.

Haskell, Molly (1975) [1974] *From Reverence to Rape : The Treatment of Women in the Movies*, New York : Rinehart and Winston.

hooks, bell (1992) *Black Looks : Race and Representation*, London : Turnaround.

Irigaray, Luce (1985) [1977] *This Sex Which is Not One*, Ithaca, N.Y. : Cornell University Press.

Jayamanne, Laleen (ed.) (1995) *Kiss Me Deadly : Feminism and Cinema for the Moment*, Sydney : Power Publications.

Jeffords, Susan (1989) *The Remasculinization of America : Gender and the Vietnam War*, Bloomington : Indiana University Press.

Johnston, Claire (1973a) *Notes on Women's Cinema*, London : Society for Education in Film and Television.

______ , (1973b) 'Women's Cinema as Counter-Cinema', in E. Ann Kaplan (ed.) *Feminism and Film*, Oxford : Oxford University Press.

Kaplan, E. Ann (ed.) (2000) *Feminism and Film*, Oxford : Oxford University Press.

Kim, Kyung Hyun (2004) *The Remasculinization of Korean Cinema*, Durham : Duke University Press.

Kracauer, Siegfried (1974) [1947] *From Caligari to Hitler*, Princeton, N.J. : Princeton University Press.

Kristeva, Julia (1982) [1980] *Powers of Horror : An Essay on Abjection*, New York : Columbia University Press.

Kuhn, Annette (1994) [1982] *Women's Pictures : Feminism and Cinema*, London : Verso.

Lacan, Jacques (1993) *Ecrits : a selection*, trans. Alan Sheridan, London : Routledge.

______ , (1994) *The Four Fundamental Concepts of Psychoanalysis*, trans. Alan Sheridan, London : Penguin.

Laplanche, Jean and Pontalis, J-B. (1968) [1964] 'Fantasy and the Origins of Sexuality', *The International Journal of Psychoanalysis* 49 : 1–8.

Lauzen, Martha (2005) 'The Celluloid Ceiling : Behind-the-Scenes Employment of

Women in the Top 250 Films of 2004', Online. Available

HTTP : <http : //www.moviesbywomen.com/marthalauzenphd/stats2004.html>

(accessed 29 June 2005).

Levi-Strauss, Claude (1969) [1949] *The Elementary Structures of Kinship*, trans.

James Hurle Bell and John Richard Sturmer, London : Eyre and Spottiswoode.

Marx, Karl and Engels, Friedrich (1998) [1845–] *The German Ideology*, Amherst, N.Y.

: Prometheus Books.

Mellen, Joan (1974) *Women and their Sexuality in the New Film*, London : Davis

Poynter.

Metz, Christian (1975) 'The Imaginary Signifier', *Screen* 16.2 : 14–6.

Millett, Kate (1977) [1969] *Sexual Politics*, London : Virago.

Mitchell, Juliet (1966) 'Women : The Longest Revolution', *New Left Review* 40 :

11–7.

______, (1977) [1971] *Woman's Estate*, Harmondsworth : Penguin.

______, (1990) [1974] *Psychoanalysis and Feminism*, London : Penguin.

Modleski, Tania (1991) *Feminism Without Women*, New York : Routledge.

Mohanna, Christine (1972), 'A One-sided story : Women in the Movies', *Women

and Film* 1 : 7–2.

Moi, Toril (1991) [1985] *Sexual/Textual Politics : Feminist Literary Theory*, London :

Routledge.

Morgan, Robin (1970) *Sisterhood is Powerful : An Anthology of Writings from the

Women's Movement*, New York : Random House.

Mulvey, Laura (1989a) 'Introduction', in *Visual and Other Pleasures*, Basingstoke :

Macmillan.

______, (1989b) [1973] 'Fears, Fantasies and the Male Unconscious or "You Don't

Know What is Happening, Do You, Mr Jones?"', in *Visual and Other Pleasures*,

Basingstoke : Macmillan.

______, (1989c) [1975] 'Visual Pleasure and Narrative Cinema', in *Visual and Other

Pleasures*, Basingstoke : Macmillan.

______, (1989d) [1981] 'Afterthoughts on "Visual Pleasure and Narrative Cinema"

inspired by King Vidor's Duel in the Sun (1946)', in *Visual and Other Pleasures*,

Basingstoke : Macmillan.

______, (1989e) [1977] 'Notes on Sirk and Melodrama', in *Visual and Other Pleasures*, Basingstoke : Macmillan.

______, (1996) *Fetishism and Curiosity*, London : BFI.

______, (1998a) 'Hollywood Cinema and Feminist Theory : A Strange but Persistent Relationship', *Iris* 26 : 23–1.

______, (1998b) 'Kiarostami's Uncertainty Principle', *Sight and Sound* 8.6 : 24–7.

______, (2002) 'Afterword', in Richard Tapper (ed) *The New Iranian Cinema : Politics, Representation, and Identity*, London and New York : I.B. Tauris.

______, (2005) *Death 24 x a Second : Stillness and the Moving Image*, London : Reaktion Books.

Mulvey, Laura and Jimenez, Margarita (1989) [1970] 'The Spectacle is Vulnerable : Miss World, 1970', in *Visual and Other Pleasures*, Basingstoke : Macmillan.

Naficy, Hamid (1994) 'Veiled Vision/Powerful Presences : Women in Post-revolutionary Iranian Cinema', in Mahnaz Afkhami and Erika Riedl (eds) *In the Eye of the Storm : Women in Post-revolutionary Iran*, London : I.B. Taurus.

Penley, Constance and Willis, Sharon (1988) 'Editorial : Male Trouble', *Camera Obscura* 17 : 4–5.

Pick, Anat (2004) 'New Queer Cinema and Lesbian Films', in Michele Aaron (ed.) *New Queer Cinema : A Critical Reader*, Edinburgh : Edinburgh University Press.

Pisters, Patricia (2003) *The Matrix of Visual Culture : Working with Deleuze in Film Theory,* Stanford : Stanford University Press.

Propp, Vladimir (1968) [1928] *Morphology of the Folktale*, trans. Laurence Scott, Austin : University of Texas Press.

Rich, Adrienne (1983) [1980] 'Compulsory Heterosexuality and Lesbian Existence', in Elizabeth Abel and Emily K. Abel (eds) *The Signs Reader : Women, Gender and Scholarship*, Chicago : Chicago University Press.

Riviere, Joan (1986) [1929] 'Womanliness as a Masquerade', in Victor Burgin, James Donald and Cora Kaplan (eds) *Formations of Fantasy*, London : Methuen.

Rodowick, D.N. (1989) 'Reply to Camera Obscura on the Question of the Female Spectator', *Camera Obscura* 20–1 : 269–4.

______, (2000) [1982] 'The Difficulty of Difference', in E. Ann Kaplan (ed.)

Feminism and Film, Oxford : Oxford University Press.

Rosen, Marjorie (1973) *Popcorn Venus*, New York : Coward, McCann, and Geoghegan.

Saul, Jennifer (2003) *Feminism : Issues and Arguments*, Oxford : Oxford University Press.

Silverman, Kaja (1980) 'Masochism and Subjectivity', *Framework* 12 : 2–9.

______, (1983) *The Subject of Semiotics*, New York : Oxford University Press.

______, (1988) *The Acoustic Mirror : The Female Voice in Psychoanalysis and Cinema*, Bloomington : Indiana University Press.

______, (1990) [1984] 'Dis-embodying the Female Voice', in Patricia Erens (ed.) *Issues in Feminist Film Criticism*, Bloomington : Indiana University Press.

______, (1992) *Male Subjectivity at the Margins*, New York : Routledge.

______, (1996) *Threshold of the Visible World*, London : Routledge.

Stacey, Jackie (2000) [1987] 'Desperately Seeking Difference', in E. Ann Kaplan (ed.) *Feminism and Film*, Oxford : Oxford University Press.

Tarratt, Margaret (1995) [1971] 'Monsters from the Id', in Barry Keith Grant (ed.) *Film Genre II*, Austin : University of Texas Press.

Wittig, Monique (1992) *The Straight Mind and Other Essays*, Boston : Beacon Press.

Wollen, Peter (1972) *Signs and Meanings in the Cinema*, Bloomington : Indiana University Press.

Wollstonecraft, Mary (1992) [1792] *Vindication of the Rights of Woman*, London : Penguin.

Wood, Robin (1978) 'The Return of the Repressed', *Film Comment* 14.4 : 25–2.

______, (1986) *Hollywood From Vietnam to Reagan*, New York : Columbia University Press.

페미니즘 영화이론

2012년 10월 15일 초판 1쇄 발행
2019년   3월 20일   3쇄 발행

지은이 | 쇼히니 초두리
옮긴이 | 노지승
펴낸이 | 노경인 · 김주영

펴낸곳 | 도서출판 앨피
출판등록 | 2004년 11월 23일 제2011-000087호
주소 | 우)07275 서울시 영등포구 영등포로 5길 19(37-1 동아프라임밸리) 1202-1호
전화 | 02-336-2776 팩스 | 0505-115-0525
전자우편 | lpbook12@naver.com
블로그 | blog.naver.com/lpbook12

ISBN 978-89-92151-45-0